探索区域性贫困解决之道
——武陵山片区脱贫攻坚过程及效果评估

向德平 等◎著

华中科技大学出版社
http://www.hustp.com
中国·武汉

图书在版编目(CIP)数据

探索区域性贫困解决之道:武陵山片区脱贫攻坚过程及效果评估/向德平等著.—武汉:华中科技大学出版社,2022.3
ISBN 978-7-5680-8070-5

Ⅰ.①探… Ⅱ.①向… Ⅲ.①贫困山区-扶贫-研究-西南地区 Ⅳ.①F127.7

中国版本图书馆 CIP 数据核字(2022)第 038910 号

探索区域性贫困解决之道
——武陵山片区脱贫攻坚过程及效果评估

向德平等 著

Tansuo Quyuxing Pinkun Jiejue zhi Dao
——Wuling Shan Pianqu Tuopin Gongjian Guocheng ji Xiaoguo Pinggu

策划编辑：曾　光	
责任编辑：段亚萍	
封面设计：孢　子	
责任监印：徐　露	
出版发行：华中科技大学出版社(中国•武汉)	电话：(027)81321913
武汉市东湖新技术开发区华工科技园	邮编：430223
录　　排：武汉创易图文工作室	
印　　刷：武汉开心印印刷有限公司	
开　　本：710 mm×1000 mm　1/16	
印　　张：12.75	
字　　数：250 千字	
版　　次：2022 年 3 月第 1 版第 1 次印刷	
定　　价：58.00 元	

本书若有印装质量问题,请向出版社营销中心调换
全国免费服务热线：400-6679-118　竭诚为您服务
版权所有　侵权必究

目 录

第一章 导论 …………………………………………………… (1)
　一、研究缘起与研究意义 ………………………………… (2)
　二、研究目的与主要内容 ………………………………… (7)
　三、研究思路与概念界定 ………………………………… (9)
　四、研究实施与研究方法 ………………………………… (14)

第二章 武陵山区追踪调研的对象及变化 ………………… (18)
　一、区域状况及变化 ……………………………………… (19)
　二、样本状况及变化 ……………………………………… (23)

第三章 武陵山区贫困的特征与演变 ……………………… (36)
　一、武陵山区贫困的状况 ………………………………… (36)
　二、武陵山区贫困的特征演变 …………………………… (57)
　三、武陵山区贫困的总体特征 …………………………… (60)

第四章 武陵山区脱贫攻坚的政策供给 …………………… (64)
　一、武陵山区连片特困地区政策供给的背景 …………… (64)
　二、武陵山区连片特困地区政策供给的类型 …………… (66)
　三、武陵山区连片特困地区政策供给的特点 …………… (68)
　四、武陵山区连片特困地区政策供给的作用 …………… (69)

五、武陵山区脱贫攻坚政策的成效 …………………………………（76）
六、武陵山区连片特困地区政策供给存在的问题 ………………（86）

第五章 武陵山区脱贫攻坚的实践 ……………………………（90）

一、构建脱贫攻坚责任体系,强化地方政府贫困治理主体责任 …（90）
二、强化精准扶贫政策实施,提高扶贫政策的针对性和操作性 …（95）
三、优化贫困治理主体结构,形成多元主体参与的大扶贫格局 …（101）
四、加强基本公共产品供给,努力提高贫困人群生产生活水平 …（107）
五、撬动各类扶贫资源,努力营造开放协作的脱贫攻坚环境 ……（110）

第六章 武陵山区脱贫攻坚的效果评估 ………………………（113）

一、指标体系 …………………………………………………………（113）
二、数据分析 …………………………………………………………（117）
三、武陵山区脱贫攻坚的挑战 ………………………………………（143）

第七章 武陵山区脱贫攻坚的重要经验 ………………………（148）

一、提高政治站位,搭建脱贫攻坚的组织领导体系 ………………（148）
二、建立长效机制,实践脱贫攻坚的精准帮扶体系 ………………（153）
三、凝聚社会力量,建构脱贫攻坚的社会扶贫体系 ………………（159）
四、增强内生动力,培育脱贫攻坚的内源发展体系 ………………（163）
五、强化保障措施,建立脱贫攻坚的返贫应对体系 ………………（167）

第八章 武陵山区脱贫攻坚面临的问题与挑战 ………………（172）

一、武陵山区脱贫攻坚面临的问题 …………………………………（172）
二、武陵山区脱贫攻坚面临的挑战 …………………………………（186）

第九章 武陵山区脱贫攻坚的政策建议 ………………………（191）

一、武陵山区脱贫攻坚的战略思考 …………………………………（191）
二、武陵山区脱贫攻坚的具体建议 …………………………………（196）

第一章 导　论

随着《中国农村扶贫开发纲要(2011—2020年)》的实施,我国的扶贫开发在近十年来呈现出高位推进、社会动员、基层落实的总体发展态势。在党中央、国务院的高度重视和全党全社会的共同推动下,我国的扶贫开发取得了举世瞩目的巨大成就。据中国外交部与联合国驻华系统联合发布的《中国实施千年发展目标报告(2000—2015年)》显示,中国提前完成了联合国千年发展目标中的减贫目标。精准脱贫方略实施以来,6年间减少贫困人口达8 239万人,农村贫困人口减少至1 660万人;农村贫困发生率下降8.5个百分点,农村贫困发生率下降至1.7%。我国农村从普遍贫困走向整体消灭绝对贫困,成为首个实现联合国减贫目标的发展中国家,对全球减贫贡献超过70%。[①] 2018年世界银行发布的《中国系统性国别诊断:推进更加包容、更可持续的发展》报告中指出,中国在过去实现的经济快速增长和贫困极大缓解方面取得了史无前例的成就。[②] 2010年以来,中国扶贫开发的成就卓著,尤其是在解决贫困程度深、生态环境脆弱、自然灾害多发、返贫率高的集中连片特困地区的贫困问题上,取得了扎实的成绩。2010年,本课题组承担了"武陵山区基线调查"项目,产出了包括著作和系列政策建议报告的一批成果;如今在基线调查的基础上,回顾近10年来作为中国扶贫开发的一个典型的武陵山区脱贫攻坚的过程和效果,并与基线调查资料进行对比研究,探索我国在脱贫攻坚中走出的有中国特色的治理道路,具有十分重要的意义。

---

① 国家统计局.沧桑巨变七十载 民族复兴铸辉煌——新中国成立70周年经济社会发展成就系列报告之一[EB/OL]. http://www.stats.gov.cn/tjsj/zxfb/201907/t20190701_1673407.html,2019-07-01.

② 世界银行.中国系统性国别诊断:推进更加包容、更可持续的发展[R/OL]. http://documents.shihang.org/curated/zh/190251521729552166/pdf/113092cCHINESE-SCD-P156470-PUBLIC.pdf,2019-07-01.

一、研究缘起与研究意义

（一）集中连片特殊困难地区扶贫开发任务的提出与脱贫攻坚战

国家政策对集中连片特殊困难地区的关注由来已久。2010年2月4日，时任总理温家宝在中央举办的省部级主要领导干部深入贯彻落实科学发展观、加快经济发展方式转变专题研讨班上发表了重要讲话，指出要"继续抓好农村扶贫工作……要把扶贫开发的重点放在贫困程度较深的集中连片贫困地区和特殊类型贫困地区……继续加大对革命老区、民族地区、边疆地区和贫困地区发展扶持力度。"①这是中央首次正式提出"集中连片特殊类型贫困地区"的概念。

随后，中央对特殊类型和集中连片特困地区的脱贫工作提出了具体的要求。2010年3月7日，时任总理温家宝参加第十一届全国人大三次会议贵州代表团的审议时指出："现在我国的贫困地区主要集中在生存环境恶劣、生态脆弱地区，扶贫难度大。即使脱贫的地方标准也比较低，遇到自然灾害极易返贫。"他强调，"必须充分认识扶贫开发工作的长期性和艰巨性，采取更加有力的措施，持之以恒地抓紧抓好。要坚持开发式扶贫的方针，不断加大扶贫投入，对低收入人口全面实施扶贫政策。把革命老区、民族地区、边疆地区和贫困地区作为扶贫开发的重点区域，加大支持力度。对特殊类型和集中连片贫困地区要进行综合治理。只有努力提高贫困地区和贫困人口自我发展能力，使他们尽快摆脱贫困，全面建设小康社会才有坚实的基础。"②"综合治理"被作为集中连片特殊困难地区脱贫的路径得以确认。在随后召开的国务院西部地区开发领导小组第二次全体会议上，提出要"开展集中连片特殊困难地区开发攻坚的前期研究。"③2010年4月7日，时任总理温家宝主持召开的国务院常务会议提出，"扶持老少边穷地区脱贫致富，实施集中连片特殊困难地区开发攻坚工程。"④2010年7月5日至6日，中共中央、国务院在北京召开西部大开发工作会议，时任总理温家宝在讲话中指出："把南疆地区、青藏高原东缘地区、武陵山区、乌蒙山

---

① 温家宝.关于发展社会事业和改善民生的几个问题[J].新华文摘，2010(11).
② 新华社.温家宝习近平李克强贺国强分别参加审议[N].光明日报，2010-03-08(01).
③ 国务院办公厅.温家宝主持召开国务院西部开发领导小组全体会议[EB/OL]. http://www.gov.cn/ldhd/2010－03/26/content_1565779.htm，2010-03-26.
④ 新华网.国务院常务会议研究深入实施西部大开发战略的重点任务和政策措施[EB/OL]. http://news.xinhuanet.com/politics/2010－04/07/c_1221437.htm，2010-04-07.

区、滇西边境山区、秦巴山—六盘山区等集中连片困难地区作为扶贫开发重点,加大扶贫开发力度。"在这次会议中,中央正式明确提出将集中连片困难地区作为扶贫开发的重点对象。

政策的统一部署是集中连片特殊困难地区得以脱贫的重要保证。2010年10月18日,党的十七届五中全会通过的《中共中央关于制定国民经济和社会发展第十二个五年规划的建议》中明确指出:"深入推进开发式扶贫,逐步提高扶贫标准,加大扶贫投入,加快解决集中连片特殊困难地区的贫困问题。"①2010年底召开的全国扶贫工作会议上指出,未来10年扶贫开发的总体思路为,"未来10年,我国将把基本消除绝对贫困现象作为扶贫开发工作首要任务,把集中连片特殊困难地区作为主战场,更加注重解决连片特困地区贫困问题,努力实现更好更快发展。"②这次会议再次明确提出把集中连片特殊困难地区作为主战场。

自此,集中连片特殊困难地区成为这一阶段我国扶贫开发的重点区域,是承载扶贫工作的重要载体,是这一时期我国扶贫开发开展过程和成效的直观反映。集中连片特殊困难地区作为扶贫攻坚重点的提出,是对当时我国总体经济发展状况和扶贫工作阶段性推进状况的正确判断。事实证明,针对集中连片困难地区展开区域式的综合治理,有力地推动了当地脱贫事业的深化与拓展,全面提升了我国扶贫工作的整体面貌。

在扶贫开发工作的不断推进和提升中,"精准扶贫"重要思想被提出并在贯彻中不断发展与完善。2013年11月,习近平总书记首次提出精准扶贫重要思想,而后中共中央办公厅、国务院办公厅印发《关于创新机制扎实推进农村扶贫开发工作的意见》,明确要求建立精准扶贫工作机制,国务院扶贫办《关于印发〈建立精准扶贫工作机制实施方案〉的通知》和《关于印发〈扶贫开发建档立卡工作方案〉的通知》两个文件的出台,标志着我国建立精准扶贫工作机制在全国正式启动实施。自此,脱贫攻坚以"精准扶贫"为指导思想构建了新型的贫困治理体系,减贫成效显著。精准扶贫,就是要对扶贫对象实行精细化管理,对扶贫资源实行精确化配置,对扶贫对象实行精准化扶持,确保扶贫资源真正用在扶贫

---

① 新华网.中共中央关于制定十二五规划的建议全文公布[EB/OL]. http://news.sina.com.cn/c/2010-10-27/204721364515.shtml,2010-10-27.

② 顾仲阳.全国扶贫工作会议:2020年将基本消除绝对贫困[N].人民日报,2010-12-23.

对象身上、真正用在贫困地区。① 精准扶贫与以往大水漫灌式的帮扶工作不同，对"精准"的强调事实上要求做细致工作，要在工作思路、工作方法和工作机制上做到整体提升，系统增加政策实施的有效性和准确度，提升扶贫工作乃至社会治理的整体水平。这项工作的难度可想而知，尤其是在致贫原因复杂、贫困持续时间长、生态环境脆弱、区位优势不突出的集中连片特殊困难地区。在这些地区，精准扶贫精准脱贫的实施难度更大、任务更加艰巨。

2015年，面对我国贫困状况的变化，扶贫开发工作再次全面升级，此时的扶贫工作进入了攻坚时期，打赢脱贫攻坚战成为全党全国的工作重点。2015年中央扶贫开发工作会议在北京召开，中共中央总书记、国家主席、中央军委主席习近平强调，消除贫困、改善民生、逐步实现共同富裕，是社会主义的本质要求，是中国共产党的重要使命。全面建成小康社会，是中国共产党对全国人民的庄严承诺。脱贫攻坚战的冲锋号已经吹响。② 2019年3月5日，国务院总理李克强在《2019年国务院政府工作报告》中提出，"打好精准脱贫攻坚战。重点解决实现'两不愁三保障'面临的突出问题，加大'三区三州'等深度贫困地区脱贫攻坚力度，加强基础设施建设，落实对特殊贫困人口的保障措施。"③ 集中连片特殊困难地区也随即成为脱贫攻坚战的主战场。

在集中连片特殊困难地区实施精准扶贫精准脱贫对于推进这一阶段区域内的整体工作意义重大。习近平总书记对集中连片特困地区的精准扶贫精准脱贫工作提出了具体指示。深度贫困地区的区域发展是精准扶贫的基础，是精准扶贫的重要组成部分。集中连片的贫困区要着力解决健全公共服务、建设基础设施、发展产业等问题，但必须明确，这样做是为了给贫困人口脱贫提供有利的发展环境，在深度贫困地区促进区域发展的措施必须围绕如何减贫来进行，真正为实施精准扶贫奠定良好基础。要防止以区域发展之名上项目、要资金，导致区域经济增长了、社会服务水平提高了，贫富差距反而拉大了。深度贫困地区要改善经济发展方式，重点发展贫困人口能够受益的产业，如特色农业、劳动密集型的加工业和服务业等。交通建设项目要尽量做到向进村入户倾斜，水利工程项目要向贫困村和小型农业生产倾斜，生态保护项目要提高贫困人口参与度和受益水平，新型农村合作医疗和大病保险制度要对贫困人口实行政策倾

---

① 习近平.在参加十二届全国人大二次会议贵州代表团审议时的讲话(2014-03-07)//中共中央党史和文献研究院.习近平扶贫论述摘编[M].北京:中央文献出版社,2018.

② 新华网.习近平:脱贫攻坚战冲锋号已经吹响 全党全国咬定目标苦干实干[EB/OL]. http://www.xinhuanet.com//politics/2015-11/28/c_1117292150.htm,2015-11-28.

③ 中华人民共和国中央人民政府.2019年政府工作报告[R/OL]. http://www.gov.cn/guowuyuan/2019zfgzbg.htm,2019.

斜,等等。①

(二)立项背景与研究意义

武陵山区是以武陵山脉为中心的湘鄂渝黔边境邻近地区,有 48 个县级行政单位,956 个乡镇,人口 2 018.24 万,其中乡村人口 1 473.49 万,占总人口的 73%,有汉、土家、苗、侗、白、瑶等 40 多个民族,少数民族人口占总人口的 60%。该地区是中国跨省交界面积最大、人口最多的少数民族聚居区,也是 1985 年国家确定的全国 18 个集中连片的贫困地区之一。武陵山区贫困属于原生性贫困,加之地处中部,长期以来发展政策并无更多惠及,发展十分滞后。该地区贫困程度深且因灾致贫和返贫率较高,自然地理环境与自然灾害多发等因素叠加,导致该地区经济发展及减贫工作难度很大。

本课题组在贫困领域及对武陵山区的研究方面已有扎实的前期基础。2010 年,本课题组承担了"武陵山区基线调查"项目,撰写了武陵山区基线调查报告及分省报告,出版了《连片特困地区贫困特征与减贫需求分析——基于武陵山片区 8 县 149 个村的调查》,向政府提交了一批政策建议报告;已完成的基线调查获得的资料、数据以及出版成果为本研究提供了扎实的基础数据和对比参数。在基线调查的基础上,对近 10 年来武陵山区脱贫攻坚的过程及效果进行评估,并与基线调查资料进行对比研究,具有十分重要的意义。历时 10 年的追踪研究,将直观展示武陵山区 10 年来脱贫攻坚的具体举措和所取得的成效,通过对 10 年来调研对象的变化、贫困的特点及演变、政策供给的变化、脱贫攻坚实践的发展以及效果进行研究,提炼武陵山区脱贫攻坚的重要经验,分析存在的问题与挑战,为下一步区域性贫困问题的解决提供更具针对性的政策建议。本研究的价值和意义主要体现在以下方面:

从实践层次而言,为区域性贫困问题的解决提供可借鉴的经验。习近平总书记在十九大报告中指出,"从现在到 2020 年,中国进入全面建成小康社会的决胜期,做好全国在现行标准下农村贫困人口全部脱贫,是我们党作出的庄严承诺,更是必须完成的硬任务,绝无退路。"脱贫攻坚进入决战阶段,全面打赢脱贫攻坚战,是我们当前最大的政治、最大的民生。决胜全面小康,进入倒计时。党中央、国务院提出脱贫攻坚的总体目标,明确到 2020 年我国现行标准下农村贫困人口实现脱贫,贫困县全部摘帽,解决区域性整体贫困。片区脱贫攻坚是解决区域性整体贫困的最重要的任务和抓手。

从目前情况看,我国在贫困人口绝对数量的减少方面成效显著,这为全面

---

① 习近平.在深度贫困地区脱贫攻坚座谈会上的讲话[M].北京:人民出版社,2017.

脱贫打下了重要基础,但是在解决区域性整体贫困问题上,工作却明显滞后。我国农村贫困人口和贫困县的分布,具有相对集中连片的特点,这些地方大多生态环境脆弱,致贫原因复杂多样,在当前经济社会发展体系中不具备区位优势,基础设施和公共服务底子较薄。在这类地区,如果只注重对人、户、村的帮扶,缺乏整体性视角的介入,缺乏对制约区域性社会经济发展的瓶颈问题的关注,不仅脱贫难度大、代价高,而且成效也难以巩固。在当时脱贫攻坚的工作部署中,解决区域性整体贫困问题尚处于探索阶段,整体性的发展规划、明确的目标和要求、具体有效的工作机制等尚未明晰。

习近平总书记指出:"脱贫攻坚本来就是一场硬仗,而深度贫困地区脱贫攻坚是这场硬仗中的硬仗。我们务必深刻认识深度贫困地区如期完成脱贫攻坚任务的艰巨性、重要性、紧迫性,采取更加集中的支持、更加有效的举措、更加有力的工作,扎实推进深度贫困地区脱贫攻坚。"[①]本研究将通过对武陵山区10年脱贫攻坚之路的展现、分析和研究,为区域性贫困问题的解决之道提供样本,为深度贫困地区精准扶贫精准脱贫做出实践注解。

从理论层次而言,对武陵山区脱贫攻坚的追踪研究可以体现我国国家治理体系和治理能力现代化建设的具体路径。以武陵山区为代表的集中连片特殊困难地区的扶贫工作在整体上推行相对较慢,这有针对其特定客观因素方面的考量,如地理环境险恶、贫困程度较深、少数民族聚集、民俗文化多样、产业基础薄弱、生态环境脆弱、基础设施建设困难以及区位相对边缘等区域性特征,这些因素都增加了扶贫开发的难度。这一客观现实表明,要在诸如此类集中连片特困地区推进脱贫攻坚、实施精准扶贫精准脱贫,非常规手段可以达致目标,必须对现有的扶贫工作进行全面升级,以区域性治理的角度统筹推进脱贫攻坚工作的开展。

武陵山区是以武陵山脉为中心的渝、鄂、湘、黔边境邻近的一个自然区域,是国家西部大开发和中部崛起战略交汇地带,是国家在扶贫规划中较早确定的18个集中连片贫困地区之一,具有比较明显的片区特征,以它作为了解片区扶贫开发基本情况的突破口,对其进行基线调查和追踪研究,具有一定的代表意义。追踪研究通过点对点的追踪调查,体现脱贫攻坚战略实施以来,武陵山区整体面貌的变化。现阶段的脱贫攻坚是一个举全党全国全社会之力推进的国家战略,是体现我国现代化建设和小康社会特色、彰显社会主义制度共同富裕优越性的重要举措,这就说明了脱贫工作不再像以往一样局限于某一个国家职能部门,而是整体性的治理策略。在脱贫攻坚工作中所展示出的工作制度、工

---

① 习近平.在深度贫困地区脱贫攻坚座谈会上的讲话[M].北京:人民出版社,2017.

作方法实质上是我国国家治理体系和治理能力的表征,是中国特色社会主义制度的具体体现。对其进行研究,可以折射出我国国家治理体系和治理能力现代化的具体路径。

二、研究目的与主要内容

(一)武陵山区追踪调查研究的目标

本课题通过对武陵山片区扶贫开发工作10年来的追踪研究,分别达到理论、政策、实践和交流四大层面的目标。

1. 理论目标

本课题追踪10年以来武陵山区脱贫攻坚的实践过程,通过对这一过程的分析研究,梳理和构建出适合我国国情的片区扶贫开发、脱贫攻坚理论,搭建片区扶贫开发、脱贫攻坚的理论框架,将片区开发和精准扶贫精准脱贫相结合,探索脱贫攻坚经验总结的片区模式和片区样板。精准扶贫精准脱贫在成效方面的直观体现是微观层面资源瞄准的准确度、个体和家庭自我发展能力的培育等,片区开发则需要从宏观层面规划区域社会经济统筹发展,微观和宏观之间既需要互相回应,又必须形成协调统一的运行机制,这对治理体系和治理能力提出了更高的要求,亟须在理论上予以研究和支持;此外,通过对武陵山区这一典型样本的研究,对中国的脱贫模式进行理论上的总结和提炼,与世界反贫困领域和区域社会经济发展领域进行对话,亦是本课题拟有所突破的地方。

2. 政策目标

本课题通过过程研究、效果评估等方法,分析武陵山区贫困特征的变化、减贫与发展过程中面临的主要问题、经验教训等,为区域性社会经济的发展提供政策依据。本研究对于全国的区域扶贫开发研究将发挥积极的促进作用,通过翔实的经验研究厘清片区扶贫存在的特殊性,分析精准扶贫精准脱贫和片区经济社会发展的影响因素,总结工作经验,提炼片区扶贫和发展的有效实践机制,一方面助推脱贫攻坚战的顺利收官,另一方面着力于脱贫成果的总结和与乡村振兴等政策的衔接。

3. 实践目标

本课题通过对武陵山区历年来尤其是近10年以来所出台的扶贫开发相关政策的梳理,把握区域内地区扶贫开发具体实践的动态发展过程,挖掘其运作机制,总结片区脱贫攻坚的经验,探索解决区域性整体贫困问题的成功经验、实践模式和运作方式。本研究的研究成果将会为全国扶贫系统、参与片区区域发展和扶贫攻坚的有关部门、社会力量参与解决区域性整体贫困问题等方面提供资料支持和政策支撑。

4. 交流目标

本课题在研究过程中采用综合性的研究视角与方法,吸纳和整合多学科、多领域和多方面的资源,在专题研究的基础上,形成从整体上理解和分析区域性社会经济治理的一般性研究框架,构建中国连片特困地区区域发展和扶贫攻坚的理论和方法,提炼区域性社会治理体系和治理能力现代化的建设路径,支持中国扶贫经验和治理经验的国际交流与分享。

(二)武陵山区追踪调查研究的内容

本课题的研究主要基于两次大型实地调查所获取的数据之上,兼之以10年间数次小型调研活动所获取的各类资料。通过对武陵山区基线调查获得的基础数据,以及对近10年来脱贫攻坚的具体实践过程和效果进行评估而来的数据和参数进行对比分析,动态反映脱贫攻坚的过程、特点及效果,反映片区脱贫攻坚的问题、挑战、成就和效果,探索脱贫攻坚经验总结的片区模式和片区样板。本课题主要包括五个方面的内容。

1. 武陵山区的贫困特点及其演变过程

通过调查了解把握武陵山区的贫困状况和主要特点,以及在不同阶段的表现。了解武陵山区整个区域的贫困状况的变化,以村庄为突破口,重点调查研究该地区的社区禀赋与村庄概貌、经济发展与收入水平、公共服务与社会事业、文化生活与社会交往、民主权利与社区参与等情况,与基线调查的情况进行对比研究。后期追踪调查中对贫困状况的调查内容与基线调查大体保持一致,主要从以下具体方面进行把握:自然资源、地理环境、灾害状况、人口状况、民族状况、性别状况、土地状况、住房状况、圈舍状况、村组构成、经济总量、财政收入、经济结构、职业结构、人均收入、支出负担、债务状况、水电路和通信等基础设施、公共服务设施及人员配备、科教文卫体等社会事业发展状况、低保救助等社会政策的惠及力度、风俗文化、娱乐活动、人情往来、社会交往、社区组织、民主发展、妇女参与、满意度、幸福感等。

2. 武陵山区的脱贫攻坚政策供给状况

通过问卷、访谈、焦点小组以及观察等具体方法收集关于武陵山区脱贫攻坚的政策供给信息,并对其效果进行评估。调查并总结10年来武陵山区是如何落实中央扶贫开发相关政策的,为推动扶贫开发又出台了哪些政策规章,探索出了哪些好的实践做法和主要经验,形成了哪些可行模式等,对10年来政策实施的情况进行效用分析,并对政策的实际运行机制展开研究。

3. 武陵山区的脱贫攻坚实践进程总结

通过调查了解武陵山区开展的扶贫开发具体实践,挖掘其运作机制,归纳其主要经验和教训。脱贫攻坚的过程是落实中央关于扶贫攻坚思想的过程,是把统一性的政策精神与各地差异性的特征相结合、最大限度发挥政策效应的实践过程,尤其是精准扶贫方略的实施,更加要求基层政府具备将区域发展和精准到户统筹考虑的能力,这事实上对政策的落实者提出了更高的要求,需要其具备相当的实践智慧来处理复杂性问题。本研究将对这一实践进程开展研究。

4. 武陵山区的脱贫攻坚效果评测

在基线调查的基础上,比较、评测武陵山区脱贫攻坚的实际效果。基线调查已对武陵山区居民的生产和生活需求、生产和生活中存在的困难等进行了分析研究,并以排序的方式予以展示,同时调查了武陵山区公共产品的供给状况;追踪调查继续关注上述领域内的变化,并对其具体情况进行展示、分析和研究,从中对武陵山区脱贫攻坚的实际效果进行评测。

5. 片区(武陵山区)脱贫攻坚的政策建议

通过对调查数据和资料的分析处理,以武陵山片区为典型样本,总结片区扶贫开发中存在的主要问题和发展趋势,探索影响片区(武陵山区)减贫和社会经济发展的主要因素,提出相应的政策建议。本追踪研究所提出的政策建议,立足于脱贫攻坚中存在的问题和经验,主要体现在三个方面:一是对片区下一阶段的脱贫攻坚提供直接的可借鉴的经验;二是为区域性的发展道路提供借鉴,片区发展是区域发展的一个典型;三是从有效治理的角度,为政策的制定、实施和落实提供案例经验,推动我国治理体系和治理能力的现代化。

三、研究思路与概念界定

(一)武陵山区追踪调查研究的思路

本研究对武陵山区的贫困状况、政策实施状况以及经济社会发展的整体状况进行追踪调查,勾勒出10年来武陵山区在脱贫攻坚中的实践变化过程,分析在实践过程中体现出的相关政策和制度、政策运行机制和政策落实状况等变化情况,以此为典型提炼我国贫困治理机制逐渐完善、治理方法逐渐多元、治理水平逐渐提升的动态过程。具体而言,本调查研究的思路如下。

第一,本研究基本上延续基线调查的研究思路,继续以武陵山集中连片特殊困难地区为对象,以把握特殊类型困难地区的贫困状况和特征在10年间的演变为出发点,继续在湖南省的凤凰县、泸溪县,贵州省的印江县、思南县,重庆市的秀山县、酉阳县,以及湖北省的宣恩县、咸丰县等8个县进行追踪调查。

第二,追踪调查采取定量和定性相结合的方式进行,确保资料的连贯性和可对比性。定量方面,除采集相关市、县、州的统计数据资料外,在选取的8个县各选取一定数量的村庄收集个体和家户层面的数据,主要采取入户问卷调查的方式进行。定性方面,在调研地区选择政策执行的不同层次主体和相关方作为主要的调查对象,运用访谈、焦点小组以及观察等方法收集资料。本追踪研究结合上述研究方法收集的第一手资料和省(市)、州(地区)、县已有的其他数据,深入了解省(市)、州(地区)、县及村庄10年来扶贫开发的总体状况。定量和定性相结合的调研方法具有如下优点:一方面,可以较为客观、理性、全面地把握当地贫困状况及扶贫实践活动;另一方面,可以了解片区内政策制定和实施中的不同层次主体和相关方,如当地政府领导、村民自治组织成员、扶贫工作者、村民等相关主体的感性认知,包括政策实施评价、现实生活需求等,获得更加直观的资料。

第三,以定量和定性相结合的综合性数据分析结果为依据,阐释武陵山区贫困状况、需求状况、政策供给以及政策实践的变化,勾勒出武陵山区10年来脱贫攻坚的实践进程,从制度设置、工作机制、工作方法等方面分析政策的推进和落实情况,研究实践过程中的经验,分析其中存在的主要问题和主要矛盾,归纳出武陵山区贫困治理的经验,为更大范围的区域发展、国家治理提供实践经验的支撑。

(二)武陵山区追踪调查研究的相关概念

1. 贫困

贫困的内涵很丰富,也有多种界定方式。过去几十年来,随着经济社会的发展,人们对贫困的认识逐渐深化,学者们对贫困的概念界定以及相应的测量方法均发生了较为显著的改变。最初,人们只是从收入和消费的角度来定义贫困问题。英国经济学家朗特里(Seebohm Rowntree)在1899年对英国约克郡几乎每一个工人家庭进行了一次生计调查,并在此基础上对"贫困"进行了定义,即总收入水平不足以获得仅仅维持身体正常功能所需的最低生活必需品,包括食品、房租和其他项目等。他根据这个概念计算出最低生活支出,即贫困线,并将其同家庭收入比较得出贫困的估计值。① 朗特里所提出的贫困概念是与生理上的最低需求直接相关的,低于这个标准人就没有办法正常生活,因此,这种贫困界定又被称为绝对贫困。这种对贫困的界定和测量有其不足之处,比如最低需求量难以精确把握,不同个体需求也存在差异等。随着人类社会的进步和对贫困认识的加深,这种对贫困的定义越来越受到质疑。在此基础之上,一些学者提出了相对贫困的概念。

加尔布雷斯(Galbraith,1958)认为一个人是否贫困不仅仅取决于他拥有多少收入,还取决于社会中其他人的收入水平。汤森德(Townsend,1971)认为,"如果一个个体、家庭或组织缺乏资源以获取食品,参与社会活动,以及拥有一定的生活条件和设施,而这些对他们所处的社会而言,是普遍的或至少是广泛鼓励和认同的事,那么,他们就可以被认为是贫困的。他们拥有的资源远低于普通人或家庭所需要的,事实上,他们是被排除在普通的生活方式、习俗和活动之外。"② 汤森德认为,贫困即穷人们因为缺乏资源而被剥夺了享有常规社会生活水平和参与正常社会生活的权利,它是相对于正常的生活水平而非最低生活水平而言的,它包含了以他人或其他社会群体为参照物感受相对剥夺的社会心态。③

20世纪70、80年代,贫困的内涵得到深化,贫困群体的健康、教育等能力贫困被界定到贫困的内涵中。印度经济学家阿马蒂亚·森认为,贫困不是贫困人口收入低下的问题,而是意味着贫困人口缺少获得和享受正常生活的能力,或者说贫困的真正含义是贫困人口创造收入的能力和机会的贫困。他认为,贫困人口贫困虽然表现为收入低,但是其根本的原因是他们获得收入的能力受到剥夺,其包含了一个人的健康状况、获得文化的机会等被剥夺。收入机会的丧失包括个人和社会两方面的因素。他的贫困概念不仅包含经济意义上的概念,还包括福利范畴的概念。④ 阿马蒂亚·森的贫困理论提出以后,一些学者和国际机构试图从更全面的角度来界定贫困,将过去单一的以收入或支出水平来度量贫困的方法改进为利用综合指标来反映贫困的程度。联合国开发计划署(UN-

---

① 郭熙保,罗知.论贫困概念的演进[J].江西社会科学,2005(11):38-43.
② 徐万坪,杨能良.贫困度量指标[J].经济师,2004(11):35,37.
③ 郭熙保,罗知.论贫困概念的演进[J].江西社会科学,2005(11):38-43.
④ 尚玥佟.发展中国家贫困化理论与反贫困战略[D].中国社会科学院研究生院,2001.

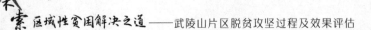

DP)在1997年的《人类发展报告》中将贫困界定为：贫困不仅指低收入,也指医疗与教育的缺失,知识权与通信权被剥夺,不能履行人权和政治权利,缺乏尊严、自信和自尊。①

20世纪90年代以后,学者们试图从穷人的角度看待贫困,即注重倾听穷人的声音。基于这种思考角度,贫困内涵又进一步涵盖了脆弱性、社会排斥等更为宽泛的权利贫困。罗伯特·坎勃(Chamber,1995)对贫困人口的无助和孤立方面进行了开创性研究,激发了学者们对于脆弱性和风险防范等方面的兴趣。他们认为贫困不仅仅是收入和支出水平低下,也是人的发展能力低下,包括教育、健康和营养等,而且贫困还包括脆弱性、无话语权和无权无势等。② 一直以来,对于贫困,没有一个得到社会各界普遍认同的界定。1998年,一直致力于研究贫困问题的阿马蒂亚·森获得了诺贝尔经济学奖,在他看来,贫困是能力不足而不是收入低下。与之类似,《牛津简明社会学辞典》对"贫困"这一词条的解释是,贫困是"一种缺乏资源的状态,通常是缺乏物质资源,但有时也包括缺乏文化资源"。③

国内很多学者也对贫困进行了不同的界定。童星、林闽钢结合我国的基本国情,认为贫困是经济、社会、文化落后的总称,是由低收入造成的缺乏生活所需的基本物质和服务以及没有发展的机会和手段这样一种生活状况。④ 赵冬缓、兰徐民认为,贫困"是指在一定环境(包括政治、经济、社会、文化、自然等)条件下,人们在长时期内无法获得足够的劳动收入来维持一种生理上要求的、社会文化可接受的和社会公认的基本生活水准的状态。"⑤韩燕燕、祁永寿、赵常丽、赵丽群认为,贫困是指一定的个体、群体或区域所拥有的基本生存资源、人力资源及社会参与资源低于其所认同的最低标准的生活状态。胡德海认为,贫困"不只是一个经济学概念,而是经济、社会和文化落后的总称,是由低收入造成的基本物质、基本服务相对缺乏或绝对缺乏,并且缺乏发展机会和手段的一种状况。贫困群众作为一个弱势群体,其贫困状况具有多元性,不仅指收入贫困,而且包括教育和知识的贫困、健康的贫困、个人价值及社会地位的低阶性,

---

① 王艳萍.贫困内涵及其测量方法新探索[J].内蒙古财经学院学报,2006(02):13-16.
② 郭熙保,罗知.论贫困概念的演进[J].江西社会科学,2005(11):38-43.
③ 倪建芳."中国的减贫经验"与全球治理[D].首都师范大学,2008.
④ 童星,林闽钢.我国农村贫困标准线研究[J].中国社会科学,1993(03):86-98.
⑤ 赵冬缓,兰徐民.我国测贫指标体系及其量化研究[J].中国农村经济,1994(03):45-49,59.

以及面临风险时的脆弱性。"①

综合国内外学界、政界已有研究成果,本研究对基线调查和追踪调查中的贫困采用统一的界定,即认为贫困是:人们无法获得足够的经济收入来维持生理上的基本要求,以及其所拥有的生存资源、人力资源及社会参与资源等均低于其所认同的最低标准的生活状态,一般包括物质、经济、能力和权利等方面的缺乏状态。

2. 精准扶贫

精准扶贫是在脱贫攻坚实践中发展出的工作理念。2013年11月,习近平总书记首次提出精准扶贫重要思想,以"精准扶贫"为指导思想构建的新型的贫困治理体系,减贫成效显著。贫困发生率从2012年底的10.2%下降到2016年底的4.5%;《2015年联合国千年发展目标报告》明确指出中国"在全球减贫中发挥了核心作用"。实践证明,精准扶贫在我国的脱贫攻坚实践中有着重要的意义。

精准扶贫,就是要对扶贫对象实行精细化管理,对扶贫资源实行精确化配置,对扶贫对象实行精准化扶持,确保扶贫资源真正用在扶贫对象身上、真正用在贫困地区。② 精准扶贫思想不仅是已有扶贫开发工作成功经验的高度凝练,也是之后扶贫开发工作的指导思想。从一定程度上来说,是否做到精准扶贫,精准的程度如何,直接决定了扶贫工作的成效。本研究从以下两个方面对精准进行衡量。

第一,是否做到精准识别。能够精准识别出贫困人口是精准扶贫的前提条件,是开展工作的基础。建档立卡对贫困户的覆盖程度是首要的衡量指标,此外,对贫困户情况的把握,包括对住房、生计、教育状况、医疗卫生状况、社会支持情况等的了解,也是精准识别的应有之义。

第二,是否做到精准施策。要提高扶贫政策的效用,就要求提高政策资源的精准度,要求因人因地施策,因贫困原因施策,因贫困类型施策。对不同表现、不同原因、不同类型的贫困,采取有针对性的、差异化的脱贫措施,精准滴灌、靶向帮扶。经过长期的扶贫开发,普惠型发展政策的脱贫效应递减,瞄准个体目标进行精准施策,是推动现阶段扶贫开发工作深入的可行路径。本研究将从贫困人口的需求与政策供给的对应程度、贫困人口需求的满足程度以及政策供给的落实机制等方面,衡量精准施策的实施状况。

---

① 胡德海.准确理解贫困内涵 科学解决贫困问题[J].扶贫开发,2003(12):7-10.
② 习近平.在参加十二届全国人大二次会议贵州代表团审议时的讲话(2014-03-07)// 中共中央党史和文献研究院.习近平扶贫论述摘编[M].北京:中央文献出版社,2018.

四、研究实施与研究方法

（一）武陵山区追踪调查的实施

1. 确定调查对象

本课题中的基线调查和追踪调查两次大型实地调查采用同样的调查方法，以武陵山区集中连片特殊困难地区为对象，总体上运用整群抽样的方式确定调查对象。

在基线调查中，选取作为调查对象的县、乡镇和村庄样本时遵循以下基本原则。一是总体贫困原则。选定的样本县都是国家级贫困县，选定的样本乡、样本村都是从这些贫困县中产生的。二是好差兼顾原则。选定的样本村兼顾到了经济社会发展好、中、差，贫困程度高、中、低等的差别情况，不同类型的村庄均具有代表。以重庆市为例，在贫困程度上，既选取了目前处于特别贫困的村庄（如秀山县涌洞乡楠木村），又选取了发展较好、正在走出贫困的村庄（如秀山县塘坳乡小兰村）；在地理环境上，既选择了平坝地区的村庄（如秀山县岑溪乡和平村），又选择了高寒山区的村庄（如秀山县涌洞乡川河村），等等。三是区域兼顾原则。选定的样本县尽量分布在武陵山区的不同区域方位，如东、中、西部均有涉及，以体现区域代表性。四是民族聚居原则。选取的样本村多为少数民族聚居区，少数民族占总人口的比重较大，以体现民族特殊性。五是可操作性原则。选取的样本量适中，样本太多不便于操作；样本太少，不利于窥视全貌。

基于上述原则，调查在各省（市）、州（地区）、县推荐的基础上，选取了武陵山区集中连片特殊困难地区的4个省（市），每个省（市）各2个县，共8个县，其中包括湖南省凤凰县、湖南省泸溪县、贵州省印江县、贵州省思南县、湖北省宣恩县、湖北省咸丰县和重庆市秀山县、重庆市酉阳县等。再从以上县中选取149个村庄，分别将149个村庄作为村庄基础信息表的调查对象；其中，选择了22个具有代表性的村庄作为村民和村干部个案访谈、实地观察的样本对象。在这22个村庄中，按照定量分析资料的要求，选取4个不同县区，每个县区2个具有差异性特质的村庄，共8个村庄作为农户问卷调查的样本村庄。① 同时，对8个

---

① 选择农户样本将采用整群抽样方法。在行政村中，用简单随机抽样的方法抽取组（社）。具体操作方法参考下列步骤：a.调查员到达一个行政村时，搞清楚该村有多少人，分几个组（社），每个组（社）有多少户，计算出平均每个组有多少户（用 K 表示）。b.用样本量 M 除以 K，即得到在该村需要调查的组（社）数 M/K。c.运用简单随机抽样方法，抽取 M/K 个组，对被抽取的组逐户进行调查，直至满足该村样本量。

村及其所在乡镇的近百名干部开展了焦点小组访谈,并对相关干部和工作人员进行了个案访谈。另外,基线调查还在4个省(市)的8个县及其所在州(地区)开展了焦点讨论会,并对相关干部和工作人员进行了个案访谈。上述调查对象的选取方法在基线调查中已得到确立,并在追踪调查中继续使用。

2. 明确调查内容

本课题调查的内容大致包括武陵山区的贫困状况、减贫实践,以及贫困原因、影响因素、需求状况、主要问题、主要矛盾等。其中,贫困状况和需求状况的调查,涉及以下主要内容:社区禀赋与村庄概貌(自然资源、地理环境、人口状况、民族状况、性别状况、土地状况、住房状况、圈舍状况、村组构成等)、经济发展与收入水平(经济总量、财政收入、经济结构、职业结构、人均收入、支出负担等)、公共服务与社会事业(水电路和通信等基础设施、公共服务设施及人员配备、科教文卫体等社会事业发展状况、低保救助等社会政策的惠及力度等)、文化生活与社会交往(风俗文化、娱乐活动、人情往来、社会交往等)、民主权利与社区参与(社区组织、民主发展、妇女参与等),等等。减贫实践(含政策制定、政策执行、政策评估、主要做法、主要经验、可行模式等)、贫困原因、影响因素、主要问题、主要矛盾等的调查将渗入以上调查之中。

基线调查和追踪调查的内容均涵盖以上部分,但是根据实际情况,追踪调查又增加了以下内容:10年来政府扶贫策略与重点的演变、政府帮扶的具体内容,家庭生计、生活条件、社会支持状况的变化,村庄基础设施、产业发展、精神文化等方面的变化状况,等等。

3. 设计调查问卷

追踪调查问卷在基线调查问卷的基础上优化丰富而成。在基线调查中,根据调查目的和研究目标,设计"集中连片特殊困难地区(武陵山区)扶贫开发基线调查问卷(村民)""集中连片特殊困难地区(武陵山区)扶贫开发基线调查问卷(村落信息采集表)"。与之相配套,设计"集中连片特殊困难地区(武陵山区)扶贫开发访谈提纲(政府)""集中连片特殊困难地区(武陵山区)扶贫开发访谈提纲(村民)""集中连片特殊困难地区(武陵山区)扶贫开发资料收集清单"等。追踪调查基本沿用以上类型的调查问卷,在细节问题上根据实际发展情况和适应性有所优化。

4. 组织实地调查

本课题中基线调查和追踪调查的调研团队负责人基本保持一致,没有大的调动,保证了研究的持续性。在具体组织实施过程中,选定调研人员,对其进行合理分工和科学分组,组织岗前培训和安全教育,与调研地取得联系,各调研人

员赴不同的调研点进行实证调查,完成调研问卷和各类访谈,收集相关资料。

团队成员因为参与了基线调查和追踪调查,故地重游,有更加直观的感受,对当地扶贫开发工作开展的成效、当地社会经济整体的发展状况以及人民群众日常生活和精神面貌的变化有切身体验,这也成为本次追踪调查的一个特色。

5. 撰写调查报告

各调研组对收集到的调查资料进行审核归类,运用定量和定性研究方法对资料进行整理和分析。其中,调查问卷中的定量数据使用 SPSS 软件进行分析,并使用 Excel 等工具制作相应的图表;访谈记录中的定性材料使用类属分析方法和情境分析方法进行处理,建立编码系统和归类系统,合理取舍并处理文件资料获取有效信息。在对此次调查所获取的资料进行研究的同时,将其与基线调查的资料进行对比研究。在此基础上,撰写提交追踪调研报告。

(二)武陵山区追踪调查的主要方法

本课题中基线调查和追踪调查在方法上基本保持一致,主要采用如下具体方法展开资料的收集工作。

一是问卷调查。问卷调查主要针对农户展开,用来收集农户在家庭人口、生产生活资料占有状况、需求以及对政策和生活状态的满意程度等方面的资料。根据研究的整体安排,采用结构式访问问卷的方法进行;运用随机抽样方法抽取一定数量的农户逐户访谈,获取系统全面的定量资料并开展描述性分析和相关性分析。

二是典型调查。典型调查主要针对在武陵山区扶贫开发过程中出现的一些典型人物、事件、项目等,尤其是取得了突出成效、对村民的生产和生活产生了较大影响的案例。本次调查中着重于对不同阶段尤其是精准扶贫阶段典型事例的搜集,从中体现贫困治理机制和能力的提升。

三是深度访谈。本课题的深度访谈主要采用半结构式访谈进行,所针对的对象主要是政策制定和实施所涉及的不同层面的相关主体,以及部分典型村民。首先,针对政策制定和实施所涉及的不同层面的相关主体,主要包括各级党委、政府及发改委、扶贫办、财政局、教育局、卫生局、民政局、交通局(委)、水利局、农业局(委)、林业局、畜牧局、民宗委、供销联社、文体广新局、国土局、房管局等部门的负责人员,设定与其领域和扶贫工作相关的若干开放式问题,收集不同领域在脱贫攻坚中的工作状况信息,为政策评估和机制总结提供支撑材料;其次,对除上述研究对象之外的其他研究对象中具有代表性、关键性的重要人物进行访谈,主要包括典型村民、自治组织成员、扶贫专干等,了解集中连片特殊类型困难地区扶贫开发的基本情况、政策实施的具体细节、政策效用的实际表现以及政策的改进和优化方法等信息。

　　四是焦点小组讨论。本课题针对不同的主题和对象开展焦点小组讨论,如村干部、村民,特别是留守妇女、老人、儿童等弱势群体组成的小组,就扶贫开发过程中出现的生产、生活问题等专题进行讨论,获取定性资料。

　　五是实地观察。通过实地走访尤其是追踪调查,对调研地区10年来的改变状况进行实地考察,观察其在生活水平、生产条件、精神状态以及文化生活等方面的实际表现,获取直观的认识资料。本课题是10年追踪调查,调研团队目睹和见证了调研地区10年来的变化,对我国的脱贫攻坚工作有非常生动直观的感受和认识,这使本课题不仅是针对武陵山区脱贫攻坚政策的客观评估,也兼具推动区域经济社会整体性发展的强烈的现实情怀。

第二章 武陵山区追踪调研的对象及变化

集中连片特殊困难地区(武陵山区)扶贫开发追踪调研是在武陵山区基线调查基础上,以4个省(市)的8个县为调查对象,包括贵州省印江县、贵州省思南县、湖南省凤凰县、湖南省泸溪县、湖北省宣恩县、湖北省咸丰县和重庆市秀山县、重庆市酉阳县,覆盖基线调查中的22个重点调研村,涉及问卷调查的农户达795户,焦点小组座谈和个案访谈的对象达200余人。集中连片特殊困难地区(武陵山区)扶贫开发追踪调研报告涉及研究对象的资料来源主要包括以下方面:

• 文件资料,追踪调研获取了地方志、民族志、统计年鉴、政府工作报告、部门汇报材料、扶贫开发规划、调研考察报告等资料;
• 问卷数据,22个村庄的基础信息采集表数据和795份村民问卷数据;
• 访谈记录,200余个访谈对象,100万余字的访谈记录;
• 实地考察资料,包括村民生产生活状况的影像记录;
• 已有文献及网络资源。

实地调研资料形式及构成情况如表2-1所示。

表2-1 实地调研资料形式及构成情况

资料形式	呈现方式
文件资料	各县(区)的县志、民族志、扶贫开发志、政府工作报告、扶贫开发规划; 各级扶贫办扶贫开发工作报告、汇报材料等; 各地扶贫办、财政局、林业局、农业农村局、人社局、经管局、教育局、组织部、交通局、民政局、住建局、宣传部、发改局、水利局、卫健局、残联等涉农职能部门关于扶贫开发的发展规划、汇报材料、调研报告; 与扶贫开发相关的数据报表等
问卷数据	22份有效村庄基础信息采集表; 795份有效村民问卷

续表

资料形式	呈现方式
访谈记录	100万余字。被访谈者涉及县、乡镇政府和职能部门干部,村干部,村小组长,不同类型的村民,企业主,农业专业合作社负责人等
实地观摩	实拍照片,包括自然环境、基础设施、农户住宅、农田作物、公共服务设施、产业基地和村民的生产生活状态,以及部分展示牌等

下面从区域的整体概况和调查样本的状况两方面对集中连片特殊困难地区(武陵山区)扶贫开发追踪调研的对象及变化进行具体说明。

一、区域状况及变化

(一)自然地理与人口民族

武陵山片区,位于我国云贵高原向东部丘陵的过渡地带,东临两湖,西通巴蜀,北连关中,南达两广,是中国各民族南来北往频繁之地。它以武陵山为代表性符号,包括武陵山区大部分地带、巫山南部、湖南省雪峰山区(怀化市、邵阳市的主要区域,娄底市的主要区域,益阳市的安化县)以及其他相关地带。作为中国区域发展和扶贫攻坚规划的新概念,武陵山片区包括湖北、湖南、重庆、贵州四省市相交地带的71个县(市、区),其中,湖北11个县市、湖南37个县市区、重庆7个县区、贵州16个县市,是我国跨省交界人口最多的少数民族聚居区之一,聚居着土家族、苗族、侗族、白族、回族和仡佬族等9个世居少数民族。[①] 气候属亚热带向暖温带过渡类型,平均海拔在1 000米左右,总面积为17.18万平方公里。境内有乌江、清江、澧水、沅江、资水等主要河流,水能资源蕴藏量大。土地资源丰富,矿产资源品种多样,锰、锑、汞、石膏等矿产储量居全国前列。旅游资源品位高,自然景观独特,组合优良,极具开发潜力。

武陵山片区地域分布图如图2-1所示。

作为重要的经济协作区,武陵山区连接着中原地带与西南地区,是西部大开发的前沿和中西部结合区,是区域经济的分水岭,周围围绕着成渝经济区、黔中城市群、长株潭城市群、武汉城市圈等重要城市及重点经济区,发展潜力巨大。与此同时,武陵山区也是国家重点扶持的"老、少、边、穷、库"为一体的贫困

---

① 百度百科. 武陵山片区, https://baike.baidu.com/item/%E6%AD%A6%E9%99%B5%E5%B1%B1%E7%89%87%E5%8C%BA/18812386?fr=aladdin

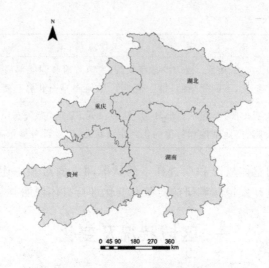

图 2-1 武陵山片区地域分布图

片区之一,是我国典型的少数民族聚居区,跨省交界面积最大、少数民族人口最多。[①] 武陵山区地处几省交界的山区地带,地域偏僻,交通不便,自然条件欠佳,经济文化诸多方面发展滞后,具有山区贫困连片、少数民族聚集等特点,属典型的集中连片特殊困难地区。受自然环境、交通闭塞、历史、人口素质等多种因素的制约,该区域经济社会发展水平远远落后于其他地区,贫困面较大且贫困程度较深,加快推进武陵山区社会经济发展对于实现贫困人口脱贫致富、缩小与其他地区发展差距、促进各民族共同繁荣发展和社会和谐有着极其重要的意义。[②] 为给深入研究奠定基础,客观呈现武陵山区的贫困状况、实践做法、致贫原因、需求状况、主要问题等,2010 年,中国国际扶贫中心、德国技术合作公司(GTZ)与华中师范大学联合开展了武陵山区扶贫开发基线调查研究项目。武陵山区基线调查是武陵山区扶贫战略研究的基础性工作和前期性准备,具有鲜明的时代背景及重要的实践价值和政策意义。[③] 2011 年,国务院批复了《武陵山片区区域发展与扶贫攻坚规划(2011—2020 年)》,标志着武陵山片区扶贫攻坚试点正式开始实施。

---

① 童文兵.转型期武陵山区土家族经济发展状况分析[J].贵州民族研究,2014(09):150-153.

② 何伟军,申长庚,李为.武陵山片区各县(市、区)经济发展水平的评价与分析[J].湖北社会科学,2014(05):57-61.

③ 黄承伟.三论片区扶贫体系研究片区扶贫现状的研究方法——以武陵山区基线调查为例[J].中国扶贫,2011(10):60-61.

（二）行政区划与贫困区县

武陵山区具有地理、人文、民族、文化等方面的同一性，拥有山同脉、水同源、民同俗、经济同型等多种特征，山脉相连，地缘相近，文化相融，民俗相通，发展水平相当，经济交往久远，是一个自然环境、经济社会发展同一性较强的相对完整和独立的地理单元，因此具备将其作为一个整体进行研究的可能。① 武陵山区是全国14个集中连片贫困地区之一，包括湖北、湖南、重庆、贵州四省市交界地区的71个县（市、区），其中，湖北11个县市（包括恩施土家族苗族自治州及宜昌市的秭归县、长阳土家族自治县、五峰土家族自治县）、湖南37个县市区（包括湘西土家族苗族自治州、怀化市、张家界市，以及邵阳市的新邵县、邵阳县、隆回县、洞口县、绥宁县、新宁县、城步苗族自治县、武冈市，常德市的石门县、益阳市的安化县，娄底市的新化县、涟源市、冷水江市）、重庆7个县区（包括黔江区、酉阳土家族苗族自治县、秀山土家族苗族自治县、彭水苗族土家族自治县、武隆区、石柱土家族自治县、丰都县）、贵州16个县市（包括铜仁地区及遵义市的正安县、道真仡佬族苗族自治县、务川仡佬族苗族自治县、凤冈县、湄潭县、余庆县）。71个县（市、区）中有34个自治地方县，18个自治县；有1 376个乡镇，其中民族乡122个，占8.9%；有23 032个行政村，其中国家贫困村11 303个。② 2011年至2017年，武陵山片区贫困人口从793万减少到188万，贫困发生率从26.3%降至6.4%，年均减贫101万人，减贫率21.3%；12个贫困县已经脱贫摘帽；农村居民人均可支配收入从4 561元增长到9 384元。③

2011年颁布的《中国农村扶贫开发纲要（2011—2020年）》，明确提出14个连片特困地区是扶贫攻坚的主战场，武陵山片区是其中之一。其所辖有黔江区、酉阳县、秀山县、彭水县、石柱县、武隆区、利川市、建始县、巴东县、恩施市、宣恩县、来凤县、咸丰县、鹤峰县、泸溪县、凤凰县、花垣县、保靖县、古丈县、永顺县、龙山县、桑植县、沅陵县、松桃县、印江县、沿河县、思南县、江口县、石阡县、德江县等国家级贫困县，是我国最为集中的贫困县聚集区之一，经济和社会发展问题较为特殊和突出。

---

① 邓正琦.渝鄂湘黔交界民族地区经济联动的体制障碍及破解[J].探索，2009(03)：104-108.

② 百度百科.武陵山片区，https://baike.baidu.com/item/%E6%AD%A6%E9%99%B5%E5%B1%B1%E7%89%87%E5%8C%BA/18812386.

③ 何春中.武陵山片区脱贫攻坚取得决定性进展[EB/OL].http://news.cyol.com/yuanchuang/2018-11/28/content_17825162.htm，2018-11-28.

武陵山片区行政区域范围如表 2-2 所示。

表 2-2 武陵山片区行政区域范围

省（市）	地（市、州）	县（市、区）
湖北省 （11 个）	宜昌市	秭归县、长阳土家族自治县、五峰土家族自治县
	恩施土家族 苗族自治州	恩施市、利川市、建始县、巴东县、宣恩县、咸丰县、来凤县、鹤峰县
湖南省 （37 个）	邵阳市	新邵县、邵阳县、隆回县、洞口县、绥宁县、新宁县、城步苗族自治县、武冈市
	常德市	石门县
	张家界市	慈利县、桑植县、武陵源区、永定区
	益阳市	安化县
	怀化市	中方县、沅陵县、辰溪县、溆浦县、会同县、麻阳苗族自治县、新晃侗族自治县、芷江侗族自治县、靖州苗族侗族自治县、通道侗族自治县、鹤城区、洪江市
	娄底市	新化县、涟源市、冷水江市
	湘西土家族 苗族自治州	泸溪县、凤凰县、保靖县、古丈县、永顺县、龙山县、花垣县、吉首市
重庆市 （7 个）		丰都县、石柱土家族自治县、秀山土家族苗族自治县、酉阳土家族苗族自治县、彭水苗族土家族自治县、黔江区、武隆区
贵州省 （16 个）	遵义市	正安县、道真仡佬族苗族自治县、务川仡佬族苗族自治县、凤冈县、湄潭县、余庆县
	铜仁地区	铜仁市、江口县、玉屏侗族自治县、石阡县、思南县、印江土家族苗族自治县、德江县、沿河土家族自治县、松桃苗族自治县、万山特区

根据不同的划分标准，武陵山区有不同的范围界定。无论如何划分，武陵山区应是一个具有较强同一性的相对完整的自然区和经济区。但由于行政区划分割，该地区处于渝、鄂、湘、黔四大省市行政中心的环形空洞区，交通不便，产业同构，重复建设严重，有限资源难以实现优化配置，经济发展水平相对滞

后,扶贫开发问题较为突出。[①]

武陵山区行政辖区简图如图 2-2 所示。

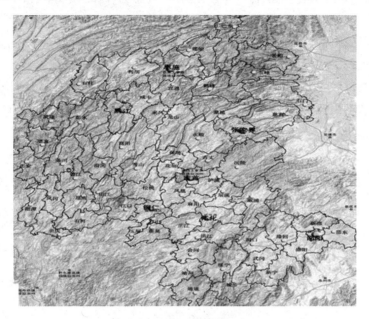

图 2-2　武陵山区行政辖区简图

二、样本状况及变化

(一)县、乡村样本总体情况

集中连片特殊困难地区(武陵山区)扶贫开发追踪调研是在 2010 年基线调查基础上,以 4 个省(市)的 8 个县为调查对象,包括贵州省印江县、贵州省思南县、湖南省凤凰县、湖南省泸溪县、湖北省宣恩县、湖北省咸丰县和重庆市秀山县、重庆市酉阳县,覆盖基线调查中的 22 个重点调研村。

武陵山区基线调查是以武陵山区集中连片特殊困难地区为对象,总体上运用整群抽样的方式确定调查对象,秉承总体贫困原则、好差兼顾原则、区域兼顾原则、民族聚居原则和可操作性原则,选取了武陵山区集中连片特殊困难地区

[①] 向德平,张大维,等.连片特困地区贫困特征与减贫需求分析——基于武陵山片区 8 县 149 个村的调查[M].北京:经济日报出版社,2016.

的4个省(市),每个省(市)各2个县,共8个县,覆盖贵州省印江县、贵州省思南县、湖南省凤凰县、湖南省泸溪县、湖北省宣恩县、湖北省咸丰县、重庆市秀山县、重庆市酉阳县等不同县的149个村庄。其中,选择了22个具有代表性的村庄作为村民和村干部个案访谈、实地观察的样本对象,并按照每个县区各选2个代表性村庄的原则,确定了4个县区的8个村庄作为农户问卷调查的样本村庄。同时,对8个村及其所在乡镇的近百名干部开展了焦点小组访谈,并对相关干部和工作人员进行了个案访谈。另外,基线调查还在4个省(市)的8个县及其所在州(地区)开展了焦点访谈会,并对相关干部和工作人员进行了个案访谈。①

武陵山片区基线调查涉及的8个县如图2-3所示。

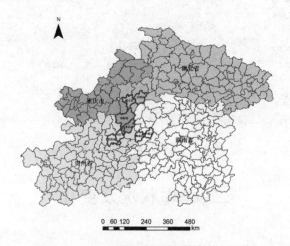

图2-3 武陵山片区基线调查涉及的8个县

如上文在研究过程中所述,本次追踪调研是以武陵山片区基线调查涉及的4个省(市)的8个县为对象,以基线调查中的22个重点调研村作为农户问卷调查的样本村庄。同时,对22个村及所在乡镇的近百名干部开展了焦点小组访谈,并对相关干部和工作人员进行了个案访谈。另外,追踪调研还在4个省(市)的8个县开展了焦点访谈会,并对相关干部和工作人员进行了个案访谈。本次集中连片特殊困难地区(武陵山区)追踪调研涉及的样本村如表2-3所示。

---

① 向德平,张大维,等.连片特困地区贫困特征与减贫需求分析——基于武陵山片区8县149个村的调查[M].北京:经济日报出版社,2016.

表 2-3　集中连片特殊困难地区(武陵山区)追踪调研样本村

省(市)	州(地区)	县	乡(镇、街道)	村
贵州省	铜仁地区	思南县	塘头镇	沙都村
				芭蕉村
			思唐街道①	大岩关村
		印江县	杉树镇②	顾家村
				冉家村
			中兴街道③	虹穴村
				堰塘村
				陈香村
				富华村
湖南省	湘西州	凤凰县	两林乡	两林村
				板交村
		泸溪县	潭溪镇	盘古岩村
湖北省	恩施州	宣恩县	长潭河乡	陈家台村
		咸丰县	唐崖镇④	四方石村
重庆市		秀山县	涌洞乡	楠木村
				川河村
			塘坳乡	小兰村
			岑溪乡	和平村
		酉阳县	后溪镇	长远村
				长潭村
			毛坝乡	天仓村
			宜居乡	楼房村

注：①原思唐镇；②原杉树乡；③原中坝乡；④原尖山乡。

（二）村庄样本的基本情况

样本村庄的背景资料和总体概况是帮助认识、理解和分析武陵山区集中连片特殊困难地区的贫困状况、需求状况、致贫原因以及其他相关研究的基础。下面将从此次追踪调研的样本村的地理位置、地理特征、地域面积、人口构成、性别构成、民族构成、身份构成、村组构成等方面呈现其基本情况。

1. 地理位置

村庄所处的地理位置可以用"距离县中心"和"距离乡/镇"的远近来呈现，距离县中心或乡/镇的远近状况，客观反映了该村庄的交通便利状况，直接关系到该村庄居民是否能够享用到城镇的各类资源。基线调查覆盖的149个样本村大多数距离县城和乡镇较远，加上地域面积普遍偏大，增加了出行难度、运输难度、管理难度和分享外界资源的难度，导致其偏离政治经济文化中心，难以享用城镇的文化、教育、医疗等公共资源和市场资源。此次追踪调研的22个样本村庄中，与县中心的最小距离为3公里，最大距离为90公里，平均值为36.68公里。与乡/镇的最小距离为1公里，最大距离为35公里，平均值为9.87公里（见图2-4）。由此可见，追踪调研的22个样本村距离县中心和乡/镇较远，但与基线调查覆盖的样本村比较，整体地理位置更加适中，与县中心和乡/镇的平均距离减小，且没有出现基线调查中距离过远的情况。随着样本村的交通基础设施不断完善，地区社会经济生活不断丰富，农户出行越来越方便，享用城镇各类资源的机会上升。

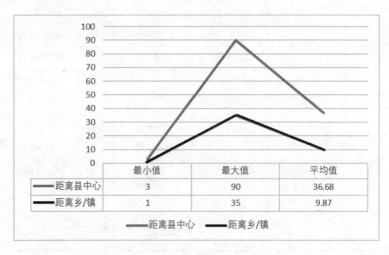

图2-4 22个样本村的地理位置（单位：公里）

2. 地理特征

武陵山区的村庄地理特征较为复杂，呈现出了深山、二半山、河谷、盆地和平坝等多种地理特征。基线调查覆盖的149个样本村多处于深山或二半山之中，村庄的社区禀赋和地理环境普遍较差。此次追踪调研涉及的22个样本村中，地理特征为"二半山"的村庄有10个，占45.5%；地理特征为"平坝"的村庄有4个，占18.2%；地理特征为"深山"的村庄有3个，占13.6%；地理特征为"丘陵"的村庄有2个,占9.1%(见图2-5)。由此可以看出,追踪调研的样本村主要位于二半山或平坝中,这类地理特征的村庄占到了63.64%。与基线调查的样本村相比,追踪调研覆盖的22个样本村处于相对较优的地理环境中。

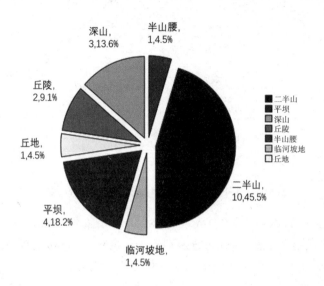

图2-5　22个样本村的地理特征

3. 地域面积

基线调查覆盖的149个样本村面积普遍偏大,且面积差距明显。其中,面积最大的有54平方公里,最小的仅为0.02平方公里,平均面积为12.01平方公里。此次追踪调研覆盖的22个样本村中,村庄面积最小的为2平方公里,最大的为21平方公里,平均值为8.78平方公里(见图2-6)。由此可以看出,相对于基线调查的样本村,追踪调研的样本村面积相近且普遍较小。

4. 人口构成

基线调查覆盖的149个村庄人口规模差别较大,平均人口为1 603人,人口最多的一个村有4 790人,人口最少的一个村只有288人。追踪调研涉及的22个村庄中平均每个村庄的人口数为1 534人。其中,人口最多的一个村有3 296人,人口最少的一个村有504人。由此可以发现,虽然部分村庄人口仍然较为稀少,但与基线调查数据比较,追踪调研覆盖的22个样本村人口规模平均值下降,村庄之间人口规模差距缩小,表现为人口规模最大值明显下降,最小值有所上升。

5. 性别构成

追踪调研中,除去缺少男性人口和女性人口数据的一个样本村,其余21个

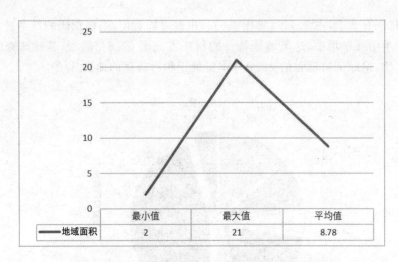

图 2-6　22 个样本村的地域面积(单位:平方公里)

样本村中有男性 17 547 人,占总人数的 53.17%;有女性 15 454 人,占总人数的 46.83%。男性稍多于女性,但人数差别不大。就单个村庄来看,平均每个村的男性人口有 836 人。其中,男性人口最多的一个村有男性 1 786 人,男性人口最少的一个村有男性 280 人。平均每个村的女性人口有 736 人。其中,女性人口最多的一个村有女性 1 483 人,女性人口最少的一个村有女性 224 人(见图 2-7)。从总体上来看,男女性别结构没有表现出明显的失调状态。相较于基线调查的结果,男性或者女性人口在不同样本村之间的差距缩小,表现为最大值下降,最小值上升。

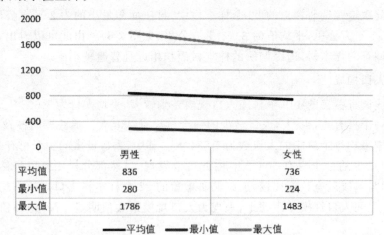

图 2-7　样本村的性别构成(单位:人)

6. 民族构成

基线调查结果显示：武陵山区民族多样且以土家族和苗族等少数民族为主，合计占当时总人口的 83.8%。追踪调研结果显示：武陵山区民族构成仍然以土家族和苗族为主，占到总人口的 83.22%。有效数据中，土家族有 18 680 人，占总人口的 62.37%；苗族有 6 244 人，占 20.85%；汉族有 4 297 人，占 14.35%；侗族有 483 人，占 1.61%；其他民族有 247 人，占 0.82%（见图 2-8）。由此可见，武陵山区近年来民族构成基本没变，多个民族杂居于此，在少数民族中，又以土家族和苗族人数居多。

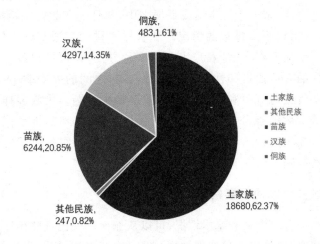

图 2-8 村民的民族构成（单位：人）

7. 身份构成

村庄的村干部构成和党员构成情况直接反映了调研区域居民的身份构成情况。追踪调研数据显示：在样本村庄中，平均每个村有 5.5 名村干部；村干部最少的村有 2 名村干部，最多的村有 9 名村干部。由此可见，武陵山区总体上形成了初具规模的村干部队伍，但是仍有极个别村庄存在组织不健全和干部配套不齐全的状况。与基线调查时期相比，村干部平均数有所下降，村与村之间的干部配备数量差别减小。

追踪调研的 22 个样本村庄中，平均每个村有党员 29 名；党员人数最少的村有 1 名党员，最多的村有 72 名党员。与基线调查覆盖的样本村相比，村庄的党员平均人数有所下降，部分村庄的党员数过少，各村之间的党员人数差别减小。

8.村组构成

武陵山区追踪调研样本村中,平均每个村有7.8个村民小组,村民小组最少的村只有2个村民小组,最多的村有14个村民小组。由此可见,武陵山区村庄设有村民小组,村组建制较为完整,与基线调查样本村相比,各村之间的村民小组数量差别有所减小。

样本村庄中,平均每村有424.8户。总户数最少的村有138户村民,最多的有869户。

从以上分析可以看出,与基线调查覆盖的样本村相比,追踪调研样本村的社会禀赋条件更优,多处于二半山或平坝之中,并且大多数村庄距离县城和乡/镇更近,且没有出现距离过远的情况。随着样本村的交通基础设施不断完善,地区社会经济生活不断丰富,农户出行越来越方便,享用城镇各类资源的机会增多。就村庄的人口数量和性别比例来看,各村之间的差别缩小,村庄的人口过多或过少都将会对资源利用的公平和效率带来难题。民族多样且仍然以土家族和苗族等少数民族为主,是该地区的民族特征,仍然是推动该地区扶贫开发需要考虑的变量。村庄干部的配备、党员的培育、村组的设置等仍然是该地区值得关注的问题。

(三)农户样本的主要构成

农户样本的背景资料和基本情况,可以从侧面反映出武陵山区村民生产和生活的总体状况,这可以通过性别结构、学历结构、民族结构、健康结构、职业结构、地缘结构等主要指标来测量。性别结构反映了该地区男女比例是否适当,直接影响着村民的生产生活质量。例如,男性过多,可能给未婚青年找对象带来压力;男性过少,又可能带来劳动力的缺乏。学历结构反映了该地区村民的文化程度状况,直接影响着自我改变落后状况的能力和机会,如果村民接受教育的程度普遍偏低,则说明该地区的能力贫困较为突出,文化教育事业有待加强。民族结构反映了该地区的民族构成状况,直接关系到我们对其贫困特殊性的判断,如果少数民族村民居多,则提醒我们在分析贫困特点、主要问题和对策建议时,需要考虑到民族的因素。健康结构反映了该地区村民的总体健康状况,为我们分析乡村医疗保障和卫生事业的发展提供了视角,在分析制约脱贫致富的主要因素时,还可以将因病致贫纳入考虑的范畴。职业结构反映了该地区村民的劳动就业状况,其就业渠道单一化还是就业门路多元化,是以本地就业为主还是外出务工为主,是以种地为主还是经营为主,等等,都可能成为影响村民收入水平的重要因素,由之也可以上升到分析当地产业结构调整等问题。地缘结构反映了该地区村民有没有走出村庄求得发展的状况,是否长期居住在此,也折射出村民的文化观念、劳动技能、交通设施、移民条件等状况。①

本次追踪调研以武陵山区基线调查涉及的4省(市)的8个县为对象,覆盖贵州省印江县、贵州省思南县、湖南省凤凰县、湖南省泸溪县、湖北省宣恩县、湖北省咸丰县和重庆市秀山县、重庆市酉阳县等不同县的22个村庄,其中农户问卷调查的有效样本量为795份,在村庄内部对农户的选择上,兼顾了不同经济收入水平和不同贫困程度的家庭。为了从总体上对样本农户有一个概要性的了解,以下将从性别结构、学历结构、民族结构、健康结构、职业结构、年龄结构、地缘结构等方面呈现被访者的基础情况,以及被访者家庭的部分情况。

1. 性别结构

受访者中男性多于女性,男性有531人,占总人数的66.8%;女性有264人,占总人数的33.2%。这主要源于三个方面的原因:一是受访地男性总数多于女性;二是文化程度的限制,男性村民更愿意接受访问;三是女性村民更多地承担着家务劳作和琐事料理,没有集中的时间接受访问或不太关心此类调查。与此同时,相较于基线调查,被访者中女性的比例有所上升,这主要是因为近年来当地许多男性劳动力外出打工,村庄中多为留守儿童、妇女和老人。在访谈中,部分女性表示近年来政府各部门也都有扶贫调查,经常会有陌生人来村里,不再惧怕与人交流,另外,既然是扶贫调研,也愿意配合。

从身份结构上来看,受访者中绝大多数是普通农民。统计显示:被访者中非党员有697人,占总人数的87.7%;党员较少,有98人,占总人数的12.3%,与基线调查时期相比变化不大。

2. 学历结构

被访者接受教育的程度整体偏低,与基线调查样本村相比,这一现象并未得到很好的改善,这使得他们在就业市场上仍然处于弱势地位。统计显示:大专及以上学历的只有13人,仅占总人数的1.6%;高中学历的仅有39人,只占总人数的4.9%;初中学历的有226人,占到总人数的四分之一以上,为28.4%;小学及以下学历的有364人,占到总人数的将近一半,为45.8%;另外还有153人未受过教育,占到总人数的19.2%(见图2-9)。

3. 民族结构

与基线调查数据一致,追踪调研被访者仍然以少数民族为主,而且以土家族和苗族为主,其中土家族有373人,占总人数的46.9%;苗族有249人,占总

---

① 向德平,张大维,等.连片特困地区贫困特征与减贫需求分析——基于武陵山片区8县149个村的调查[M].北京:经济日报出版社,2016.

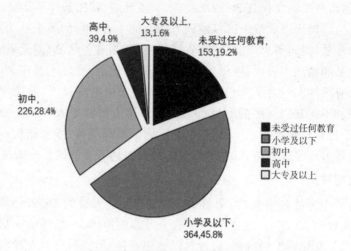

图 2-9 被访者学历结构(单位:人)

人数的 31.3%;汉族有 103 人,占总人数的 13.0%;侗族只有 65 人,占总人数的 8.2%;另外还有 5 人属于其他民族,只占总人数的 0.6%(见图 2-10)。

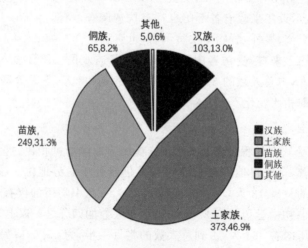

图 2-10 被访者民族结构(单位:人)

4. 健康结构

基线调查中的被访者健康状况不甚理想,身体较好者占总人数的一半不到,大多数人身体一般或很差。而此次追踪调研的被访者中,身体较好的有 433 人,占总人数的 54.5%;身体一般的有 248 人,占总人数的 31.2%;身体很差的有 114 人,占总人数的 14.3%(见图 2-11)。由此可见,与基线调查时期相比,被访者整体健康状况有所改善,身体较好者所占比例由 44.1% 上升至 54.5%,身体很差的人所占的比例由 18.0% 下降至 14.3%。

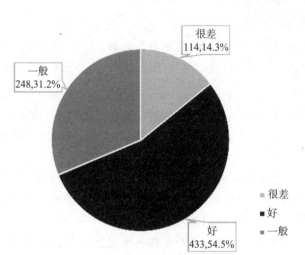

图 2-11 被访者健康结构(单位:人)

5. 职业结构

被访者就业选择仍然以传统的在家务农为主。统计显示:在家务农的有 511 人,占总人数的 64.3%;间歇或短期在外打工的有 79 人,占总人数的 9.9%;自己从事经营活动的有 35 人,占总人数的 4.4%;被访者中还有 2 人是学生,占总人数的 0.3%;另外还有 168 人从事其他职业,占总人数的 21.1%(见图 2-12)。与基线调查被访者单一的就业选择相比,追踪调研被访者就业门路更加多元化,社会流动性更强,在家务农的比例由 86.0% 下降至 64.3%,选择外出打工或者从事其他职业的人员比例上升明显。

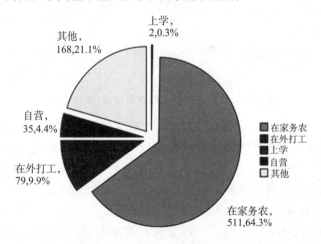

图 2-12 被访者职业结构(单位:人)

6. 年龄结构

被访者的平均年龄是56岁,其中最长的有93岁,最年轻的有17岁。30岁以上的有759人,占总人数的比例为95.5%,一半以上的人在55岁以下。

7. 地缘结构

被访者中以本地人为主,且绝大多数居住时间较长,在本地生活年限的平均值达到51.32年,在本地生活最长的为93年,本地生活年限低于41年的人数只占24.6%。

综合以上的诸结论可以判断,留守在家的村民多为儿童、妇女和老人,并且以20世纪五六十年代出生的本村中老年人为主,这可能是受到民族文化、传统观念、生计能力、健康状况等因素的影响。

本次追踪调研除了对被访者个人基本情况进行考察以外,还对其家庭基本情况进行了考察,与基线调查的结果相比,被访者家庭人口平均值有所下降,家庭结构总体上呈现出较为适中的状况,但也存在部分家庭人数过多的现象。调查样本平均每户家庭人口总数为4.2人,75.43%的农户家庭人口总数在6人以下,最多为12人,最少为1人(见图2-13)。

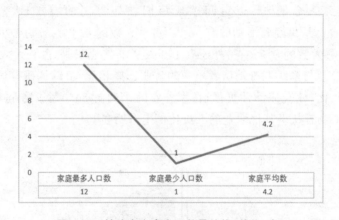

图2-13 被访者家庭人口数量结构(单位:人)

家庭人口虽然总体上不多,但不同民族间的家庭人口差别依然明显。样本统计显示:苗族平均家庭人口总数最多,为4.8人;土家族次之,为4.2人;随后是汉族和侗族,分别为4人和2.9人。苗族中家庭人数最多的达到12人。与基线调查数据相比,各个民族家庭人口平均值均有较为明显的减少趋势,其中,侗族家庭人口数量平均值减少最明显,由4.2人减少至2.9人(见图2-14)。

与此同时,受访者(往往是户主)受教育程度不同,家庭人口总数也有所差别。统计显示:大专及以上教育程度家庭人口总数的最大值最小,为7人;未受

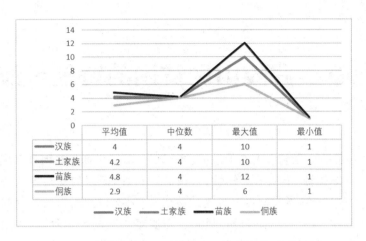

图 2-14　被访者不同民族家庭人口数量结构(单位:人)

过教育和高中教育程度的家庭人口总数最大值稍大,分别为 8 人和 9 人;随后是小学及以下和初中教育程度家庭,分别为 11 人和 12 人(见图 2-15)。

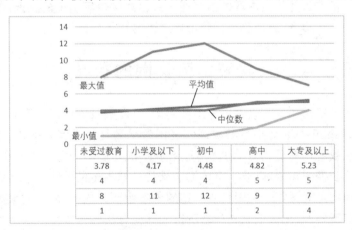

图 2-15　不同教育程度家庭人口数量结构(单位:人)

与基线调查数据相比,随着被访者受教育程度的升高,家庭人口总数的最大值呈下降趋势。但是此次追踪调研有效数据中除了大专及以上教育程度家庭符合该特征以外,其他教育程度家庭并未显示如此规律。

从以上的分析可以看出,此次调研的受访者文化程度与基线调查时期基本一致,民族构成的异质性仍然显著,而农户的身体素质有所改善,职业结构相对来说更加多元,地缘生活相对开放,部分家庭农户仍然呈现出过多的家庭人数等基本特点。这不仅是样本农户的背景资料,也代表了武陵山区农户的基本状况,体现了该地区扶贫成效以及仍然存在的致贫要素。

第三章 武陵山区贫困的特征与演变

2010年武陵山区基线调查的结果分析显示,武陵山区的贫困具有范围的规模性、程度的纵深性、类型的多样性、阶段的转移性、原因的复杂性及持续的长期性特征。2019年,当我们再次走进武陵山片区,探讨武陵山区贫困的状况和特征时,可以用"变化巨大"来进行概括。在脱贫攻坚的冲刺阶段,武陵山区贫困的特征由贫困的绝对性、长期性、生存性、普遍性向相对性、选择性、发展性和特殊性演变。不管是贫困的广度、深度,还是贫困的类型、原因,均发生了变化,比如贫困发生率急骤下降,贫困人群向弱势人群集中,贫困原因集中于地理环境及人力资本的劣势等。本章的内容通过细描武陵山区贫困的状况,剖析武陵山区贫困的特征演变,进而总结武陵山区贫困的总体特征。

一、武陵山区贫困的状况

贫困的界定及测量一直处于一个动态的、发展的进程中。在不同的发展阶段,贫困的界定在不断地丰富和发展。贫困最早被界定为物质稀缺,是指个体的资源短缺或者环境受到限制的状态,是个体在资金、人力资本、土地、技术等要素上面临长期的短缺,以至于个体无法维持最基本生活的状态。贫困强调的是经济层面的绝对贫困。贫困是在一定的生产生活方式下,个人或家庭缺乏维持生活的必要资源,无法依靠其劳动所得和其他合法收入维持其基本生存的需求,个人或家庭的生活水平达不到社会可接受的最低标准。[①] 随着贫困认知的不断深化,贫困的界定更具广泛性和多元性,强调贫困不单纯是经济层面的落后、收入水平低,它还包括能力、权利等要素的缺失,比如教育卫生医疗条件、参与发展的能力及在政治、经济和社会领域的边缘化。因此,贫困是一个多维度

---

① (美)约翰 D.卡尔.社会问题[M].刘仲翔,吴军,译.北京:中国人民大学出版社,2014.

的概念。有学者指出,贫困表现为福利的缺失。[①] 决定一个家庭或者个人福利获得的因素不仅仅是收入因素,还包括公共产品享用,包括教育、医疗卫生、安全住房、道路、水电等因素。因此,多维贫困不仅涉及收入,还涉及公共产品、社会福利及保障,以及对这些福利的主观感受。相较于收入贫困,多维贫困更能准确把握贫困的本质和内涵。但是用于测量多维贫困的指标还未形成一个统一的标准。

本节基于多维贫困理论,结合武陵山片区区域特性,从经济—社会—环境三个维度对武陵山片区的贫困状况进行深描。具体而言[②③]:第一,经济层面由传统的货币组成,是贫困的表面特征,本节主要从区域经济发展状况和农户的经济收入展开;第二,社会层面代表的是生活保障能力的拥有状况,涉及生产生活条件、劳动力状况及社会事业、社会保障方面;第三,环境层面代表区域发展能力的自然资产,主要从地理区位、地貌类型和自然灾害方面展开。

(一)自然地理环境:自然生态脆弱,区域发展的资源禀赋较差

贫困存在着显著的地域性特征。中国农村的贫困呈区域性集中分布。从空间分布来看,贫困地区与生态脆弱区、限制或禁止开发区、少数民族集聚区、边境地区和革命老区呈现空间上的高度叠合。[④] 所以,农村贫困人口也主要集中于中西部的民族地区、深石山区、高寒区、革命老区及边境地区。[⑤] 学者们也逐步意识到自然地理环境要素在贫困成因中的重要性。地理条件是限制绝大多数区域发展的首要原因。大量研究发现,恶劣的自然条件、匮乏或单一的自然资源、远离城镇和交通干线、生态脆弱是贫困的根源。中部地区的贫困集中于山地、高原等环境脆弱的地带。

从自然资源拥有量来说,武陵山片区自然资源极为丰富,其水、植物、动物、矿产、旅游资源十分富饶,但受地处偏远、交通闭塞、生态脆弱、灾害多发等不利

---

① Ravallion M. Issues in Measuring and Modeling Poverty[J]. Economic,1996,10(06):1328-1343.

② 赵莹,刘小鹏,郭永杰.集中连片特困地区多维贫困的度量及动态演变——以宁夏西吉县为例[J].宁夏大学学报(自然科学版),2015(01):73-78.

③ 陈烨烽,等.中国贫困村致贫因素分析及贫困类型划分[J].地理学报,2017(10):1827-1844.

④ 王瑜,汪三贵.农村贫困人口的聚类与减贫对策分析[J].中国农业大学学报(社会科学版),2015,32(02):98-109.

⑤ 刘彦随,周扬,刘继来.中国农村贫困化地域分异特征及其精准扶贫策略[J].中国科学院院刊,2016,31(03):269-278.

的自然地理条件的束缚,其自然资源无法转化为现实的经济效益,也造成其经济发展的先天不足。① 武陵山片区地处湘鄂渝黔四省市边界,该片区群山环绕,基础设施建设落后,交通闭塞,社会发育程度低,而且自然灾害频发。首先,由于受到地理区位的限制,武陵山片区基本与外界相隔离,与外界的经济体相分离,可以说,武陵山片区的发展孤立于外界,是一种自给自足的生产状况;其次,武陵山片区山地林地多,耕地良田少,多山的地形特征限制了武陵山片区的经济发展;再次,地理区位上的相对隔离制约了武陵山片区内外部的交流,人流、信息流、资金流和物流都无法实现交流和共享,无法与其他地区实现经济互补,限制了武陵山片区经济的区域性发展;最后,武陵山片区自然灾害频发。

1. 地理区位上的相对隔离

武陵山片区是指武陵山及其余脉所在的区域(包括山脉,也包括其中的小型盆地和丘陵等),位于中国华中腹地。武陵山片区是中国区域发展和扶贫攻坚规划里的概念,包括了湖北省、湖南省、贵州省和重庆市交界地区的 71 个县(市、区),是省际接合部"老少边穷"地区(革命老区、少数民族地区、边远地区和贫穷地区),也是中国内陆面积最大的少数民族地区,其中有 42 个国家扶贫开发工作重点县,13 个省级重点县。

武陵山区地处长江三峡以南、洞庭湖以西、乌江以东、雪峰山以北,是中国第二级阶梯向第三级阶梯过渡的地带。武陵山片区的地理区位具有梯度性的特征。武陵山片区致贫影响较大的因素之一是地理区位的相对偏远。武陵山片区地理位置相对偏远,基础设施条件较为落后,造成了武陵山片区地理位置上的相对隔离和空间上的相对封闭。由此也造成了武陵山片区区域经济的落后,以及形成了武陵山片区居民相对保守的思想观念和文化观念。这些因素交织在一起,造成了武陵山片区人口的收入水平偏低。调查结果显示,被调查的村庄主要位于深山或二半山中,这类地理特征的村庄占到了 89.3%。居住在深山和二半山意味着村庄与山外的距离较远,较为偏僻,人们出行较为不便,无法与外部开展交流活动,实现资源的流动。数据也显示,被调研村庄与乡/镇的距离,10 公里以内的占 54.54%,10~20 公里的占 31.82%,20~35 公里的占 13.64%;被调研村庄与县中心的距离,10 公里以内的占 13.64%,10~30 公里的占 31.82%,30~50 公里的占 36.36%,50 公里以上的占 18.18%。这些数据也进一步反映了武陵山片区大多数居民的居住地偏远。在这些直线距离的

---

① 陈德祥,吕学芳.武陵山区农村小康社会建设进程中的人口贫困化问题研究[J].西北人口,2009,30(02):100-105,109.

计算中,还未考虑武陵山区地形的特征,山路崎岖蜿蜒,武陵山片区居民的出行与对外沟通困难较大。

"(您大约多长时间赶一次场?①)好久都不去一次哦,去一趟不容易,也没什么东西要买。(那您去一次得花多长时间?)得花一天的时间,你看我们这个年纪走也走得慢。我得凌晨四五点钟起来,赶到下面去坐车,去晚了就没得了。(走下去得多久?)走下去啊,一个半小时。坐上车了还得一个小时才能到。到了买一买歇一歇,到中午吃碗方便面,我们就再等车回来。这一来一去就是一天。"

——访谈资料:HBXE-SDFT-NH-06

"(您上一次赶场是什么时候?)我基本上都不去,你看我这腿,脊髓炎,疼,走路也不方便。我们这里太封闭了,出去不容易啊。像那些出去的,都不愿意回来。我们这里太偏远了,没有人愿意嫁过来。女娃们出去打工,就不愿意回来了。男娃们找到朋友的,带回来一看,这个地方这么偏,都走了。"

——访谈资料:HBXF-SDFT-NH-04

此外,即使不考虑武陵山片区居民的对外交流状况,由于村庄居民居住分散,村庄的居民间的信息、情感与文化的交流也存在困难。

地理区位的相对隔离不仅制约了区域经济的发展,无法实现资源的内外部交流,而且为片区的居民们带来了经济生活等各方面的问题。地理区位偏远是武陵山片区居民对区域贫困原因的共同认知。

2. 恶劣的自然条件

武陵山区位于成都平原、江汉平原及湘中盆地之间,地处由平原地带向云贵高原抬升的过渡区段。② 武陵山是褶皱山,长度420公里,境内山峦起伏,岭谷相间,山地面积达60%以上,山脉为东西走向,呈岩溶地貌发育。这就导致武陵山片区多梯田、坡地且土层浅薄,产量较低,土地承载能力较弱。而且,武陵山片区海拔较高,一般海拔高度1 000米以上,最高峰为贵州的凤凰山,海拔2 570米,山地气候显著,降水集中且多暴雨,易发生水土流失现象。武陵山片区以农业生产为主。作为农业生产中最基本的生产资料和生产要素,武陵山片区的土地利用主要集中于耕地和山林地两种类型。而在农用耕地中,耕地质量较差,中低产田土比重大。这也是导致武陵山片区区域性贫困的重要原因之

---

① "赶场",又称赶集,是乡镇之间普遍实行的定期的集市贸易,一般3天一场,或是5天一场。

② 杨和平.武陵山区脱贫解困方略探析[J].清江论坛,2010(01):33-37.

一,是区域性自然地理条件恶劣带来的发展资源上的贫困。比如宣恩县,"八山一水一分田"是对宣恩地貌的形象写照,800米以上的山地占70%以上。调查数据也显示,从人均耕地数量来看,人均耕地面积在 1 亩及以内的占 40.9%,1~2 亩的占 40.9%,2~3 亩的为 9.1%,3 亩以上的占 9.1%。可以看出,武陵山片区的农用耕地普遍缺乏。2010 年的调查结果显示武陵山片区农户人均拥有的耕地面积均值为 4.09 亩。与往年数据进行对比发现,武陵山片区人均耕地面积在逐步减少。在不断推进城镇化、新农村建设和退耕还林、天然水源涵养等政策的引导下,武陵山片区的耕地面积不断减少,山林地面积增加。① 武陵山片区土地资源稀少而贫瘠,生产要素质量偏低,加上生产技术手段落后、基础设施差,又远离经济中心,土地里的产出无法实现要素和资源的变现,很难转变为现实的经济效益。虽然土地可以通过流转的方式实现转化,但由于人均拥有的土地数量较少,产业项目发展周期较长,其所带来的经济效益也非常有限。

"地里现在种的苞谷、洋芋这些啊,不卖哦。种不了多少,一斤苞谷种,种得亩把地,喂猪都不够。我们这里也种不了别的什么东西,土太薄了。"

——访谈资料:HBXE-SDFT-NH-09

"现在我们这里都种茶叶树,今年才开始,我这苗才种下去,还不知道什么时候才能赚到钱。"

——访谈资料:HBXF-SDFT-NH-03

另外,从山林地情况来看,数据显示调研村庄的山林面积均值为 6 937.5 亩,人均山林面积均值为 5.84 亩,其中有些村庄的人均山林面积达到了 35 亩。这些数据进一步说明了武陵山片区村庄的山林总量和人均山林面积均较大,但在现有的生态价值核算和补偿体系还不太完善的情况下,林地资源资本化受到限制。

3. 生态环境脆弱

一般来说,贫困地区与自然灾害频发区、生态脆弱区高度重合,容易陷入自然灾害与贫困的恶性循环中。贫困与灾害之间、灾害发生与生态脆弱之间具有密切的内在联系,武陵山片区的贫困往往也表现在地理生态脆弱、自然灾害频发上。武陵山片区地理生态脆弱,自然灾害频发,同时灾害类型繁多,主要灾害有干旱、霜冻、大风、山洪、泥石流、塌方、地陷。调查结果显示,近五年来调研村

---

① 白希选,严翼.武陵山区地形起伏度特征及其与土地利用的变化关系[J].武汉工程大学学报(自然科学版),2020,42(01):73-78.

庄的灾害主要集中于水灾(52.9%)、旱灾(52.9%)、霜冻(29.4%)、病虫害(27.8%)四种类型。如图3-1所示,调研村庄中有52.9%的村庄遭受了水灾和旱灾,29.4%的村庄遭受了霜冻,27.8%的村庄遭受了病虫害。这些灾害的发生使本就挑战重重的农业生产更加举步维艰,农户从农业生产中所能获取的收益就更少了。

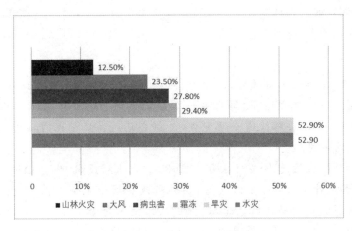

图3-1 调研村庄灾害类型

(二)生产生活条件:生存环境仍较为艰难

武陵山片区恶劣的地理条件增加了基础服务设施的建设难度,使得其道路交通、网络通信、电子等基础设施及公共服务设施落后,如此也就形成了分散的以家庭为单位的自给自足的生产生活方式。经过这些年扶贫开发的不断努力,武陵山片区的基础设施有了较大程度的改善,但武陵山片区居民的生产生活条件仍需进一步改善。

1. 交通设施通畅性不足,资源资本转化难度大

农村道路是农村赖以生存的,并与城市交流的通道,也是推进经济发展的重要支撑。良好的交通条件是区域发展的首要前提,也是促进贫困地区发展的基本要求。道路情况与地貌特征是息息相关的。恶劣的地貌特征导致了贫困村通路成本极大提高,阻碍了当地产品、信息的对外交流,也阻碍了当地的脱贫致富。近些年来,国家对贫困地区,尤其是连片特困区的基础设施和公共服务投入不断增加。根据《中国交通年鉴(2017)》显示,仅2016年,连片特困区高速公路、普通国省干线、农村公路的固定资产投资就达到3 611.6亿元,占全部扶贫重点地区(集中连片特困地区、国家扶贫开发工作重点县、少数民族县(不含西藏)、边境县(不含西藏)、革命老区)的53.9%。在如此大力的投入与支持下,武陵山片区的主干交通条件得到改善,逐步形成了主干道网络。比如,咸丰县构建以高速路为依托,以省道为骨干,以县乡公路为支撑,以经济路、循环路为网络的县乡村三级公路网;宣恩县形成以高速公路为动脉、国省干线为骨架、县乡公路为分支、村组道路为血络,干支相连、内畅外连的交通网。道路交通条件的改善推动了武陵山片区主导产业的形成和产业结构的调整,进一步促进了区域经济协调发展。在通村道路、通组道路与通户道路上,经过这些年的建设和投入,武陵山片区自然村通村公路达到100%,贫困村道路的通达性①已经实现。

五年来,在实施一大批交通、通信、能源、供电、水利、生态建设等项目的同时,恩黔高速公路建成通车,黔张常铁路建成试运行,"351""353"国道加紧建设,省道大修、县乡公路改造全面完成,乡村公路通畅工程大力推进,咸丰从此山不再高、路不再远。②

建成农村"组组通"公路1 980公里,30户以上村民组100%通硬化路。③

完善和提升交通运输网络质量,实施行政村通畅完善工程、自然村(组)通畅工程、农村公路安防工程。道路交通方面,投入资金4.26亿元,建设村级硬化公路240.45公里,新修桥梁10座,新修(整修)通组砂石路1 812.99公里,硬化路面204.45公里,全面补齐交通短板,实现"乡镇通二级公路、行政村通硬化路、20户以上集中院落通砂石路、村村通客车"。④

但是武陵山片区贫困村道路的通畅性⑤还略显不足,特别是公共交通的便利情况还较弱,自然村能便利乘坐公共汽车的农户比例偏低。这一状况可以通过农户家与常去的集镇的距离、最常使用的交通工具与去集镇单程所花的时间三个指标来反映。首先,农户家与常去的集镇的距离均值为9.16公里,具体来说农户家与常去集镇的距离在10公里及以内的为72.6%,10~20公里的为19.6%,20~30公里的为5.4%,30公里以上的为2.4%。其次,从农户最常使用的交通工具来看,农户去往集镇主要采用步行(31.7%)、摩托车(24%)及公

---

① 通达性是指从一个地方到达另一个地方的容易程度。
② 资料来源:咸丰县经济社会发展和脱贫攻坚工作情况汇报,咸丰县人民政府,2019-11-18。
③ 资料来源:思南县政府工作报告(思南县第十七届人民代表大会第四次会议上),2019-02-15。
④ 资料来源:宣恩县"决战决胜脱贫攻坚"新闻发布稿,2019-01-17。
⑤ 通畅性是指能够以较短时间到达某一地方和能够提供较好的道路、交通条件的程度。

共汽车(37%)的方式出门。最后,从去集镇单程所花费的时间来看,84.4%的农户需要花费1小时以内的时间,12.3%的农户需要花费1~3小时,3.3%的农户需要花费3小时以上的时间。其中最高时间花费为5.8小时。综合以上三方面的信息来看,农户与集镇的距离普遍较远,山区道路蜿蜒崎岖,村内通组道路多为砂石路,道路基础条件不好。在家庭摩托车拥有量并不多的情况下,大多数人还是采用步行和公共汽车的出行方式,这也就导致了农户去往集镇所花费的时间较长。这也反映了贫困村的交通通畅性不足的问题。在农户访谈中,谈到交通问题,他们这样说:

"说交通啊,这些年变化还是很大的,你看我们门口这些路都是这些年修的,变化还是很大的。但是呢,你说希望,我还是希望把我们这八九组的循环路修通。这修通了,我们就方便多了,我们赶场也近一些了,东西也好运出去。"

——访谈资料:ESXE-SDFT-NH-005

"我家的娃还小,在乡上读小学,一个星期接一回,我去接的话就得四点多起来,然后走下去等车到乡上。只能早不能迟,一晚了就没得车坐了,一天只有那一趟,坐不到车我就得走去。回来也是要早一点,不然也没得车坐。"

——访谈资料:ESXE-SDFT-NH-007

武陵山片区道路交通的通畅性不足导致有限的市场连接。武陵山片区的贫困村因为道路基础条件较差,市场化程度、对外开放程度、产品要素交换程度均较低,但物流成本高。这些进一步限制了武陵山片区优势资源的资本转化,也导致了贫困村的发展后劲不足。

2. 经济结构单一,商品经济不发达

武陵山片区贫困村大部分分布在深山和偏远地区,受到交通基础条件差、耕地、水利等自然资源条件差及自然生态脆弱等因素的影响,贫困村的经济结构较为单一。调查结果显示,农户的家庭经济类型主要是打工为主兼种地、纯粮食作物种植、种植兼营养殖,分别占总数的69.7%、11.6%、11.9%。与2010年武陵山片区基线调研数据比较,农户的家庭经济类型没有发生变化,集中于打工为主兼种地、纯粮食作物种植和种植兼营养殖,但"打工为主兼种地"选项的值由31.9%增长到69.7%。也就是说,外出务工是武陵山片区农户主要的生产方式,也是家庭主要经济来源。留在村庄无法外出的人主要开展种植和养殖活动,但种植和养殖并不能直接转换为经济效益,是一种自给自足的生产方式。从农户的种植业发展情况看,主要种植了玉米、土豆、红薯、稻谷等粮食作物和茶叶、中药材、水果等经济作物。从种植业发展所带来的效益来看,76.5%的农户在粮食作物方面的收入为零,63.6%的农户在经济作物方面的收入为零。

"(您今年粮食作物卖了多少钱?)没卖哦,没钱,这种一点都是口粮,还有多一点就是喂猪。有时候粮食还不够,我们还要自己掏钱买粮食哦。"

——访谈资料:ESXE-SDFT-NH-004

"不卖、不卖,没有什么收入,都是喂猪、喂牛。我们的口粮都是掏钱买的。(那家里养的猪呢,卖不卖?)也是不卖的,留着吃。你看我们山这么高,下去赶场都不容易,猪是用来吃油的。你看今年我们基本生活除了买点粮食外,其他的都不用买,肉啊油啊全部都是上一年养的猪,青菜都是地里种的。没有什么收入,但开支也不大。"

——访谈资料:ESXF-SDFT-NH-005

武陵山片区农户粮食作物种植的产出主要用于家庭口粮及养殖业发展的投入和成本。这也是农户发展生产、减少现金开支的经济策略。而经济作物的效益,由于产业调整时间短,经济效益还没有呈现出来。整体而言,武陵山片区的经济类型是较为单一的。

武陵山片区贫困村这种自给自足的经济形式,是一种传统经济形态。农户种植养殖的目的是直接满足生产者个人的需要,而不是为了交换,是存在于市场范围较小时期的一种经济形态。受到区域自然地理条件的约束,武陵山片区一方面没有主导的工业产业,另一方面也没有农业产业发展的规模化,这使得武陵山片区的商品经济意识和观念未得到进一步的强化。同时,在脱贫攻坚阶段,武陵山片区根据当地的优势、特色资源不断进行调整,发展出了一些优势产业,比如白柚、椪柑、茶叶等,但由于新产业发展推广的时间较短,真正投入到市场的非常有限,也还未能充分调动区域性商品经济的发展。也就是说,武陵山片区商品经济不发达也是制约贫困区域和贫困农户发展的重要影响因素。

整体而言,由于受限于自然地理条件,武陵山片区的产业结构较为单一,第一产业仍占较大比重,但农业产业规模较小,是一种粗放式、封闭和传统的经济类型。这与产业发展所需的技术化、融合化与国际化还有较大的差距,这也限制了其参与市场竞争的能力。

3. 社会关系网络狭窄,社区参与意识不足

社会关系是人们在共同活动的过程中所形成的一种相互关系。这种相互关系既包含个人之间的关系、个人与群体之间的关系,也包括个人与国家之间的关系。贫困户作为社会关系中的一个部分,与他人、其他组织、国家政府构成了一张社会关系网络。社会关系网络为网络中的成员带来一定的社会资源,个人的社会关系网络越大,其所拥有的社会资源也就越多。但武陵山片区贫困户常常面临社会关系网络狭窄、社会资源严重缺乏的困境。社会关系网络狭窄意味着生存、发展机会的缺乏,最终会制约贫困户的能力,也是贫困的重要体现。

首先,从个人层面的人际关系来看武陵山片区贫困户的社会关系。关于武陵山片区贫困户人际关系的考察主要是通过重大节假日活动时互动的不同人群数量来反映。调查结果显示,在重大节假日活动,特别是像新年,贫困户与之互动的人群主要集中于亲戚、邻居和朋友,均值分别为 17 人、17 人和 8 人。这说明,贫困户交往最多的群体是亲戚和邻居,其次是朋友。而且在所提名的亲戚、邻居和朋友中,亲戚、邻居和朋友的数量存在部分的重合,有些人既是亲戚,也是邻居,也是朋友。这些数据充分说明了武陵山片区贫困户的社会关系是以血缘、地缘为核心的关系网络,贫困户的社会关系网络较为狭窄。同时,我们又以"遇到困难时会想到向谁求助"的问题来进一步确认贫困户的社会关系网络。数据显示,在贫困户提名的求助对象中,处于第一求助位的主要有亲属(69.5%)、政府(16.1%)和其他(7.8%),处于第二求助位的主要有亲属(36.3%)、邻居(27.3%)和政府(20%),处于第三求助位的主要有朋友(29.2%)、政府(28.5%)和邻居(21.2%)。贫困户的社会关系网络是以血缘和地缘为主,这一论断又得到进一步的验证。政府在贫困户日常生活中的作用,较 2010 年武陵山片区基线调研反映的情况来说,有了非常大的提升。在贫困户求助对象提名过程中,贫困户对于政府提名比较慎重,他们普遍觉得"这些年政府已经做得足够多了,不应该也不需要再做什么了"。以上诸现象说明,武陵山片区熟人社会的生活共同体保留完整,但村民在更广泛和更多样层次上的社会交往缺乏。因此,武陵山片区贫困户的社会关系网络具有范围狭窄性、交往对象同质性的特点,这也使得贫困户很难拓展社会关系网络,社会资本严重匮乏,在参与市场活动、社会活动中处于弱势。

其次,从社区参与层面来看武陵山片区贫困户的社会关系。关于贫困户的社区参与主要从贫困户的社区参与行动来考察。整体来说,武陵山片区农户的社区参与呈现被动的特征。从数据上看,当问及"参加过村里召开的村民代表大会吗?",77.8%的农户回应"参与过",但当这一问题深入到"最近一次是在什么时间?讨论的是什么事情?"时,农户普遍记不太清楚,说不大明白。当问及"您有没有向村里反映过自己的困难或是意见"时,有 69.3%的农户回应"没有"。当问及"您参与过村里的发展项目吗?",只有 61.3%的人参与过。

"参加了。(是什么时候参加的呢?)这我不记得了,通知我去参加我就去了。(是说的什么事呢?)这我不知道哦。"

——访谈资料:HBXE-SDFT-NH-16

"没有反映过,向哪个反映,反映了有什么用,自己都解决不了的问题,你想谁帮你去解决。只有靠自己。"

——访谈资料:HBXE-SDFT-NH-06

武陵山片区贫困户的身份地位在整个社会中处于被动的位置,在社区告知、通知他们参与某些特定的活动时,他们更多采取的是配合的策略。这种遵从领导安排的参与,没有自己意见的参与,并不是真正意义上的参与。所以说,贫困户由于受到知识、能力和视野等方面的限制,他们的社区参与意识不足,社区参与能力薄弱。这也会导致他们的需求极有可能被忽视。

(三)劳动力状况:贫困村与贫困户发展能力不足

与外部的自然地理特征致贫因素相呼应,武陵山片区贫困村内在致贫因素主要是劳动力状况与素质。武陵山片区劳动力状况堪忧,缺乏发展所需的人力资源,劳动力人口思想观念陈旧、发展意愿和发展能力欠缺。一是农村不均衡的人口结构。受到偏远区位条件、生产生活条件的限制,大量的劳动力人口离开家庭、离开土地进城务工。劳动力大量外流导致村庄"空心化"现象出现。二是劳动力素质偏低。武陵山片区区域性地理特征限制了基础设施和各项社会事业的发展,特别是教育事业的发展。武陵山片区人口受教育年限普遍偏低,发展能力不足。三是地理区位的相对边缘使武陵山片区的居民缺乏与外界的交流,劳动力的思想观念保守落后,发展意愿不强。

1. 不均衡的人员结构

近些年来,劳务输出成为武陵山片区经济发展的主要增长点。大量的剩余劳动力离土又离乡,外出从事劳务性工作。对于农村经济社会的发展来说,劳务输出不仅实现了剩余劳动力的转移,更新了农村社会的思想观念,更为重要的是改变了农村的经济结构,反哺了地方经济社会的发展。但伴随着大量农村青壮年和文化素质较高的剩余劳动力外出务工、经商,武陵山片区的社会结构发生了深刻的变化,"三留"人员(留守儿童、留守妇女、留守老人)成为农村的常住人口,农村人口结构极不均衡。农村青壮年劳动力的大量外流带来了农村"空心化"现象,这将影响武陵山片区经济社会的健康可持续发展,而且将致使农村经济社会发展面临诸多潜在风险。

调查数据显示,调研村庄的外出务工人员比例(外出务工人员占村庄总人口数量的比例)较高,外出务工人员比例最低为21.1%,外出务工人员比例最高达到64.1%。比如四方石村,整村人口数量为504人,外出务工人口达到323人;长远村总人口数量为3 296人,外出务工人口达到1 760人。劳动力外出务工与总人口数的比较如图3-2所示。

在调研入户过程中,我们也看到村庄里人口数量偏少的现象。在村庄内能

武陵山区贫困的特征与演变 第三章

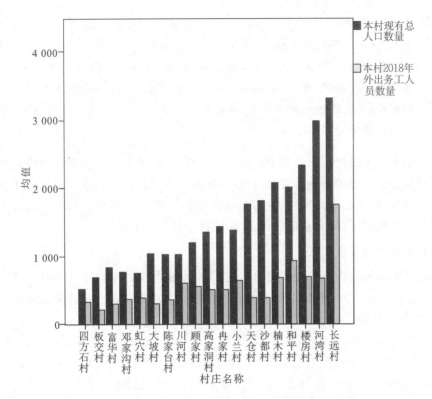

图3-2 劳动力外出务工与总人口数的比较

够见到的更多的是老年人和妇女。这说明,村庄有大量人口采用不同的方式或途径流向城市。武陵山片区外出务工呈现两种趋势:一是青壮年劳动力流向发达地区或城市,以打工为主,常年长期在外务工;二是在区域内由第一产业向第二、三产业流动。许多不能离家、走远的人会选择在家庭所在乡镇或县打零工,兼顾家庭。

比外出务工人员比例更高的是武陵山片区劳动力外出务工比例(外出务工劳动力与劳动力人口总数之比)。比如,秀山县清溪场镇小兰村劳动力外出务工比例高达85.6%,涌洞乡川河村劳动力外出务工比例为77.4%。

小兰村位于清溪场镇西北角,距镇政府驻地25公里。北部与贵州省松桃县瓦溪乡接壤,辖区面积约10平方公里,4个村民小组农户289户1377人,其中劳动力人口769人,外出打工人口658人。①

川河村总户数310户,1016人,其中农业人口980人;劳动适龄人口659

---

① 资料来源:秀山县清溪场镇小兰村总结材料汇报。

· 47 ·

人,常年(半年及以上)在外劳动力510人。16岁以下留守儿童26人,60岁以上留守老人18人,留守妇女11人。①

和平村距乡政府所在地6公里,距县城22公里,石岑公路穿村而过,全村辖区面积8.5平方公里,辖10个居民小组596户2 100人,18～60岁有劳动能力的1 278人,少数民族人口868人,外出务工人口920人,留守儿童103人,留守妇女35人,留守老人105人。②

外出务工人员比例与劳动力外出务工比例高,意味着青壮年劳动力外流带来的村庄发展所需的劳动力骤减,村庄内部的人口结构严重失衡。留在村庄里的人具有老、弱、病、残的特性,这直接导致农村经济生产劳动力的短缺及人力资源整体素质的下降,容易返贫,而且影响村庄的整体发展。

2. 劳动力的素质偏低

连片特困地区内生"造血"能力不足,人口素质与全国平均水平有较大的差距。③研究发现,人口素质偏低是导致贫困循环的关键因素。而目前武陵山片区人口特征逐步强化,主要表现为受教育程度低。

调查结果显示,被访者受教育程度在大专及以上的仅有13人,仅占总人数的1.6%;接受过高中教育的有39人,占总人数的4.9%;接受过初中教育的有226人,占到总人数的四分之一以上,为28.4%;接受过小学教育及以下的有364人,占到总人数的将近一半,为45.8%;另外还有153人未接受过任何教育,占总人数的19.2%。

这些数据充分说明,武陵山片区人口的整体受教育程度偏低。受教育程度与收入之间有很强的相关性。教育能通过提升劳动竞争力而增加收入。受教育程度的高低能真正影响到劳动力收入及家庭经济状况。一是受教育水平低意味着缺乏生产和发展所需要的知识和技能,降低了增加收入的可能性。二是受教育水平低使得外出务工人员无法进入工资稳定、福利有保障的企业或行业工作,只能从事工资低、风险系数高、收入不稳定的工作。这种高风险、低收入的工作对于改善家庭的经济状况贡献较小,容易增加家庭返贫的风险。三是受教育程度低使得劳动者不能更好注重身体保健和护理,注重在劳动过程中保护自身免受伤害,从而增加了因病返贫的可能性。此外,数据统计显示,在过去五

---

① 资料来源:秀山县涌洞乡川河村扶贫成果汇报。
② 资料来源:岑溪乡和平村经济社会发展情况报告。
③ 胡勇.集中连片特困地区发展现状与贫困的根源探究——以武陵山区为例[J].湖南农业科学,2013(19):126-129,133.

年中,调研村庄的劳动力人口接受过的培训主要有农业技术培训和劳动力转移培训两种类型。其中,参与了农业技术培训的人员占43.4%,而参与了劳动力转移培训的人员仅占15.4%。所以,武陵山片区外出务工的人员主要是在文化程度和专业技能要求较低的行业从事非农化和低层次的职业,集中于建筑业、制造业和服务业。

3.劳动力思想观念保守落后

思想观念落后,没有创新进取精神,安于现状,既是致贫的原因,也是贫困的表现。① 调查发现,武陵山片区居民的思想观念整体较为保守落后,具体表现在落后保守的小农经济意识和缺乏长远发展的思考两方面。

一方面,武陵山片区居民具有落后保守的小农经济意识。这种小农经济意识使得居民安于现状,墨守成规,不图改变,不自觉地排斥新生事物。面对发展机遇,想谋发展但又害怕由之带来的风险和损失。同时,小农经济意识也使得居民习惯性向命运妥协,不图发展。"认命"使得居民只看到自己的劣势,看到贫穷落后的一面,而看不到自己的优势和发展的机会。如此,小农经济意识使居民丧失了发展的意识。

"家里啊,还要怎么发展,就只能这样了。吃的地里种点,政府也补贴了一些。就这样过吧,这日子。"

——访谈资料:HBXF-SDFT-NH-09

另一方面,武陵山片区居民普遍缺乏长远发展的思考。由于受教育程度与对外交流的影响,武陵山片区居民对于未来发展普遍表现出茫然。当被问及"家庭的发展还需要哪些方面的帮助"和"国家应该在哪些方面投入以帮助脱贫致富"时,许多居民均表示"不知道""不清楚"。这一方面反映了村民对于自己发展能力的不自信,另一方面也反映了他们对于自己未来生活目标的缺失。

"(以后的发展呢,您家或者是村里)这个我说不清楚,不晓得啊。路也修成这样了,还要怎么样,真的不知道。"

——访谈资料:HBXF-SDFT-NH-07

(四)社会事业发展:教育问题较为突出

社会事业是指中央和各级地方政府领导的社会建设和社会服务事业,是与

---

① 向德平,张大维,等.连片特困地区贫困特征与减贫需求分析——基于武陵山片区8县149个村的调查[M].北京:经济日报出版社,2016.

行政部门和企业(包括金融机构)行为相并列的活动。具体而言,社会事业是指国家为了社会公益目的,由国家机关或其他组织举办的从事教育、科技、文化、卫生等活动的社会服务。在我国各级政府发布的相关文件中,社会事业包括教育事业、医疗卫生、劳动就业、社会保障、科技事业、文化事业、体育事业、社区建设、旅游事业、人口与计划生育10个方面。近些年,武陵山片区社会事业有了突飞猛进的发展。比如,在医疗卫生方面,落实各项保障政策,加强县乡村医疗机构建设,配备合格医务人员,提升医疗服务能力;在村庄文化建设方面,加快了村庄图书室和村庄文化活动室的建设,开展文化活动,打通文化惠民最后一公里;在教育方面,狠抓控辍保学,严格落实学前教育资助、义务教育阶段学生生活补助、普通高中助学金、普通高中定向招生专项计划、家庭经济困难大学新生入学资助、"雨露计划"等系列教育扶贫政策。

"一城四组团"现有幼儿园25所(公办2所、民办23所),幼儿班226个,在园幼儿8 034人,占全县幼儿总数的33.29%;小学11所,班级296个,在校学生17 103人,占全县小学生总人数的25.59%;初级中学4所,班级208个,在校学生10 951人,占全县初中生总人数的33.31%;普通高级中学1所,班级105个,在校学生7 200人,占全县普通高中生总人数的43.15%;幼儿园平均班额36人,小学平均班额58人,初级中学平均班额53人,普通高级中学平均班额69人。①

持续加大控辍保学力度,认真落实控辍保学"七长"责任制,及时劝返失学辍学义务教育阶段学生,今年秋季已实现"清零"目标,没有因贫失学辍学情况。持续加大基础师资建设,全县有各类学校315所、在编在岗教职工9 093人,薄弱学校改造工作已全面完工,确保了"有学上"。2014年以来,先后兑现各类教育扶贫资助资金(含学生营养改善计划补助资金)8.97亿元,受助学生140.24万人次,确保了"上得起学"。②

出台《宣恩县农村医疗保障精准扶贫工作实施方案》,建档立卡贫困户参保率100%,全面建立"四位一体"医疗保障体系,2018年全县健康扶贫对象发生住院医疗16 938人(37 204人次),总医疗费用16 094.33万元,累计报销15 120.86万元,实际报销比例达到93.95%;贫困人口大病、特殊慢性病门诊就诊1 452人(7 230人次),门诊医疗慢性病费用总额296.19万元,实际报销

---

① 资料来源:酉阳土家族苗族自治县人民政府办公室关于印发酉阳自治县"十三五"期间"一城四组团"学校布局调整规划方案的通知,酉阳府办〔2018〕20号。
② 资料来源:思南县脱贫攻坚工作情况报告,2019-11-24。

291.19万元,报销比例达98.31%;年度个人实际负担医疗费用控制在5 000元以内,全面达到"985"标准。①

武陵山片区社会事业发展中最突出的问题在教育领域。虽然武陵山片区的教育已有了极大的改善,但仍存在教育教学质量不高和便利性不足的问题。

首先,从学校数量上来看,调查数据显示,被调研村庄有72.8%的村庄没有小学,72.7%的村庄没有幼儿园,有小学的村庄仅占27.2%,有幼儿园的村庄仅占27.3%。这意味着被调研村庄大多数是没有学校的,孩子们求学需到乡镇或是县里。如此,对于辖区面积较大的村庄的孩子和家长来说,求学是一件不易且成本极高的活动。孩子们读书有两种选择:一是离开家庭在学校住读,二是家长在学校所在位置租住陪读。不管采用何种方式,这对于家庭的生计活动的开展和家庭经济状况均产生了重要影响。村里没有小学所带来最直接的影响是增加了家庭的经济开支,比如住宿费或是房屋租赁费。此外,孩子求学过程中,家庭需要有一个专门的人来照顾,减少了家庭收入。

其次,从班级设定来看,在有小学的27.2%的村庄中,就读人数最多的学校学生数量有125人,最少的学生数量为4人,小学班级设定最多的有7个教学班,最少的有1个教学班。由此可见,许多小学是混班开展教学活动的,不区分年龄和年级,这将直接影响到教学的质量。

最后,从师资配置来看,村庄小学的教师主要由村里文化程度稍高一些的人来担任,他们的学历层次和专业技术水平普遍较低。这也会影响到育人目标的实现。

(五)经济状况:经济规模小、人均收入低

我国现行的贫困人口划定标准是以2010年2 300元不变价为基准,也就是农民人均纯收入2 300元。由此可见,经济标准仍是衡量贫困的主要标准。本节从经济总量、收入水平、支出负担等方面来呈现武陵山区经济状况。

1.武陵山片区经济总规模小,增长速度滞后

首先,武陵山片区经济总量小。衡量一个地区经济发展总体规模的指标通常是国内生产总值GDP和人均GDP。近十年来,武陵山区各行政区的国内生产总值稳步增长。在全国宏观经济形势较好的背景下,武陵山片区的各行政区的经济总量成倍增长。如图3-3所示,张家界市的国内生产总值从2008年的183.98亿元增长到2018年的578.92亿元,张家界市的国内生产总值在十年间

---

① 资料来源:宣恩县脱贫攻坚工作情况汇报,2019-02-21。

增长了2倍多;恩施州的国内生产总值从2008年的249.18亿元增长到2018年的870.95亿元,恩施州的国内生产总值十年间也增长了2倍多;湘西州的国内生产总值从2008年的226.66亿元增长到2018年的605.05亿元,湘西州的国内生产总值在十年间翻了一番;怀化市的国内生产总值从2008年的503.69亿元增长到2018年的1 513.27亿元,怀化市的国内生产总值十年间增长了2倍;铜仁市的国内生产总值从2008年的216.4亿元增长到2018年的1 066.52亿元,铜仁市的国内生产总值十年里增长了近4倍。纵向来说,从各行政区2008年至2018年历年的国内生产总值看,各行政区经济持续保持增长态势。但相对于全国的经济发展状况来说,武陵山片区经济总量偏小,总规模小,增长速度也较为滞后。横向来说,各行政区间的数值反映出了武陵山片区内各行政区经济发展不均衡,差距较大。武陵山片区内腹地较边缘地区经济发展水平更低。比如怀化市地处武陵山片区的边缘,对外开放和交流的程度较高,其2018年国内生产总值在武陵山片区内最高,为1 513.27亿元,是张家界市的2倍多;铜仁市2018年国内生产总值为1 066.52亿元,为张家界市的近2倍。

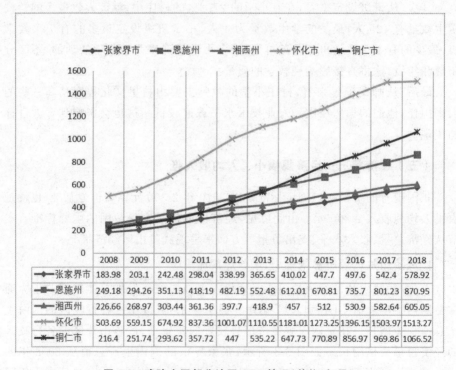

图3-3 武陵山区部分地区GDP情况(单位:亿元)

特别是相较于与武陵山区各县市毗邻的行政区来说,区域间的差异更大。比如与恩施毗邻、同在武陵山片区的宜昌市,2018年宜昌市的国内生产总值达到 4 064.18 亿元,是铜仁市国内生产总值的 3.8 倍。

聚焦于本研究调查的 4 省(市)的 7 个样本县(见图 3-4),它们在经济增长上具有与武陵山片区经济增长同样的特征,经济稳步增长,但经济总规模小,增长速度过缓。从图 3-4 中可以看出,调研样本县的发展基础较为薄弱,比如印江县 2008 年国内生产总值仅为 19.158 亿元。调研的样本县在这十年的经济社会发展过程中,区域基础设施、公共服务能力提高的同时,区域经济取得了较好的发展,经济总量在逐步扩大,并保持一定的增长速度。近些年的发展中,增长幅度最大的是印江县,国内生产总值由 2008 年的 19.158 亿元增长到 2018 年的 101.42 亿元,增长了 4.3 倍。即便如此,这种增长的速率仅在纵向比较中呈现高的增长率,在横向比较中仍表现为较低的经济规模总量和较低的发展速率。比如,与宜昌市宜都市进行比较,2018 年宜都市实现了国内生产总值 560 亿元,是秀山县的 3 倍,是印江县的 5 倍多。

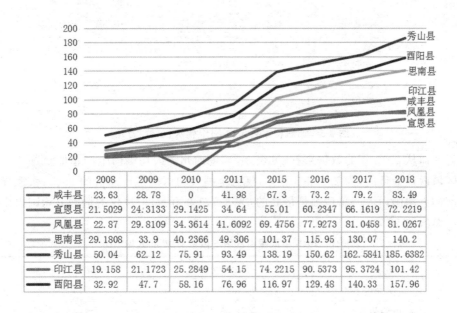

	2008	2009	2010	2011	2015	2016	2017	2018
咸丰县	23.63	28.78	0	41.98	67.3	73.2	79.2	83.49
宣恩县	21.5029	24.3133	29.1425	34.64	55.01	60.2347	66.1619	72.2219
凤凰县	22.87	29.8109	34.3614	41.6092	69.4756	77.9273	81.0458	81.0267
思南县	29.1808	33.9	40.2366	49.306	101.37	115.95	130.07	140.2
秀山县	50.04	62.12	75.91	93.49	138.19	150.62	162.5841	185.6382
印江县	19.158	21.1723	25.2849	54.15	74.2215	90.5373	95.3724	101.42
酉阳县	32.92	47.7	58.16	76.96	116.97	129.48	140.33	157.96

图 3-4 调研县 GDP 情况(单位:亿元)

其次,武陵山片区人均拥有量低。从人均 GDP 来看,人均拥有量低。武陵山片区人均国内生产总值仅相当于全国人均国内生产总值(6.464 4 万元)的一半。调研的样本县,近十年在扶贫开发政策的推动下,人均国内生产总值有所增长,但相对于全国的水平来说,不管是绝对值还是增长率都仍然较低。如图 3-5 所示,人均国内生产总值,咸丰县由 2008 年的 0.721 3 万元增长至 2018 年的 2.703 8 万元;宣恩县由 2008 年的 0.691 9 万元增长至 2.35 万元;

凤凰县由2008年的0.5667万元增长至2018年的2.3852万元;印江县由2008年的0.4842万元增长至2018年的3.5178万元;酉阳县由2008年的0.5769万元增长至2018年的2.882万元。其中印江县的人均国内生产总值增长幅度和增长速率均最大。虽然经济发展增速明显,但与其他相邻县市相比,人均国内生产总值差距仍较大,绝对值仍然较低。

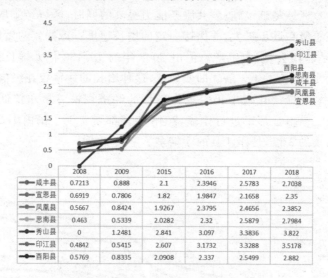

图3-5　调研样本县人均GDP情况(单位:万元)

而从2018年的数据来看(见表3-1),湘西州的人均国内生产总值在这5个区域内是最低的,为2.2885万元,仅为全国人均国内生产总值的35%;张家界市的人均国内生产总值则是最高的,为3.7719万元,但也仅占全国人均国内生产总值的58%。

表3-1　2018年武陵山片区5区域GDP和人均GDP

地区	总额/亿元	人均/万元
张家界市	578.92	3.7719
恩施州	870.95	2.5848
湘西州	605.05	2.2885
怀化市	1513.27	3.0449
铜仁市	1066.52	3.372

整体而言,受到武陵山区地质、交通、通信、农业、电子等因素的影响,该地区经济社会发展较为滞后,总体呈现出经济总规模小、人均拥有量低、增速不够快、经济效益不高、经济结构不合理、缺乏发展活力等特点。

2. 农户收入水平较低,消费负担过重

首先,户均家庭收入较低,收入结构不合理。从农户家庭现金总收入状况来看,调研数据显示,16.2%的农户家庭年收入在12 000元以下,27.2%的农户家庭年收入在12 000～36 000元之间,31.5%的农户家庭年收入在36 000～72 000元之间,12.4%的农户家庭年收入在72 000～100 000元之间,还有12.7%的农户家庭年收入在10万元以上。按户均4人来测算,人均年可支配收入在3 000～25 000元之间。如此,武陵山片区人均可支配收入远远低于全国的人均可支配收入(64 644元)。

从农户收入的结构来看,按由低到高的顺序,粮食收入在家庭总收入中所占比重最小,仅占0.85%。粮食收入曾经是农民的主要收入来源,现在由于生态保护、劳动力外流、土地流转以及产业结构调整等原因,种植粮食已不再是农民的主要收入来源。第二是资产变卖收入,占5.22%,是指农户将家庭自有资产出售而获得的收入。第三是养殖业收入,占7.65%。第四是经济作物收入,占10.84%。第五是政府补贴,占12.9%。第六是经营收入,占14.05%。第七是打工收入,占48.5%(见图3-6)。可以看出,农村家庭经济收入结构发生了根本性的转变。目前农村贫困户家庭经济收入主要由打工收入、经营收入、政府补贴和经济作物收入构成。但是所调研的对象中仅有19.8%的人能够获取经营性收入。如果将经营性收入剔除的话,那贫困户家庭收入构成主要是打工收入、政府补贴和经济作物收入。由于武陵山片区的产业结构正处于调整过程中,许多经济作物还处于投入和发展阶段,经济作物收入还处在不能带来经济效益或经济效益比较低的状况。所以,在未来武陵山片区的农户的收入还将处在一个急速变化的状态中。

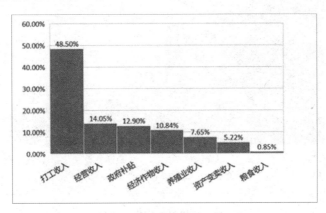

图3-6 调研村庄家庭收入结构

其次,家庭消费表现为生存性消费、节俭型消费。在年家庭总收入低的情

况下,家庭年消费支出总量却在增加。根据调研数据测算,年户均总支出为 37 140.32 元,其中食物花费占到第一位,为 22.46%;第二位是生产投入,为 21.43%;第三位是教育投入,为 17.29%;第四位是医疗花费,为 14.28%;第五位是衣物花费,为 8.17%;第六位为交通花费,为 5.89%;第七位是其他花费,为 5.48%;最后是通信花费,为 5.01%(见图 3-7)。从以上的数据可以看出,一是随着农户家庭收入结构的变化,武陵山片区农户的家庭消费结构也随之发生变化。贫困家庭的主要消费集中于食物消费,而在食物消费中主要集中于粮食的消费,用于生存性消费。原因在于农村生态保护、土地流转和产业结构调整,农户耕种的粮食无法满足日常所需,需通过市场渠道解决温饱问题。二是武陵山片区农户的消费集中于生活消费。三是武陵山片区农户的消费水平较低。虽然近些年,农户对于自身生活状况在纵向变化上的评价是变好了,但总体上还不太乐观。特别是从横向比较来看,农户的生活水平仍较低,只是解决了温饱问题。数据也显示,武陵山片区家庭支出在每一单项上较为均衡,这也反映了农户收入低,不敢消费,处在维持生存的状态,属于低收入约束的节俭型消费。

整体而言,在经济收入方面,武陵山片区农户经济结构不合理,经济收入低。在消费方面,贫困家庭的消费以食物消费为主,用于生活消费的支出比例较大,穿戴和日用品简陋,住房条件也较差。

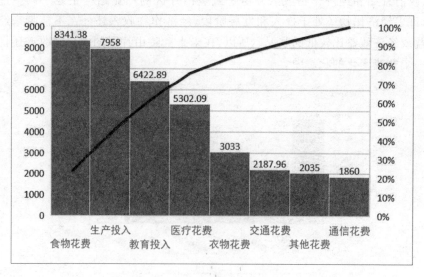

图 3-7 调研村庄家庭消费结构

二、武陵山区贫困的特征演变

伴随着经济社会结构的转型和脱贫攻坚工作的推进,武陵山片区贫困的性质发生了根本性的转变。武陵山片区贫困由贫困的绝对性、物质性、生存性、长期性与整体性向贫困的相对性、精神性、发展性、选择性和个体性转变。贫困的多样性、脆弱性与隐蔽性增强,这对未来武陵山片区乡村振兴提出了挑战。

(一)由绝对贫困向相对贫困转变

绝对贫困关注基本生活保障,强调贫困人口基本生存需求无法满足,难以维持最基本的生存状态,主要依靠单一的经济指标来测度。也就是说,个人和家庭依靠其合法收入无法保障其基本生活生产所需的物质资源,生命的延续受到威胁。而相对贫困是一个动态的概念,依据的是社会收入的比较或差距。相对贫困是个人或家庭的收入水平,与社会平均水平相比,少到社会认可的一定程度时所维持的社会生活状况。相对贫困可以从两个方面来理解。一是相对贫困具有时间相对性,随着经济社会的不断发展,贫困判定标准不断调整。二是相对贫困具有流动性和不稳定性。一方面,衡量相对贫困的标准会随着参照系的不同而不断发生变化;另一方面,现代社会的流动性加剧了贫困的相对性,使得贫困呈现更加不稳定的状态。①

2009年,武陵山片区贫困具有贫困范围的规模性、贫困程度的纵深性、贫困类型的多样性、贫困阶段的转移性及贫困持续的长期性等特点。2009年底武陵山片区农民人均纯收入低于1 196元的贫困人口有301.8万人,贫困发生率为11.21%。同时该区域经济发展水平较低,人均地区生产总值只有9 163元,仅为全国人均国内生产总值的29.98%。社会事业发展滞后,基本公共服务欠缺,基础设施薄弱,交通道路主干网络还未形成。不仅如此,武陵山片区还存在较大比例的五保户、低保户以及老龄贫困户,他们不具备生产和创收的能力,温饱问题还未得到有效解决。这些人群的生活状况特别恶劣。与此同时,武陵山片区贫困人口的收入、支出、生产生活等都比较低端。比如,武陵山湖北片区,年人均收入低于2 000元的贫困村有197个,贫困户有14.18万户。② 贫困村和

---

① 向德平,向凯.多元与发展:相对贫困的内涵及治理[J].华中科技大学学报(社会科学版),2020,34(02):31-38.
② 段超,陈全功.武陵山片区精准扶贫发展报告:2014[M].武汉:湖北人民出版社,2016.

贫困户的绝对数量都较高。2009年,武陵山片区中秀山县、凤凰县、酉阳县、泸溪县、思南县、咸丰县、宣恩县、印江县的农民人均纯收入分别为3 447元、3 145元、3 082元、2 855元、2 839元、2 806元、2 804元、2 610元。整体来说,武陵山片区贫困规模大、程度深,绝对贫困和相对贫困并存。在生产方面,贫困人口开展生产的物资条件贫乏,难以维持生产与再生产;而从消费方面来看,很难满足衣食住行等基本需要。

2011年,武陵山片区启动了"片区发展与扶贫攻坚"的试点工作,以缓解武陵山片区的贫困状况,改善区域经济社会发展状况。随着武陵山片区扶贫开发事业的不断推进,武陵山片区的贫困人口数量逐年减少,贫困人口的收入也在不断地增长。2011年至2017年,片区贫困人口从793万人减少到188万人,贫困发生率从26.3%降至6.4%,年均减贫101万人;12个贫困县已经脱贫摘帽。[①] 调研数据显示,至2018年底,调研样本村的人均年收入在3 000~25 000元之间。按照2011年确定的贫困线标准(农村人均纯收入2 300元)来测算,贫困人口已实现脱贫。而且经过十年的扶贫开发,武陵山片区的基础设施、公共服务与社会事业均得到一定程度的发展。由此,武陵山片区贫困的性质也发生了改变,由过去"食不果腹、衣不蔽体"的绝对贫困转变为相对贫困。武陵山片区的贫困不再是资源短缺而带来的绝对贫困,而是在基本温饱问题解决后出现的相对贫困状况。武陵山片区的温饱问题得到普遍性解决,而教育、医疗、道路等方面的相对贫困还需要持续关注。

(二)由物质贫困向精神贫困转变

随着扶贫开发进程的推进,武陵山片区贫困人口的经济收入得以增加,生活状况得以改善。武陵山片区的贫困由基本物质资源缺乏的绝对贫困向发展动力不足的精神贫困转变。由于空间地域特征、社区文化及自身能力的限制,贫困人口滋生出等靠要、听天由命、不思进取的思想,使贫困人口逐步丧失生活的信心,失去摆脱贫困的精神动力。精神贫困者不仅仅是在精神、心理层面上表现为空虚颓废、萎靡不振、抑郁憔悴、无精打采、缺少信心、不思进取等,还体现为具体的行为,比如好逸恶劳、好吃懒做、等靠要等。精神贫困者将生存和改变的希望寄托于外来力量的援助,而不主动思变,特别是对政府的依赖思想严重。

武陵山区精神贫困产生的原因是复杂的,与其所在的地理位置、历史、文

---

① 人民网.武陵山片区区域发展与扶贫攻坚试点会在铜仁召开[EB/OL]. http://gz.people.com.cn/n2/2018/1202/c194827-32356116.html,2018-12-02.

化、教育、人口素质相关,也与扶贫措施相关。首先,地理位置的空间特征。武陵山片区内的一些村庄与外界隔离,无法实现自然资源的经济转换,致使居住在其中的居民产生了消极的思想,进而在村庄形成贫困文化,滋生精神贫困问题。其次,受教育程度低。武陵山片区的贫困人群大多数为文盲或小学文化程度。上文中也提到,调研样本村中65%的人口仅接受过小学教育,其中有一些仅仅读过小学一年级后就辍学。受教育程度低意味着,贫困人口在长期的生活工作中不能实现知识的积累和职业技能的进步,缺乏基本的科学文化知识,缺乏依靠知识改变现状的技能手段。再次,精神文化生活匮乏。一是武陵山区特殊的地形特征增加村落中人与人之间互动的难度,精神文化活动开展有难度;二是农村公共文化场所建设基础薄弱,不能很好地发挥其功能,提供文化服务;三是农村文化人才少,村落文化活动处于萧条衰落的状态。最后,扶贫措施。贫困人口精神贫困、内生动力缺乏,还与中国长期以来实施的救济式、输血式的扶贫方式相关。输血式的扶贫方式解决了大量绝对贫困人口的基本生存问题,但同时也起了一些负面的作用,让一些贫困人口对国家政策产生依赖,而不思主动改变。

(三)由持久性贫困向选择性贫困转变

持久性贫困是指某一时期,人们的收入和消费都低于贫困线标准。持久性贫困的特征是不仅消费低于贫困线,而且收入也低于贫困线。也就是说,不管是以收入为标准,还是以消费为标准,这些人口都是贫困人口。而在贫困人口中,还有一部分人,他们的收入高于贫困线而消费低于贫困线,我们把这类贫困称为选择性贫困。他们虽然收入高于贫困线,但由于过去的特殊支出需要和对未来生活的忧虑,压缩当前的消费使之降至贫困线以下。在当前收入的约束下对消费和储蓄进行权衡,低消费模式是他们的理性选择结果,因此这类贫困被称为选择性贫困。[①]

在扶贫开发工作的推进下,武陵山片区的贫困人口的收入得以增加,其年人均收入高于我国的贫困标准,这意味着武陵山片区逐渐走出了持久性贫困。与此同时,调查发现武陵山片区贫困人群的消费结构发生了变化,所有的消费围绕着基本生存中的衣食住行,而且是一种较低水平的消费,比如粮食、医疗等,属于基本生存性消费。从调研过程中,我们也观察到贫困人口的饮食安排、住房情况及家庭设施的情况。从家庭的食物来说,农户平常的一日三餐中以蔬菜为主,蔬菜是自己家菜园种的,蛋类和肉类是自己家的日常积累。从家庭的

---

① 李实,John Knight.中国城市中的三种贫困类型[J].经济研究,2002(10):47-58.

住房情况来说,住房面积总体偏小,结构不合理,人畜混居。数据显示,83.8%的农户住房面积在 200 平方米以下。如果将生产性(养鸡、鸭、牛、猪等)场所与人居住的场所进行分离的话,那人居面积将更小。而且,武陵山片区住房修建的年份较为久远,有些房子有 200 多年的历史。但是这些年除政府投入对危房进行改造外,没有家庭选择维修房屋。从家庭设施情况来看,家庭拥有的家用电器主要有电视、电冰箱和洗衣机,其中电视机的家庭占有量最高,为 95.6%;冰箱其次,为 86.3%;洗衣机第三,为 78.4%。从电器的使用率来看,电视的使用率最高,因为农村文化生活的缺乏以及人际交往的频率低,所以在空闲时间电视都处在打开的状态。而洗衣机和冰箱的使用频率却很低。家庭拥有的农业机械很少,仅有 15.9% 的农户拥有农业机械。家庭交通工具的拥有量也非常低,仅有 4.7% 的家庭有自行车或是三轮自行车;34.8% 的家庭有摩托车或是三轮摩托车;1.5% 的家庭有小货车;9.6% 的家庭有小轿车。对于居住偏远、出行不便的武陵山片区的贫困人口来说,拥有一件交通工具是非常必要的,但总体的拥有量不高。这也进一步说明武陵山片区的贫困人口在消费方面的克制、谨慎和节俭。

选择性贫困已成为当前武陵山片区贫困的主要类型,它之所以会产生,主要是因为以下原因。一方面是对未来预期收入的不确定性。未来预期收入的不确定性,会对家庭的消费行为产生重要影响。在农业生产活动不能转变为现实经济收入、就业不能保障、产业调整的经济效益还未显现的前提下,武陵山片区贫困人口对于未来的收入充满了不确定性,所以在消费上限于满足基本生存需求,而没有任何改善性消费。另一方面是对未来家庭事件的不可预知性。人们可能会预期未来有些特殊情况需要花钱,比如未来的投资、孩子的教育、医疗等情况,在未来收入不确定的情况下,人们会采用储蓄策略以备将来的不时之需。选择性贫困是贫困家庭在极端匮乏的生活条件下不得已的行为策略。

三、武陵山区贫困的总体特征

(一)贫困发生率明显下降

贫困发生率是衡量一个地区贫困发生广度的重要标准,也是划定国家级贫困县和深度贫困县的重要指标。武陵山片区共有 71 个县市区,涵盖了 42 个国家扶贫开发工作重点县,13 个省级重点县。武陵山片区的贫困波及面广,表现为规模性的贫困,贫困发生率高。据抽样调查显示,2010 年武陵山片区整体的贫困发生率达20%左右,其所涉各地的贫困发生率也较高,比如湖北咸丰的贫困发生率高达52.4%,其余各地的贫困发生率也都在15%以上。武陵山片区平均每个村庄中贫困家庭占29.8%,贫困人口占村庄总人口的26.1%。①

自2014年中央实施精准扶贫战略以来,武陵山片区贫困人口大幅度减少,贫困发生率同时大幅度下降。到2014年,武陵山片区共识别出重点贫困村12 366个,其中湖北分片区有4 821个村,占该省行政村的19.15%;湖南分片区有4 256个村,超过该省8 000个贫困村的一半;重庆分片区有855个村;贵州分片区有2 434个村。截至2013年底,武陵山片区贫困人口为699.61万人,贫困发生率为25.06%,相对于2011年,减少贫困人口205.23万人。同期,全国农村贫困人口为8 249万人,贫困发生率为8.5%;武陵山片区贫困人口占全国的8.48%,贫困发生率远高于全国比例。武陵山片区的贫困人口分别为:湖南分片区348.24万人,贫困发生率22.1%;湖北分片区132.31万人,贫困发生率38.7%;贵州分片区156.89万人,贫困发生率44.9%;重庆分片区62.17万人,贫困发生率为20.1%。

武陵山片区贫困人口与贫困发生率如表3-2所示。

表3-2 武陵山片区贫困人口与贫困发生率②

	2010年		2011年	2013年	
	贫困人口/万人	贫困发生率/(%)	贫困人口/万人	贫困人口/万人	贫困发生率/(%)
湖南	196.7	10.8	494.07	348.24	22.1
湖北	196.4	57.5	114.84	132.31	38.7
贵州	209.62	33.8	248.59	156.89	44.9
重庆	53.1	17.2	47.34	62.17	20.1
全国	16 566	17.27	12 238	8 249	8.5

党的十八大以来,武陵山片区步入了前所未有的快速发展期,基础设施建设突飞猛进,生态环境持续改善,社会事业明显进步,脱贫攻坚取得决定性进展。据统计,2011年至2017年,片区贫困人口从793万人减少到188万人,贫困发生率从26.3%降至6.4%,年均减贫101万人,减贫率21.3%;12个贫困县

---

① 向德平,张大维,等.连片特困地区贫困特征与减贫需求分析——基于武陵山片区8县149个村的调查[M].北京:经济日报出版社,2016.
② 段超,陈全功.武陵山片区精准扶贫发展报告:2014[M].武汉:湖北人民出版社,2016.

已经脱贫摘帽;农村居民人均可支配收入从 4 561 元增长到 9 384 元。①

(二)脆弱性特征明显

武陵山片区在解决了"两不愁、三保障"后,还存在大量的低收入人群,这些人群具有较大的脆弱性和不稳定性,抗风险能力弱,极易返贫。低收入人群的脆弱性主要由以下几个方面的因素所引发。一是低收入人群所处的地理空间特征的脆弱性。武陵山片区低收入人群多聚集在偏远的高山、深山,地理位置偏远、土地质量差、自然条件恶劣等因素交织在一起,使得土地产出有限、资源流动受阻,经济发展的边际效益低下。二是社会公共服务保障系统。整体而言,农村社会公共服务保障系统还有待进一步完善,以提升低收入人群抗风险的能力。三是人口素质和能力。低收入人群自身的综合素质和综合能力较低,较难在市场竞争中提高收入以改善家庭的经济状况。特别是当家庭遭遇重大疾病或是自然灾害时,返贫风险极大。武陵山片区的脆弱性主要表现在以下几个方面。

第一,基础设施和公共服务方面。武陵山片区有些地区仍然存在交通通信基础设施落后、基本医疗服务不能满足需要、上学不便利等问题。即便这些问题在一些地区得到基本解决,也存在效果的稳固问题。比如教育扶贫方面,很多地区的控辍保学率已经达到 95% 以上,但保学率并不稳定。另外,存在诸如失学人超龄、贫困人口由于生理心理原因不适于学习等细分问题。

第二,因地理因素和社会环境带来较大的刚性制约问题。贫困地区大多分布在生存条件比较恶劣、自然灾害多发或边远的地区以及少数民族地区,面临气候、生态环境、地质地貌等自然条件制约,同时,由于很多片区县人口较少,土地面积广大、地貌复杂,基础设施造价高、维护成本高且受益面较小。

第三,产业扶贫方面也存在产业项目的续存和发展问题。武陵山片区所覆盖的州县在全国区域发展的排名中均处于末端。在区位、交通、地理、市场等条件限制下,产业发展困难。产业扶贫项目亏损较多,有些地区的"扶贫工厂""扶贫车间"甚至处于完全停业状态。这些问题一方面浪费了扶贫资金,另一方面对扶贫工作人员的积极性和工作热情也产生了负面影响。

第四,面临教育和社会文明发展滞后的问题。武陵山片区农村教育和生活环境不佳,农村教师引进困难、流失严重。

(三)贫困人口向特殊弱势群体聚集

随着武陵山片区贫困人口绝对数的减少,贫困人口表现出地理分布上和人

---

① 何春中.武陵山片区脱贫攻坚取得决定性进展[EB/OL]. http://news.cyol.com/yuanchuang/2018－11/28/content_17825162.htm,2018-11-28.

群组合上的边际化倾向,也就是他们越来越集中于在生活和生产条件极为恶劣的边缘地区,并且教育水平和健康水平较差,没有足够生存能力的人身上,也就是那些"最贫穷的人"——集中连片特困地区的特殊弱势群体,比如老年人、儿童、病人、残疾人等人群。老、弱、病、残总是与贫困互为纽带形成恶性的循环链条。农村剩余劳动力外流后,老、弱、病、残成为农村的主要劳动力,增加了家庭贫困及返贫的可能性。[①] 调研数据显示,调研村庄有39.9%的人为60岁以上的老年人,27.8%的人患有疾病,他们患有长期慢性疾病或体弱多病丧失劳动能力。再加之武陵山片区公共健康和医疗服务的水平不高,就越发增加了贫困人口返贫的可能性。此外,儿童的贫困问题尤其需要关注。武陵山片区的儿童尤其缺乏接近经济、社会、文化、物质和制度等资源的机会,这些资源对贫困地区儿童的成长和发展来说至关重要。但现有的教育资源还无法彻底解决贫困代际传递的问题。在研究过程中发现了一个现象,贫困家庭的受教育程度普遍偏低,贫困的代际传递现象严重。为了改善家庭的经济状况,贫困家庭的子女过早进入工作或劳动领域,以增加家庭收入,但由于其所受教育有限,缺乏专业技术和技能,在就业市场并不占据竞争优势,只能够从事一些收入低、风险高的工作,这又增加了其陷入贫困的风险。

---

① 王博,张瑜.关于我国农村贫困性质与反贫困战略调整的思考[J].云南社会主义学院学报,2015,68(04):155-160.

第四章 武陵山区脱贫攻坚的政策供给

随着我国进入精准扶贫的攻坚阶段,扶贫思路与方法不断创新与改进。依据丰富的经验及减贫成果,党和政府不断调整政策供给的类型和内容。近十年来,武陵山区连片特困地区取得的减贫成效,离不开脱贫攻坚政策的有效供给,在当下,多维贫困视角下,精准的脱贫政策供给成为实现全面脱贫的重要保障。

一、武陵山区连片特困地区政策供给的背景

按现行国家农村扶贫标准测算,2019年末全国农村贫困人口为551万人,比2016年末减少2 495万人;贫困发生率为0.6%,比2016年末下降了3.9个百分点。总体来看,党的十八大以来,全国农村贫困人口从2012年末的9 899万人减少到2019年末的551万人,累计减少9 348万人。这一成绩的取得离不开党和政府各项扶贫政策的保障,作为特殊困难地区,武陵山区连片特困地区在脱贫攻坚战场上享受到诸多政策关照,也取得了重大的、突破性的成绩,为我国完成减贫工作作出了巨大贡献。

(一)武陵山区连片特困地区政策沿革

2010年中央1号文件明确提出,"继续抓好扶贫开发工作,对特殊类型贫困地区进行综合治理";紧接着在2010年2月4日,温家宝在省部级主要领导干部深入贯彻落实科学发展观、加快经济发展方式转变专题研讨班上强调:"要把扶贫开发的重点放在贫困程度较深的集中连片贫困地区和特殊类型贫困地区";2010年10月18日,党的十七届五中全会特别指出,"深入推进开发式扶贫……加快解决集中连片特殊困难地区的贫困问题";2010年年底召开的全国扶贫工作会议明确提出,未来10年,我国将把集中连片特殊困难地区作为主战场,更加注重解决连片特困地区贫困问题。2011年3月2日,国务院扶贫开发领导小组组长回良玉主持召开国务院扶贫开发领导小组全体会议时强调:要从全局和战略高度,充分认识做好今后10年扶贫开发工作的重大意

义,坚持以连片特困地区为主战场。在2011年3月14日,第十一届全国人大四次会议通过的"十二五"规划纲要明确指出:要在南疆地区、青藏高原东缘地区、武陵山区等集中连片特殊困难地区实施扶贫开发攻坚工程。2011年4月26日,胡锦涛主持召开中共中央政治局会议,专门研究当前扶贫开发工作面临的形势和任务,审议《中国农村扶贫开发纲要(2011—2020年)》,会议强调要"把连片特困地区作为主战场,把稳定解决扶贫对象温饱、尽快实现脱贫致富作为首要任务"。

党的十八大提出全面建成小康社会和全面深化改革开放的宏伟蓝图,国家在贫困治理上作出了战略性调整:划设14个连片特困地区作为扶贫攻坚主战场,构建"三位一体"扶贫开发治理体系,推动政府、市场、社会协同推进大扶贫开发格局,实施连片特困地区区域发展与扶贫攻坚规划和建立精准扶贫工作机制。新时期,扶贫开发工作在战略和政策体系上有新的思路。我国扶贫开发工作进入"啃硬骨头、攻坚拔寨"的冲刺阶段,以武陵山脉为中心、横跨渝鄂湘黔四省市的武陵山区作为连片特困地区的典型代表,启动片区区域发展与扶贫攻坚规划编制和实施工作。《武陵山片区区域发展与扶贫攻坚规划(2011—2020年)》实施以来,武陵山区在区域经济发展、基础设施建设、公共服务供给、贫困人口生活水平等方面取得明显成效,脱贫攻坚政策供给源源不断地输入,使得武陵山区更加关注提高贫困人口参与脱贫攻坚的"内生动力"和"自我发展的可行能力"。这为实现乡村振兴、全面建成小康社会提供政策优势,同时也体现我国在减贫与发展方面的决心和信心。

(二)武陵山区连片特困地区政策供给的意义

2010年以来,根据党和政府提出的一系列关于武陵山区连片特困地区的政策文本内容,各级地方政府纷纷制定并出台一系列配套的扶贫开发对策和实施细则。2014年以来,中央和地方政府不但重视精准扶贫规划和政策,而且开展了自上而下的具体帮扶行动,极大地体现了"精准"二字,即"精准识别""精准帮扶""精准脱贫"。截止到目前,我国精准扶贫政策在武陵山区连片特困地区已经显示出重大政策优势,取得一定减贫成绩。

一方面,充足的政策供给保障了特殊困难地区和贫困群体的基本权益。武陵山片区集革命老区、民族地区和贫困地区于一体,是跨省交界面积大、少数民族聚集多、贫困人口分布广的连片特困地区,也是重要的跨省经济协作区。一系列减贫政策供给重在关注这一地区的基本民生保障与低收入群体的基本生活,这一系列政策的落实为实现该地区和贫困群体的基本发展和生活打下了基础,为追求社会公平提供了政策保障。甚至一系列政策的实施、落地,为武陵山

区贫困人口与贫困户的资源投入和财富再分配提供了可能。

另一方面,有效的政策供给符合国家在扶贫开发工作中的重大战略发展要求。武陵山区的脱贫攻坚实践历程是和国务院扶贫办的扶贫开发规划基本保持一致的。武陵山区的扶贫开发政策就是在充分分析当地的贫困原因以及特点的基础之上产生的。近些年来,武陵山区的各基层政府在充分调查实践的基础上,在中央大的宏观政策指导之下,出台了一系列适合本地特点的短期和中长期扶贫开发政策,对扶贫开发工作的顺利开展发挥了重要的作用。武陵山区各地方政府在充分调查分析了解本地贫困情况的基础上出台相关政策,为当地扶贫开发工作指明了方向,提供了政策引导,使国家与地方政策真正成为可供利用的社会资源。以上政策的出台和落实在于中央政府对扶贫开发工作的重视,不断推动地方政府出台系列配套的脱贫攻坚政策,为武陵山区的脱贫攻坚行动提供了多元的、有效的、强有力的后盾支持。时至今日,武陵山区脱贫攻坚政策不断更新,中央政府和地方政府相继更新、重新制定诸多政策文本,并强力推行相关政策。从 2010 年至今,这一系列脱贫政策又产生更多扶贫效果,对国家整体的发展规划产生积极的意义。

二、武陵山区连片特困地区政策供给的类型

在脱贫攻坚的关键阶段,政策供给的类型呈现多样化的样态。无论从中央层面还是从地方层面,武陵山区连片特困地区的脱贫政策都展现了中国共产党和中央政府、地方政府对这一地区的重视。一方面在于武陵山区连片特困地区的地理位置,贫困程度深、贫困群体较为集中;另一方面是因为武陵山区连片特困地区特殊的历史,这里有红色革命老区、少数民族地区等,贫困现状亟待改善。

(一)中央层面的政策供给

从中央层面来看,与武陵山区连片特困地区有关的扶贫政策有,改革开放以来,中国政府制定的一系列政策文件。其中重要的文件包括《国家八七扶贫攻坚计划》《中国农村扶贫开发纲要(2001—2010 年)》《中国农村扶贫开发纲要(2011—2020 年)》《中共中央 国务院关于打赢脱贫攻坚战的决定》《关于创新机制扎实推进农村扶贫开发工作的意见》《省级党委和政府扶贫开发工作成效考核办法》《关于加大脱贫攻坚力度支持革命老区开发建设的指导意见》《关于建立贫困退出机制的意见》以及各部委的文件。这些政策构成一个完整、系统的政策体系,推动着中国减贫事业的发展。其中,2001 年 5 月,中央扶贫开发工作

会议召开,随后国务院《中国农村扶贫开发纲要(2001—2010年)》颁布,标志着我国新阶段扶贫开发工作全面展开。武陵山区各地方政府在此项政策的指导下,结合本地实际,也制定了各自的扶贫开发政策,为武陵山区的整体扶贫开发工作作出了重要贡献。

(二)地方层面的政策供给

从地方层面来看,与武陵山区连片特困地区相关的扶贫政策有:

2001年12月,贵州省思南县出台了《思南县扶贫开发规划(2001—2010年)》,从基本情况、扶贫开发工作的回顾与分析、扶贫开发对象需求分析、指导思想和基本原则、奋斗目标和任务、扶贫开发项目体系设计、项目资金安排、规划的支持体系、规划实施和监督等九个方面进行了详细规划。2005年6月和2010年6月,思南县又分别出台了《思南县扶贫开发规划(2006—2010年)》和《思南县扶贫开发规划(2011—2015年)》,从基本情况、近年来扶贫工作成效、规划指导思想及基本原则、规划目标指标、规划方案、规划项目及分年度实施计划、规划实施的保障措施等方面进行了详细规划。

湖南省泸溪县制定了《泸溪县农村扶贫开发规划(2008—2010年)》,从扶贫总体规划、资金投入规划、项目总体规划、子项目规划等方面进行了阐释,并就产业基地建设、产业龙头企业、产业基础设施配套、农民协会、通达工程、其他基础设施、农民素质教育、生态建设、小额信贷贴息、社会发展、示范村建设、科技下乡等子项目的规划作了专门设计。

重庆市秀山县出台了《秀山县"十二五"扶贫开发规划提纲(2011—2015年)》,从秀山县扶贫开发回顾、秀山县"十二五"扶贫开发的目标、"十二五"扶贫开发的基本原则、国家扶贫战略项目与秀山扶贫开发、"十二五"扶贫开发的对象与重点、扶贫开发的内容和途径、秀山县"十二五"扶贫开发项目的选择、秀山县"十二五"扶贫开发项目资金安排、扶贫开发的政策保障、秀山县"十二五"扶贫开发实施及监测等方面进行了阐释。

部分地方还出台了专业性和专项性的扶贫开发规划和政策。湖南省凤凰县针对产业扶贫项目,专门出台了《凤凰县畜牧产业总体规划(2006—2020年)》。秀山县在重庆市全市40个区县中率先出台《加快推进贫困村整村脱贫连片开发工作的意见》,成立了贫困村片区开发和整村脱贫领导小组,由县长任组长,县扶贫开发领导小组成员单位和有关单位领导为成员,负责片区开发和整村脱贫的规划审定、组织协调、统筹安排、资金整合、进度督查、考核评比等工作。

三、武陵山区连片特困地区政策供给的特点

（一）合理利用政策资源

政策是一种资源,是武陵山区扶贫开发工作得以顺利进行的有效保障。武陵山区的扶贫开发工作离不开相关政策的配合与支持。一项合理并符合当地实际情况的扶贫政策能够为当地的经济社会发展提供动力支撑。

(1)武陵山区的贫困问题是历史上长期形成的,合理布局脱贫攻坚政策是前提。贫困面积大、贫困人口多、贫困程度深是武陵山区贫困的主要特征。基于对武陵山区各个贫困地区和贫困人口实际情况的认识和把握,各个层次的政府部门都制定了相应的扶贫开发政策,从最紧迫的问题入手,量力而行,确保重点,分阶段推进。在扶贫开发工作中,武陵山区政府坚持以扶贫开发统揽农村工作全局,牢固确立扶贫开发在农村工作中的中心地位,要求各个乡镇党委、政府必须把扶贫开发工作作为重中之重来抓,作为新农村建设的重头戏来唱。在思想上将扶贫开发工作放到了一个重要的位置上,为扶贫工作的开展实施提供了合理的政策扶持。

(2)武陵山区的贫困问题是多重因素造成的,武陵山区的扶贫开发工作注重积极、主动地将扶贫开发政策与其他支农政策相结合,与社会主义新农村建设相配合,与全面建设小康社会各项政策相协调,与国家区域发展、产业发展政策紧密联系,统筹兼顾,合理配置各项资源,最大限度地调动一切有利于贫困地区发展的因素,充分形成政策合力,全面推进贫困地区经济社会的发展。

(3)武陵山区的贫困问题是复杂的,在武陵山区扶贫开发工作中,武陵山区注重用好用活政策优势,强化政策制度保障。以湖南省湘西州为例,湖南省委、省政府始终高度重视湘西的扶贫工作,先后下发5个支持湘西扶贫发展的重要文件,为湘西在不同时期推进扶贫发展指明了正确方向,提供了政策保障。湖南省直单位及省辖六市积极响应党中央、国务院和省委、省政府的号召,认真开展对湘西州的对口扶贫工作,主要领导每年都来湘西现场研究扶贫工作,在项目、资金、人才扶贫上给予支持,推动了湘西扶贫事业发展。对湘西来说,政策机遇就是最大的机遇,政策投入就是最大的投入,政策保障就是最大的保障。

总而言之,武陵山区很多的县市都在认真贯彻落实中央、省扶贫政策措施的基础上,立足于全县贫困人口的实际,制定和完善了更加有利于搞好扶贫开发工作的本地优惠政策,为当地的扶贫开发工作提供了切实的政策引导和保障,取得了很好的成效。所以,深化武陵山区扶贫开发工作,必须注重用好政

资源,用活政策优势,把政策优势转化为扶贫优势、发展优势。

(二)有效发挥政策主体作用

政策法规是政府为解决社会问题,维护社会稳定,实现社会的良性运行和协调发展而制定和实施的各种规范、准则、法律和条例规章。在一个民主的法制的社会之中,符合社会需求的政策法规是人们生存和发展的保障。其实,现代的政策法规就是武陵山区地方政府及武陵山区各阶层人民谋求经济发展、摆脱区域性贫困的一种社会资源。扶贫开发政策是扶贫开发行动的先导,有了合理完善的政策才会更好地带动武陵山区扶贫开发工作的开展。所以,扶贫政策的合理制定、有效实施以及正确全面的评估对武陵山区的良性发展有着举足轻重的作用。

例如,2014年初,咸丰县全县建档立卡贫困户43 615户140 092人,2014年农村户籍人数353 179人,贫困发生率为39.67%。经多轮次动态调整,现有建档立卡贫困户44 103户148 701人,累计脱贫43 506户147 455人,其中2014年脱贫5 983户22 107人、2015年脱贫10 115户37 366人、2016年脱贫6 536户23 461人、2017年脱贫4 784户15 858人、2018年脱贫6 327户21 510人、2019年脱贫9 761户27 153人,留存未脱贫贫困户597户1 246人,综合贫困率降至0.35%。全县建档立卡贫困村66个,其中2016年出列22个、2017年出列12个、2018年出列8个、2019年度24个贫困村已全部完成县级评估初验工作。[①] 通过以上一组数据可以看到,作为政策实施者、推动者的国家和政府在其中发挥重要的主体作用,通过政策主体作用的发挥,武陵山区各县市在脱贫攻坚中取得重大的突破。2014年宣恩县全县建档立卡贫困户27 552户87 411人,综合贫困发生率26.48%,经历年动态调整,2014年至2018年脱贫27 730户91 798人,截至目前宣恩县全县留存贫困人口177户487人。经湖北省第三方实地评估,2019年4月29日,湖北省政府批准宣恩县退出贫困县。自此以来,宣恩县严格按照"一摘四不摘"的要求,突出七项重点,扎实巩固提升脱贫攻坚质量。

四、武陵山区连片特困地区政策供给的作用

从2010年武陵山区连片特困地区扶贫工作开展以来,武陵山区的政策供给具有显著的特色,从中央到地方,从群体到个体,在政策的制定和输出方

---

① 咸丰县扶贫办.咸丰县经济社会发展和脱贫攻坚工作汇报,2019年11月.

面,都扮演重要的角色,在脱贫攻坚的关键时期发挥着关键作用。一项政策的制定需要符合当地的实践需求,应该在充分调查实践的基础上产生。武陵山区的扶贫开发政策就是在充分分析当地的贫困原因以及特点的基础之上产生的。

(一)从根本上改善贫困地区的落后面貌

贫困地区的落后面貌主要体现在物质贫困和精神贫困两个方面,物质的匮乏体现在贫困地区缺少基本的生计资本,基础设施条件差,自然环境、地理环境等因素导致贫困地区及贫困群体无法获得更多的生计资源;精神贫困主要表现为对政府扶贫的依赖,住房、卫生、教育、医疗等各方面,依赖政府提供各项帮扶,甚至一旦脱离政策的扶持,这些群体会立刻陷入返贫状态。经过长时间的努力,政策的调整、宣传,以及对贫困问题的认知转变,贫困地区和贫困群体不论是在物质贫困层面还是在精神贫困层面,都体现了极为明显的转变。

"村主任:……但是现在农户家里都没剩下几口人了,大部分劳动力都外出打工了。还有很多人在县城里买了房子不回来了。去年年底,我们统计了一下,大概有110户在印江县城买了商品房。所以你看,现在我们这里的条件是很差的,也没有多大的发展空间,因为在家里待着的都是些老弱病残,他们没有条件在外面买房,没有条件外出。但是如果跟2014年比的话,我们整个村的变化还是比较大的。2014年我来参加工作的时候,这里的道路等基础设施还没有改善,一下雨车都上不来,都是泥路。2018年以来,这里就不一样了,你也看到了,现在水泥路户户通、村村通,总共有480多米的水泥路,通往各家各户。刚才我们办事处的领导也介绍了,杨家坪那边有15公里户户通的路,杨家坪是另外一个村,我们针对季节性缺水问题进行了整改,从那个村用管道把我们这边吃水问题都解决了。老百姓以前吃水困难,现在是彻底解决了。"

——访谈资料:20191127YJ-13

村主任自2014年上任以来,贯彻落实各类扶贫政策,村子的贫困状况发生极大变化。除此之外,根据我们的调查,武陵山区凤凰县、泸溪县、印江县、思南县、宣恩县、咸丰县、酉阳县、秀山县等县域的人畜安全用水、生活生产用电、网络覆盖等问题均已解决,群众满意度不断提高,对生活充满信心。

一项政策要想取得实质性成果就必须狠抓落实,在执行阶段下足功夫。武陵山区贫困地区的地方政府在制定了符合本地区域情况的政策之后,着力强化项目和资金管理,努力探索扶贫开发新机制,用足、用活国家扶贫政策,确保各项政策落实到位。

问:您生活的区域的卫生环境现在跟以前相比发生了哪些变化?

村主任:脱贫攻坚以来,群众自家的卫生环境在慢慢改变,包括村里大的环境卫生方面,他们都自愿打扫,家里、村里都弄得干干净净。开展脱贫攻坚之前是很脏的,群众没有这方面的意识。后来帮扶干部来了,引导群众注意卫生,转变他们的思想观念,告诉他们,还是要把自己家的卫生收拾好,这样外面的人看着也舒服呀,自己也会觉得舒服。慢慢地,环境就有了很大的改善。以前就没在意过垃圾问题,能烧的就都烧了。因为那个时候垃圾中转站还没有引到我们村里来,一般的垃圾都是自己自行处理,所以能烧的就都烧了。一般情况下,群众都是选择要么把垃圾埋了,要么烧掉。

——访谈资料:20191127YJ-13

从政策供给的视角看,解决贫困地区的基础设施问题,是武陵山区脱贫攻坚的首要工作,也是基础工作。一方面源于该地区恶劣的地理环境,基础设施建设比较困难,成本比较高;另一方面在于武陵山区人口居住的分散性,基础设施的布局难以均衡,使用率相对较低。

"村主任:主要我们这里地理条件太差了。条件好一点的家庭都跑县城里去了。不过现在都是这个样子,现在的人对子女教育都很关心、很重视,一般有条件的就不会让孩子留在这里,都会带走,都希望自己的子女成才,不要待在山沟里。以前那思想就是女孩子读不了就都不读了,现在就不存在这种问题了,男孩女孩都是一样的。像住房方面,我们这里以前闲置房多,破旧房也多,通过'四改一化'、农村危房改造,那些还在用的废弃房、闲置房采用土地增减挂钩的方式都拆掉了,主要是因为这些房屋影响美观。还有卫生厕所改造,我们也改了108户,也就是'四改一化一卫',一共是108户,光是2016年、2017年就改了这么多。基本上住房都是通过这个政策来改的。还有就是贫困户,易地搬迁有9户,有搬去铜仁的,还有去县城的,铜仁的有6户。"

——访谈资料:20191127YJ-13

武陵山区特困地区群众对政府扶持项目认可度的变化表如表4-1所示。

表 4-1 武陵山区特困地区群众对政府扶持项目认可度的变化表[①]

项目名称	2010年/(%)	2019年/(%)	变化值/(%)
房舍改造	11.9	43.1	31.2
发展生产	18.2	35.2	17.0
技术培训	12.0	35.5	23.5
搬迁补贴	11.6	5.7	−5.9
通水	32.2	73.7	41.5
通电	52.7	71.2	18.5
其他	2.9	13.3	10.4

从各类政策设计的初衷来看,改变武陵山区贫困的、落后的面貌,是政策的目标。为此,经过近十年的努力,在房舍改造、发展生产、技术培训、生活和生产用水用电等各个方面都发生了翻天覆地的变化,当地老百姓的认可度也不断提高。

(二)不断增强干部与群众之间的互动关系

干群关系在脱贫攻坚中得到淋漓尽致的体现。在脱贫攻坚战打响以来,贫困地区的群众与干部之间的互动达到前所未有的密切,作为政策主体,党和政府不断深入群众之中,了解群众需求,发现群众问题,并致力于解决贫困群体的各类问题,使得在脱贫攻坚阶段,扶贫主体和群众形成良性的干群关系,不断缓解基层社会产生的干群矛盾。这间接说明了扶贫政策在供给过程中发挥的良性作用。

"村主任:开群众会,一次不行就两次,两次不行就三次,总得把他的思想工作做通。我也没办法,还要给在外面的人打电话,来解决这些事情。因为年轻人大部分都出去了,只能通过电话联系。以前都是群众有事就直接来找村干部,就是说他们一过来就是有目的的,都是为自己争利益的。现在都是开群众大会,通过开会来评比,群众都一目了然,账目都是公开的,想找问题也找不到。所以他们的思想观念也发生了变化,干群关系也比较好了。这都是开了很多次会开出来的,大会小会都开,只要是惠民的政策,每一项都是以会议形式宣布的,让大家都知道这个事情该怎么干、怎么评比。公开透明的话,群众对我们村

---

① 数据来源:2010年、2019年在武陵山区特困地区开展的实地调研中,通过问卷调查整理出的结果。

干部的态度也好了,中层干部也好,帮扶干部也好,群众都比较信任了。"

——访谈资料:20191127YJ-13

干部坚持将政策准确、真实地传达给群众,并讲解政策的内容,一方面可以降低群众对政策内容的不理解,另一方面,还能提高群众对干部在政策传输过程中的信任感。政策的公开透明,是实现扶贫政策价值的重要路径之一,精准脱贫、精准施策对扶贫主体有很高的要求,实现政策的透明化,能够获得群众的尊重与爱戴。

"村主任:现在已经进入冬天了,春天的时候这里更好看。村里有些帮扶干部每个星期都会过来,来了之后就想在这里多住两天,都不想回去。他们就到处走一下,跟村里的老百姓聊聊天,去地里看看都种了什么庄稼。村里的环境好,他们感觉还是很舒服的,遇到有的老人,会跟这些帮扶干部说,'我这个菜好,你拿点回去',所以他们也挺高兴的。村里人都比较热情,都送自己地里种的菜给他们。"

——访谈资料:20191127YJ-13

"比如说我们这里有一个老人,两个儿子都去世了,她有两个孙子,一直在外面务工。一个孙子三岁、一个孙子五岁的时候两个儿子就死了,儿媳妇就跑了,她把孙子抚养大,村里的老支书没有给他们救济粮。我们来了知道有孤寡老人,冬天我们在村里走着看一下村里的老人有没有事情。有一次我去她家她不在,我通过旁边的老人才知道,她去挖山里面的药材,1.5元一斤,她去采药材的时候摔了一跤,摔到了沟里,我跟村主任叫着村医还有群众去找到老人,背着她走了30公里的路程,然后送去骨科医院。她的孙子赶不来,手术必须做,医药费得由我来出,吃的都是我给送的。感觉老人很信任我们,看待我们就像看待自己的孙子一样。老人的孙子回来说,没有你们我都不知道我的奶奶怎么办。我说我们既然来到这里就要为群众做力所能及的事情,所以说我们在村里就像吃大锅饭一样,走到哪里吃到哪里,很融洽。"

——访谈资料:20191127YJ-15

总而言之,在扶贫政策执行和落实方面,武陵山区各地方政府始终坚持开发式扶贫的政策方针,以贫困群体为中心,稳定解决扶贫对象温饱并逐步实现脱贫致富。在扶贫开发工作中,以增加收入为核心、能力建设为根本,以整村推进"三个确保"为重点和平台,整合优势力量,多渠道筹集资金、加大投入,通过加强基础设施建设,帮助贫困村大力发展优势特色产业,积极推进产业扶贫。

(三)有效探索出多样的扶贫政策内容

除国家出台并实施的产业扶贫政策之外,实施"雨露计划"、扶贫搬迁、老区建设、社会扶贫等重点工作。为壮大境内特色产业,各个地方政府还加大了在财政转移支付、建设项目投资、金融信贷资金等方面的支持力度。同时加快发展民族文化、教育、卫生、体育等社会事业,逐步将各项扶贫开发政策落实到位。

以湖北省恩施州咸丰县为例,在1986年到1993年的大规模开发式扶贫阶段,恩施州政府成立了专门的贫困地区领导开发办公室,全面统筹安排全州的扶贫开发工作,恩施州下辖的咸丰、宣恩、来凤、鹤峰等县在1986年被列为国家重点贫困县,开始享受国家政策的扶持和优惠。咸丰县在被列入国家重点扶持贫困县后,当地政府即组织力量,对全县农村经济及农民收入情况开展广泛调查并确定重点扶持贫困乡村、贫困户,确定农民人均纯收入不足150元的乡(镇)为贫困乡(镇),农民人均纯收入不足150元的村为贫困村。通过对全县贫困情况的调查了解,掌握最新、最基础的数据,为实施大规模的开发式扶贫奠定基础。在调查摸底后,当地制定了扶贫开发规划,实行"收缩战略,突出重点,集中力量,建设基地"的方针,积极引进优良作物品种,建成水稻育种基地,大力发展"两叶"(茶叶、烟叶)、"两畜"(猪、牛),对农村剩余劳动力进行技术培训,支持外出务工经商。通过多方位的支持发展,到1989年,贫困户下降到0.56万户、2.1万人,解决了21万人的温饱,成为恩施州第一个提前解决温饱的贫困县。

在1994年到2000年的扶贫攻坚阶段,湖北省委、省人民政府根据国家政策出台《关于合力加强特困县市扶贫开发工作的决定》,将咸丰确定为全省12个特困县市之一。在咸丰被列为国家八七扶贫工作重点县后,咸丰县开展实施"温饱工程",为此咸丰县成立了三大扶贫组,实行部门单位对口帮扶困村,发展村级经济,建设支柱产业。到1997年底,全县贫困人口减少到4.95万人,农民人均纯收入达到1 397元。八七扶贫攻坚的开展使得包括咸丰在内的恩施州农村地区面貌发生了巨大的改变,在扶贫攻坚过程中,咸丰逐渐形成了市场牵龙头企业、龙头企业带基地、基地连农户的农村经济产业化发展雏形。在这一时期,咸丰县还大力改善基础设施条件,改善农村居民生产生活条件,到2000年底,咸丰县农民人均纯收入由1993年的351元上升到1 104元,人均粮食由1993年的319 kg增长到404 kg,贫困人口由1993年的18.24万人下降到1.32万人,贫困发生率由57.25%降到4.09%。[①] 扶贫开发取得了巨大的成就,极大地改善了贫困地区的生产生活水平。

进入新世纪以来,我国政府继续开展大规模的农村扶贫开发工作,2007

---

① 咸丰县扶贫办.咸丰县扶贫开发志,2008年12月.

年,咸丰县农民人均纯收入 2 101 元,同比增长 15.4%,贫困人口人均纯收入增加 90 元以上,贫困人口净减少 0.31 万人。① 2014 年,全县建档立卡贫困人口 43 615 户 140 092 人,重点贫困村 66 个,综合贫困发生率 39.67%。经过多轮次动态调整,现有建档立卡贫困户 44 103 户 148 701 人,重点贫困村 66 个。目前,全县累计脱贫 43 506 户 147 455 人,出列 66 个重点贫困村,留存未脱贫贫困户 597 户 1 246 人。全县综合贫困发生率由最初的 39.67% 下降为 0.35%。②

咸丰县的扶贫开发政策的落实过程表明了合理的社会政策是扶贫开发工作的先导,而政策的真正贯彻落实才是扶贫开发工作的最大保障。所以,在扶贫开发工作中各个地方政府都应注重用好用活政策优势,把政策优势转化为扶贫优势、发展优势,为未来扶贫开发工作的发展奠定坚实的基础。

(四)形成有效的评估考核指标体系

政策的评估和考核工作是相应组织部门依据一定的价值标准和事实标准,通过一定的程序和步骤,对政策实施中的价值因素和事实因素进行分析,目的在于利用这些政策相关信息,对政策的未来走向作出基本的判断。武陵山区的扶贫开发政策在制定和落实之后,主要是由当地的扶贫部门对落实情况进行实地的调研总结,通过报告的形式对各个阶段的扶贫开发工作的成绩和不足进行总结分析,确保扶贫开发工作开展持续有效,为扶贫开发工作未来政策的制定与实施提供借鉴。同时,在扶贫开发工作中,很多学术团体、社会组织也对扶贫开发政策的实施情况作了相应的评估,为扶贫开发政策的进一步改善提供了借鉴。

事实上,整个武陵山区的各个地方政府都会在不同的阶段对扶贫开发工作进行总结评估,会有相应的扶贫开发工作总结,对一段时间以来的工作进行详细的分析,总结经验,提出未来工作的指导思想和相应方法,并在未来的扶贫工作中应用。比如在 2009 年咸丰县扶贫开发总结报告中,咸丰县扶贫办就对 2009 年的整村推进扶贫开发工作、扶贫搬迁工作、产业化扶贫推进工作、"雨露计划"开展工作、老区干部培训等方面的扶贫开发工作进行了总结,并在此基础上就 2010 年的扶贫开发工作提出了相应的指导措施。在这个过程中咸丰县切实做好了扶贫责任制与绩效考核。一是做好扶贫责任制的考核。根据中央关于扶贫开发"党政一把手负总责"和"分级负责"的要求,各乡镇(区)坚持把扶贫

---

① 咸丰县扶贫办.咸丰县扶贫开发志,2008 年 12 月.
② 咸丰县扶贫办.咸丰县经济社会发展和脱贫攻坚工作汇报,2019 年 11 月.

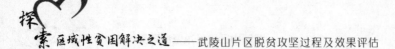

开发摆在中心位置,党政一把手负总责,如期完成整村推进任务。2009年5月底前,湖北省扶贫开发领导小组组织完成对扶贫责任制落实情况的检查考核。二是做好财政扶贫资金使用绩效考评。根据国务院扶贫办和财政部的要求,完善财政扶贫资金使用绩效考评办法,组织开展好考评工作。考评结果与扶贫资金计划分配挂钩,对考评分值为A、B类的乡镇(区)进行奖励,对考评分值为D类的乡镇(区)进行通报批评。三是做好整村推进检查验收。2008年实施整村推进的村要按规划和使用扶贫资金备案项目批复要求在2010年底完成规划任务,2009年启动的整村推进要完成规划任务的70%以上,对2007年实施整村推进的村,在2009年5月组织开展检查验收。① 咸丰县通过分阶段的扶贫政策评估工作为日后的扶贫工作提供了指导。

重庆市酉阳县在1997—2009年度扶贫开发半年、年度工作总结评估过程之中,对扶贫开发的各项政策、各项重大工作、项目、措施、亮点等进行了相应的评估。该县在日常的扶贫开发工作之中通过坚持整村推进扶贫方式,加快贫困村整村脱贫步伐;加大圆梁山片区开发力度,打造扶贫试点示范工程;深入开展扶贫培训,不断提升贫困人口整体素质;大力实施生态和扶贫移民,加快改善环境恶劣地区生产生活条件;切实抓好世界银行项目的组织实施,探索创新扶贫开发新模式;努力构建开放扶贫格局,有效增强扶贫开发合力;加强扶贫资金管理,提高资金使用效益。切实地将扶贫开发政策落到了实处,形成了一套合理的政策制定、实施和评估体系。

总之,在调查过程中,我们发现武陵山区的扶贫开发政策实施状况是比较完善的,各个扶贫部门和相关社会组织也做了相应的政策评估工作,为未来武陵山区的整体扶贫工作提供了政策性保障。

五、武陵山区脱贫攻坚政策的成效

武陵山区二十多年的扶贫开发不仅大幅度减少了贫困人口,而且解决了大部分人、畜的饮水困难,兴修了大量公路和输电线路。同时,贫困地区的文化、教育、卫生状况也都有不同程度的改善,取得了一定的历史性成就,得到了国内各界和国际社会的高度评价。当然,我们也需要看到,时至2010年,尽管武陵山区的扶贫开发政策取得一定成效,贫困人口的数量也越来越少,但是,一些地区因为自身地域条件以及政策的限制,仍然缺少最基本的生产、生活条件,温饱问题的解决难度依然很大。同时,由于市场经济的发展,竞争压力的增大,物价

---

① 资料来源:咸丰县2009年扶贫开发工作要点。

涨幅较大，在相对贫困这个指标上，武陵山区的扶贫任务仍然极其繁重与紧迫。2010年至2019年这近十年间，武陵山区的脱贫任务取得巨大成就，政策的供给在其中发挥极大作用，显示出伟大的成效。

（一）从"撒胡椒面式"的全覆盖到"有重点"的基本全覆盖

反贫困问题是举世关注的社会性热点，我国在国际减贫与发展实践中具有代表性，脱贫攻坚战的实施，体现了我国在减贫实践中逐渐成熟，在脱贫攻坚行动中逐渐体现政策的优越性。针对武陵山区特殊困难地区，党和政府一度实行过大水漫灌式的扶贫策略，导致资源浪费，日益养成贫困人口的依赖心理，极其缺乏脱贫的主动性和积极性。新时期，为提高减贫效率，从根本上提高脱贫攻坚的质量，一系列扶贫政策转向有重点地扶持特殊困难群体、激发贫困群体内生动力方面。因此，在基础设施、技术输入、技能培训等各个方面，政策倾斜都体现出其积极的一面。

问：基础设施变化大吗？

答：翻天覆地。这个村去年投入800多万元用于基础设施建设，修建了连户路、硬化路。我们是传统村落，有300万元资金用于对全村进行改造，除去自己买房的，每家每户改厕改水，修水池，改造电网，去年换了一个变压器，现在完全没问题。我们还要申请，我申请了两个信号基站，开通4G。我们还修建了排污沟。我们的广场也是去年才修好的，这个广场既是文化广场，也是一个停车场，我们村里有红白喜事这里就是停车场了。

——访谈资料：20191127YJ-14

"在政策支持上，我们说的是技术支撑和资金投入，我们今年改变了以前的投入方式，以前是我们政府资金的直接投入，现在改为间接投入。撬动银行资本和社会资本来支持产业发展，变为以企业为主来主动发展。"

——访谈资料：20191126YJ-01

印江县农业农村局局长在访谈中谈到，政策的支持对这一地区的脱贫攻坚具有重要的作用。

从调研组的调查发现，武陵山区特困地区的群众尤其是贫困群体对自己所生活的环境有越来越高的满意度。在调查到交通情况时，有88.6%的群众认为交通相比10年前好很多（见表4-2）。这是对党和政府在基础设施建设方面最大的肯定。

表 4-2 交通方便了

		频数	百分比/(%)	有效百分比/(%)	累计百分比/(%)
有效	好很多	701	88.2	88.6	88.6
	好一点	84	10.6	10.6	99.2
	没啥变化	3	0.4	0.4	99.6
	差一点	3	0.4	0.4	100.0
	总计	791	99.5	100.0	
缺失		4	0.5		
总计		795	100.0		

与此同时,在用水用电方面,武陵山区特困地区的群众有最直接的感受,有87.7%的群众直接表示相比10年前,吃水要好很多,几乎每家都能够吃上放心水(见表4-3);有88.3%的群众认为相比10年前,每家每户都有电用,情况好很多(见表4-4)。日常生活在用电用水等基本生活条件改善之后,发生了翻天覆地的变化。

表 4-3 吃水方便了

		频数	百分比/(%)	有效百分比/(%)	累计百分比/(%)
有效	好很多	696	87.5	87.7	87.7
	好一点	88	11.1	11.1	98.7
	没啥变化	4	0.5	0.5	99.2
	差一点	5	0.6	0.6	99.9
	差很多	1	0.1	0.1	100.0
	总计	794	99.9	100.0	
缺失		1	0.1		
总计		795	100.0		

表 4-4　用电方便了

		频数	百分比/(%)	有效百分比/(%)	累计百分比/(%)
有效	好很多	701	88.2	88.3	88.3
	好一点	87	10.9	11.0	99.2
	没啥变化	4	0.5	0.5	99.7
	差一点	2	0.3	0.3	100.0
	总计	794	99.9	100.0	
缺失		1	0.1		
总计		795	100.0		

（二）贫困群体的精神贫困得到显著改变

消除精神贫困、激发贫困群众脱贫的内生动力是打赢脱贫攻坚战的重要前提。政策引导能够为消除精神贫困提供科学导向。党的十九大报告指出，"让贫困人口和贫困地区同全国一道进入全面小康社会是我们党的庄严承诺。要动员全党全国全社会力量，坚持精准扶贫、精准脱贫"。当前，我国各级党政干部积极投身扶贫工作，为打赢脱贫攻坚战作出应有贡献，为消除精神贫困发挥重大作用。

精神贫困问题的解决与身体素质有保障、文化素养有提高紧密相关。在2019年12月份的调查中发现，有70.3%的群众表示子女上学的问题要比10年前好很多，基本上每户的适龄学生都能够得到相应的教育（见表4-5）；有72.4%的群众在看病方面得到了良好的保障（见表4-6）。根据国家政策要求，每个村要有村医、卫生所，贫困户大病治疗方面有医疗保障，很多医院能够做到先治疗再收费，为贫困群众提供绿色通道。从调查过程中贫困户、非贫困户的反馈来看，武陵山区在教育投入、医疗保障投入方面做出很大的努力，依据国家相关政策，积极探索有益于解决贫困对象需求的办法，这就能够直接改变他们的精神面貌，获得积极发展的动力。

表 4-5　上学方便了

		频数	百分比/(%)	有效百分比/(%)	累计百分比/(%)
有效	好很多	558	70.2	70.3	70.3
	好一点	120	15.1	15.1	85.4
	没啥变化	92	11.6	11.6	97.0
	差一点	21	2.6	2.6	99.6
	差很多	3	0.4	0.4	100.0
	总计	794	99.9	100.0	
缺失		1	0.1		
总计		795	100.0		

表 4-6　看病方便了

		频数	百分比/(%)	有效百分比/(%)	累计百分比/(%)
有效	好很多	575	72.3	72.4	72.4
	好一点	155	19.5	19.5	91.9
	没啥变化	44	5.5	5.5	97.5
	差一点	20	2.5	2.5	100.0
	总计	794	99.9	100.0	
缺失		1	0.1		
总计		795	100.0		

"从长期的基层工作来看，有些群众特别是贫困群众，他们发展的内生动力不足，自己没有信心。但是通过选派驻村干部，以及动员社会各个方面的力量来参与到脱贫攻坚中去，成效比较明显，完全超出我们部门自身的估计。例如，去年6月份，我们自己做了一个相当于评估的考核，采取交叉不对应的方式对各个村的脱贫攻坚成效进行一些考核，就是完全模仿第三方考核的方式。考核内容包括政策落实情况、群众对党委政府脱贫攻坚工作的满意度。2018年6月份，我们的认可度只有70%到80%。后来，县委根据这个情况，又继续选派攻坚队，继续加大法治扶贫、春晖扶贫，开展'五个好'等，把相关的政策进一步向群众进行宣传。当然也采取一些必要的措施，比如法治扶贫。"

——访谈资料:20191126YJ-02

武陵山区脱贫攻坚的政策供给 第四章

从对印江县组织部部长的访谈可以发现,在政策落实过程中,除了有脱贫干部等人力资源的输入,还有各类物质资源的输入,在脱贫攻坚过程中为消除精神贫困发挥了极大的效应。

精神贫困问题严重制约着脱贫攻坚的成效,精神扶贫是物质扶贫的重要保障,因此从政策的供给方面,消除精神贫困至关重要。习近平关于精神扶贫的相关论述是其在长期领导反贫困工作中源于实践的认真思考和探索,深刻阐述了"志"和"智"在脱贫中的关键作用。因此精神扶贫在脱贫攻坚中占有重要位置。

问:刚来的时候难度最大的方面是什么?

答:思想吧。经过这一年的宣传,我觉得有三方面的成就。一是基础设施大改变;二是干部大锻炼,了解农村;三是群众思想大解放。以前村民对政策一知半解,他们都说"中央政策好,下面在乱搞",为什么会出现这种情况呢?就是一些群众在电视上看,不接地气,像法律出台还有办法,作为领导班子不接地气,操作就不一致。上面的领导很少来村里,村干部的文化水平很差,导致群众对政策不了解。我们来驻村了就告诉群众医疗政策是什么、低保政策是什么等,面对面开会走访,熟悉了就交流,解释清楚。我们干部打通了政策宣传的最后一公里,老百姓就觉得驻村干部好,村干部不好,过去村干部做得不对,现在村干部也是讲政治的,大家都是在服务,所以群众思想上就变化很大,他们没想过干部可以离群众这么近,内生动力就强一些。当时我们采取"八个一"工作的方法,跟群众聊一场、吃一下饭、开一个家庭会议、打扫一次卫生,等等,通过这个和群众走近。

——访谈资料:20191126YJ-13

2013年11月,习近平总书记在湖南湘西考察时首次提出"精准扶贫"思想。自此,"精准扶贫"成为习近平扶贫开发战略思想的有机组成部分与政策抓手。中国扶贫开发政策在不同历史时期有着不同的表现形式,取得不同成果。在当前精神贫困的影响维度中,脱贫意愿和脱贫能力不能全部概括精神扶贫的实质,政策供给在精神扶贫中也具有重要的影响力。精神贫困治理成为激发贫困群体自主脱贫内生动力、摆脱贫困的治本之策。[①]

问:您觉得在工作开展过程中难点在哪里?

---

① 柳礼泉,杨葵.精神贫困:贫困群众内生动力的缺失与重塑[J].高等学校文科学术文摘,2019(02):206.

答:以前的群众工作是难点,但通过国家政策的公平落实,各种宣传教育活动的开展,以及法治扶贫的落实,再者,党员干部的作风更扎实,现在群众工作已经不是难点了。

——访谈资料:20191127YJ-07

印江县宣传部副部长在访谈中提到国家扶贫政策的落实,现在处于非常良性的供给的阶段。

(三)政策执行者的行动力明显增强

脱贫攻坚政策执行就是将脱贫政策目标转化为现实的过程。脱贫攻坚政策执行的质量一定程度上决定了政策的效益,贫困群体对脱贫攻坚政策的满意度是衡量政策执行效果的重要维度之一,政策执行者在执行政策时,对政策实施的效果具有关键作用。政策执行者行动力的提升,对脱贫攻坚政策生发出积极的效果具有重要意义。

"我们部门的工作主要是春晖扶贫,包括在公益事业上补位、在乡村振兴中作为、在产业革命中做示范。在公益事业上补位就是通过春晖人士开展爱心包裹、捐赠衣物、一对一助学和春晖励志班等活动。一对一助学就是通过春晖人士资助学生,现在在全县通过一对一助学已经资助了 769 个人,按照小学生每年 1 200 元、中学生每年 1 500 元、高中生每年 3 000 元、大学生每年 5 000 元的标准,有的是每月打款一次,有的是半年打一次,还有一年的。有的资金是收集学生的账号给他们自己打过去,有的是通过对帮账号定期转钱给他们。比如有一位春晖人士资助了 180 个孩子,每年是 216 000 元,这个就是通过对帮账号打过去的。在公益这块,我们募集到一些棉衣,发放给需要的群众。我们还举办自强班、春晖励志班……每年就四五万元。在助学方面的工作,通过春晖人士的对接,我们把自强班的贫困高中生推荐给中国扶贫基金会,保证这些贫困的高中生得到帮扶。我们还整合资源,比如钱和物资,还有爱心人士会给孩子们上希望小课堂、书画小课堂,他们还会自己定期来到这里,不单单是物资帮助,还包括陪伴。我们部门就是做好春晖爱心人士和需要资助的孩子的衔接工作,搭建一个平台,链接资源。"

——访谈资料:20191126YJ-06

印江县团委在春晖扶贫方面做出了很大的努力,较之于 2010 年,从扶贫政策的创新、扶贫内容的完善以及扶贫政策资源的投入等方面,都取得一定成果。

"针对水的问题,这个村的自来水是 1998 年开始搞的,一直到我们来这个村谁也没有搞起来。我们这里有两个水源点,就是两个组有水源,其他三个村民组都没有水源,水是金贵的,组与组之间的矛盾是频发的,他不允许你用,搞管道要经过他的地方,这样相互制约。为了缓解矛盾,县里很重视,多次来处理,也是采用工作组的方式,但也不能长期驻扎在这里,当时可能把这件事情谈好了,但是后期跟进上没有做到,就搁置了。我们来了之后就继续搞这个水的问题,2019年元旦之前改好了。当时我们来的时候,看见家家户户都修了一个水池用来蓄水,他们说他们吃的水有很多是雨水,我们就给他们举了一个例子,一个水桶里的水如果一个星期都不动,用手去摸水桶的壁是滑的,那是因为里面有微生物、细菌。如果他们出去务工,水池里的水放那里不管,回来再用里面的水,肯定是不卫生的。这个也是没办法的,当时他们内部矛盾解决不了,没有人愿意去处理饮水的问题。我们怎么办呢,就只能通过走访的方式,把我们村的知名人士和党员组织起来,就是春晖人士,在每一个组里面选几个群众威望高的人,把原来的不太胜任的组长全部调换,选取信得过的。我们创新设立了组委会,就是在组里选择三到五个人,像家户人数多、更加复杂、矛盾深的就选择五个。组委会对惠农政策进行评选评议,在这一块大家都感觉很公平,攀比之心渐渐就消失了,矛盾就慢慢平息和化解。在这个过程中要强调'水是大家的',我们来引导不行,要从他们内部形成共识,统一思想。之后每个组开群众会,宣传我们当前的脱贫攻坚政策形势,大家要解决吃水的问题,喝上干净卫生的自来水。还有一个是讲究环境卫生,我走的每一家都没有热水器,春天就下河洗澡,入冬就不洗澡,很不卫生。我们就引导他们认识到自来水的解决是头等大事,大家要齐心协力。所有组的群众会开完后,把全村群众喊到老学校,全村在家的人都要来再次普及卫生知识,把思想共识搞好,这是头等大事。"

——访谈资料:20191127YJ-14-1

政策执行方根据相关政策指示,开展减贫工作,能够起到事半功倍的效果。

"他们(贫困人口)不太相信村干部,村干部不要参与,要让驻村干部牵头,化解他们的矛盾,树立村干部的威信。我们将以前集体或者小组修建的水池全部收归村有,统一管理,我们只能保证喝上自来水,水道的架设上我们负责施工,任何人不能阻止,思想上就达成了共识。刚刚开工时,我们要不停地解释和宣传,慢慢地他们就接受了这件事情。刚开始他们说干部来,水池修了一个又一个,管道修了一次又一次,但是就是不见水,我说我们现在来搞这个,搞不通我们就不走了。他们也看到我们驻村扎根基层搞得挺好的,包括周六周天我们都安排人在这里,随时找人都可以,干部常态化的值班值守是到位的,让村民的事情有回音和交代,慢慢地建立了信任,这就是水和路的复杂性。"

探索区域性贫困解决之道——武陵山片区脱贫攻坚过程及效果评估

——访谈资料：20191127YJ-14-2

在执行政策指令的同时，搞好基层组织建设，对脱贫攻坚大有裨益。

"关于组织建设比较薄弱，我们来的时候村委会活动室修好了就摆在这里，村干部想进来却不行，后面的一条路群众用建筑材料堵起来了，走不进来，就是往这里过就不行，他们会说这个土地是我家的，你不能从这里过。群众凌驾在组织之上，这是我们之前来的时候的状况。我们搞这个工作之前，这里的村干部在一定层面上没有自信心，群众不信任他们，慢慢地干部队伍有些涣散，村级事务无序。村民、村干部集体荣誉感淡薄，村里面搞好搞差对于他们来说无所谓，只要自己的生计不成问题。包括我们之前与一部分春晖人士沟通，他们认为返乡创业，搞这个事情是政府的事，不关他们的事。我们组织了一次先进村的学习，慢慢地思想就引导过来了，去年成立了春晖社，设立了社长，全村在外务工、做生意的'老板'级别的人组建了春晖基金。春晖扶贫、社会扶贫也是生力军，本村的春晖人士理应为贫困村承担一部分社会责任，这也是一个亮点。"

——访谈资料：20191127YJ-14-3

（四）越来越关注集体经济对脱贫攻坚的重要性

集体经济是贫困群体脱贫的重要经济支撑，也是能够激发贫困群体内生动力的重要支撑。在脱贫攻坚的关键期，集体经济政策一再成为党和政府以及贫困群体、贫困地区重视的政策，为深度贫困地区脱贫工作带来积极的效应。

"这个村之前的集体经济空壳化，集体经济是没有的。因为地理环境的因素，我们村人口组成都是一家人，全村人除了三户姓童其他都姓冉。村里内部有矛盾，但是外面的人和村里的人产生矛盾后就一致对外，所以经常会出现打群架的现象。这些现象都是我们扎根基层之后找到的这个村的'病根子'，针对这些'病根子'，我们要做的就是找到'药方子'。总的就是围绕乡村治理、党建引领，夯实乡村治理的核心领导地位，加强党的组织建设，支部建设标准化，把阵地维护好。想要维护这个阵地，我们要先有阵地。这里以前没有办公场所，就是说没有阵地，我来了之后一个月之内就把这些问题摆平了。我们的党员问春晖人士，你们觉得村委会要不要建、要不要搞，引导他们形成共识，把村子建设大事搞起来。我们让他们知道，凌驾在党组织之上的那些行为是违法的行为，我们要依法去打击那些行为。通过法治扶贫手段，我们从形式上给村里的春晖人士施加一些压力，让他们认识到打击那些非法行为是大势所趋，不搞是不行的。通过我们的行动，他们也认识到要搞这件事了，所以我们在一个月之内就把路搞好了，村委会搬进来了，办公室也搞好了。抓好阵地建设的第二块就是建章立制。这就是说要让老百姓来到村委会时看到有人在做事，能找得到人，所以我们严格执行坐班值班工作纪律，公益性岗位的人员也要管理起来，这样一来老百姓心理就平衡了。第三个是建设党群服务阵地和干部群众的交心平台，利用新时代农民讲习所多次组织院坝会、群众会，以有一定威望和口才的党员作为讲习员，让他们去讲，把他们认识到的农村建设讲给村民听，由村民信服的人来讲，效果好。我们还有'三会一课'制度，有党建微信群，把党员明确为政策宣传员，负责联系在外务工的人员，多询问他们对家乡发展的建议。每个月的支部活动日，党员就要来汇报情况和问题。我们在村支两委的领导下，统筹全村管理，村监督委员会具体负责工作推进监督和管理。我们的议事制度的规则就是'事务大家谈'，村民组大小的事情都在组里开群众会，大家共同商议，包括农村红白喜事，怎么搞都要统筹安排，违规的进行制止，明确职责；涉及建设的要突出集体，大家一起干，发展大家说，集思广益，充分发扬民主。"

——访谈资料：20191127YJ-14-4

除了集体经济带来的实际经济效益，在集体经济的支撑下，贫困地区的脱贫意识也不断增强，在互帮互助、共同致富等方面，逐渐形成共识。

"'是非大家论'也是我们的特色。比如说组里面有矛盾，把全组的人召集起来，中间有一个台子，申请方和被申请方坐着，说一下自己的理由，每个人表态，少数服从多数。我们只是来引导，化解了很多问题。各家的情况组里的人都清楚，土地划分争议问题很清楚，不需要什么证据他们也说得清楚，我们要是去做这个工作的话就很难搞。等老百姓把事情说完，就能知道结果是什么了，然后把协议书一签，这个事情就处理好了。我们这里矛盾比较突出的是兄弟姐妹间赡养老人的矛盾，怎么处理这个问题呢？我们就联系一些法制教育的专业人士，通过法制讲堂、播放教育宣传片增强意识，告诉老人如果子女不赡养就通过起诉的方式处理，他们这些子女就有了这个意识。子女赡养父母是法定的责任，这点他们要明确。我们做了这些工作之后，下去就会问老人，现在子女对你好不好，他们都说很好。接下来我们的工作就是抓典型，打牢乡村治理的法制基础。运用法制教育课堂，宣传依法依规办事，还会督促村里的干部学习，汇报学习情况。"

——访谈资料：20191127YJ-14-5

六、武陵山区连片特困地区政策供给存在的问题

（一）政策执行精细度有待进一步提高

脱贫攻坚政策执行是将脱贫目标转化为现实的过程，这对政策执行者有较高的要求。但是从现在的情况看，政策执行者政策输出中依然存在很多问题，最主要表现在政策执行主体执行精细度方面的不足。

问：群众对帮扶干部达90％的认可度是以什么方式来认定的？或者说是怎么评估的？

答：通常是直接询问群众，一是对帮扶干部的认可，二是对政策的认可，三是对村干部的认可。现实情况是，对帮扶干部和国家政策的认可度都是可以的，但是，对于村干部而言，认可度还不是很高，在80％左右。对帮扶干部、国家政策的认可度基本上是百分之百。群众认为，有一些村里面的基本矛盾归咎于村干部，我们在交叉检查评估的时候也发现了这个情况。为什么对基层干部的认可度比较低？因为一些政策需要基层的村干部去落实，例如低保。低保有比较硬性的政策限制，第一类是鳏寡孤独；第二类是家庭主要劳动力重病重残，导致家庭生活比较困难的；第三类就是生活在贫困线以下，家庭生活比较困难的，相对来说这个标准很难把握。第三类低保政策往往灵活性比较大，乡镇不好把握，村干部也无法确定，争议最大的也是这一类，在某种程度上也不好落实。所以我们在第三类低保落实这方面开展评议时，就会出现这样的情况：在两家条件类似的情况下，一家获得低保，而另一家没有，这时候群众就会觉得村干部做事不公。这是对村干部认可度较低的原因之一。还有比如说修路。现在农村修路是没有征地补偿的，相当于无偿占有，这也是国家政策所无法弥补的。群众就可能认为，我为了村里面付出了我家的地，其他人没有，认为是村里面办事不公，这方面的原因相对来说多一点。但是我觉得总体上在可控的范围之内。

——访谈资料：20191126YJ-02

在政策执行中出现的精准度问题，源于干部在解读政策时，没有真正解读到政策的精髓，没有将政策合理应用到贫困地区和贫困群体身上。

问：这么多年在执行扶贫政策的过程中，您有什么心得或体会？

答：政策统计平台尚需合理化。关键的还是系统，国务院扶贫办的统计系统是相当重要的，只有这个系统正确，我们的资助才能够一对一地进行。这个是支柱，如果上面不正确，那么就可能出现遗漏或者重复资助，这是最关键的。

因为每一次申报或者上报的名单,要在国务院扶贫办的统计系统里面进行核对,核对确定有,他才能够享受资助;如果说上面没有,那么就没有资助。现在只要是建档立卡贫困户,就能在系统中查到。我们的控辍保学工作到了哪个地步?就是村里的小孩在哪所学校、哪个班级就读要一一进行排查,比如说这家有两个小孩,分别在哪个学校,要这样排查。

——访谈资料:20191126YJ-02

印江县教育局副局长道出了教育系统在脱贫攻坚政策方面的不足。

(二)贫困地区及贫困群体的内生动力有待全方位激发

贫困地区的发展是我国实现高质量发展的前提,是建设包容性社会的必然要求。扶助贫困落后地区发展是世界性的区域发展课题,是包括我国在内的许多国家扶贫的重要抓手和成功经验。鉴于扶贫工作的重要性以及目前贫困群体的特点,在我国,全方位激发贫困群体的内生动力成为时至今日党和政府要极力推进的一项工作。然而由于武陵山区贫困问题的特殊性,短时间内贫困群体内生动力较难实现,仍需更加努力。一方面需要继续通过提升贫困地区贫困群体的经济收入,加大力度激发内生动力;另一方面需要通过各类宣传工作,提升内生动力。

"接下来就是夯实乡村振兴的经济基础。我到村之后,通过实地调查发现,我们村有黄桃120亩、核桃314亩,但是茶园已经废弃。因为是村民自己经营,缺少资金和技术,后来都种不下去了。所以根据村里现有土地的质量,我们想要盘活'摇钱树',把种植黄桃、茶叶的土地通过流转的形式,让村级集体经济合作社运行起来,帮扶单位和相关部门给资金支持,把土地流转的资金兑现给群众。就拿核桃来说,去年挂果了,但是因为技术问题,落果现象比较严重。我们就请了技术专家来指导,比如去年请了专门搞农业技术的师傅剪枝,今年挂果率提高了不少,很多果树都挂满了果子。不过防虫这一块还是没有做好,我们请了技术人员,正在出治理方案。我们还计划再请一些农业类的专家,来给我们指导一下怎么把这个'摇钱树'给种好,我们还要继续扩大种植规模。群众可以自己学习技术知识和管理知识。我们还计划搞一个专职劳动服务队,专门为本村和周边村提供劳动力,增加老百姓的务工收入。种黄桃这些活都是劳动密集型的,需要的劳动力比较多,每天给这些务工的群众70块钱,也不需要他们做其他的,老百姓还是很乐意做的。另外,我们还引进了一批蜜蜂。我到这个村之后发现老百姓养土蜂的比较多,我就在想为什么不把养蜂做成一个产业呢,然后就在2018年引进60箱蜜蜂,当年产值达4万多元。这些工作都是我

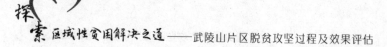

们领着群众做的,现在我们想让群众主动参与,毕竟驻村的干部最终会走的,我们就要从带动群众积极性方面出发,从每个组选一个信得过的、愿意养蜂的人,有多大的能力就给你多少箱,这个投资你不用出,签的合同是每一年至少要收割两次蜜,收割之后我们来看,比如说收了100斤的话就是50斤归村集体、50斤归自己,投资是我们的,你们只负责技术投入。我们也要考虑到资金流失问题,我们和铜仁中蜂养殖合作社已经达成了协议,开春以后拉100箱来,每个组先投放20箱,这些钱由合作社来出,如果搞了一年之后不搞了,要把钱给合作社,搞浪费了要照价赔偿。我们蜜源好,管理得好,每年采集五六次蜜是没问题的,而且这里市场广阔,卖得好。我们现在就改变了模式,三月份采油菜花蜜,五月份采洋槐蜜和荆条花蜜,荆条花花期长,从五月到十月,还有柑橘花、柚子花、乌柏花,之后是桂花,紧接着是千里光和野生菊花,12月初就要开始冬季管理了。我带着我们村的七八个人参与了培训班学习,平时我也很注重这些方面的资料收集,边学边做,带领群众走上致富路,落实我们的口号。"

——访谈资料:20191127YJ-14

印江县驻村第一书记谈到他驻村的情况时,向调研组分享了丰富的故事,讲述他们在扶贫过程中通过政策指引,开展一系列扶贫行动,从思想、行动、认知等层面改变了贫困地区贫困群体的落后意识、等靠要的思想。

(三)多元化的脱贫攻坚政策有待深入贯彻

多元政策的输入还在于熟练把握各类政策的目标,把控政策受益者、受损者利益得失的平衡性。也就是说,在脱贫攻坚政策的实施过程中,多元政策的落实相对困难,如果没有全面把握政策实质性内容,不了解政策靶向,就很难将多种政策输入到贫困治理实践中去。这其中,政策利益受损者和受益者之间必然会因为多样化的政策落实问题,产生各种矛盾。

问:我们村成绩的取得主要是做了哪些事情?脱贫攻坚的措施有哪些?

答:首先是政府,中央、省、市、县的方针政策,我们有"两不愁三保障",让群众不愁吃不愁穿、义务教育有保障、基本医疗有保障、住房安全有保障。第二个是"八个一"工作法,我们跟群众吃一次饭、干一次农活、搞一次劳动、拉一次家常、开一次家庭会等,我们跟群众在一起。第三个是市委书记提出的"76554"工作方法。"七个补":亡羊补牢、取长补短、查缺补漏、勤能补拙、合力补位、将功补过、激励补偿。"六个不":自强不自卑、期待不等待、依靠不依赖、包干不包办、苦干不苦熬、借力不省力。"五个看":看贫困户身上穿的、锅里煮的、柜里放的、床上铺的、家里摆的。"五个一致":客观有的、系统录的、墙上挂的、袋里装的、嘴上说的相吻合。"四个好":党的政策好、环境卫生好、社会风气好、干群关系好。我们还把巩固脱贫成效贯彻到整个过程中,制定预防返贫的方案,因为不知道什么时候就因灾或者因病发生了返贫。我们要掌控每个家庭的信息,如果有个家庭有成员得了大病,又没有纳入那个系统,到时候肯定医不起,因为报销之后肯定还会产生很多费用。在预防返贫方面,县政府也做了一些工作,比如说给每个贫困户买保险。我们单位职工承担了一部分保险费,就是从每个人的工资中扣掉一天的工资收入,用来给贫困户买保险。假如谁家突然因灾因病返贫了,就召开群众大会,那些返贫的老百姓可以通过群众大会被推选到县里享受相关的保险待遇。他们的情况由办事处审核之后交到县里。其实我们也就是从工资里扣一两百块钱,对于我们而言,这一两百块是不影响我们的生活的。再加上我们自己本来就是山区的,知道山区老百姓生活的困难。所以看到贫困的家庭就愿意拿出一两百块来帮助他们,有时候还会买一些米呀面呀给他们送过去。太多的钱我们也拿不出来,就做自己力所能及的事情。

——访谈资料:20191127YJ-14-6

从有效扶贫政策供给看,完善脱贫攻坚的制度、调整脱贫攻坚实践中的扶贫项目、规范脱贫攻坚过程中扶贫资金使用、构建科学的绩效考核体系等,是实现脱贫攻坚的有效路径。就武陵山区连片特困地区的政策供给来看,无论是扶贫的财政政策供给还是其他方面的政策供给,都具有特殊的历史意义和现实意义。在脱贫攻坚的关键时期,尤其是到了减贫的收官年,乡村振兴战略成为指引我们下一步工作的重要政策依据。因此,武陵山区连片特困地区政策供给要实现脱贫与乡村振兴的结合,为乡村振兴打好坚实的基础。一方面继续加大力度宣传基层群众思想政治教育政策,转变乡村发展中的思想滞后问题,改变其安于贫困状态的思想,打通乡村振兴的思想落后关;另一方面,倾力打造特色乡村发展规划,通过保护民族特色、重拾民间传统文化、探索传统与现代有机结合等方式,实现乡村振兴之路。

第五章 武陵山区脱贫攻坚的实践

贫困地区实现脱贫发展,贫困群体摆脱贫穷落后面貌,是实现国家全面发展的基本前提,也是全面建成小康社会的必然要求。党的十八大以来,我国全面打响脱贫攻坚战,党中央把实现贫困人口现行标准下的全部脱贫作为全面建成小康社会的标志性指标和底线任务。从贫困地域分布来看,绝大多数的贫困县区分布在集中连片特困地区;从人口分布来看,集中连片贫困地区建档立卡的贫困人口,占到全国贫困人口的50%以上。因此,集中连片特困地区理所当然成为我国脱贫攻坚的主战场。集中连片特困地区的贫困村和贫困户全部摘帽,不仅是解决区域性整体贫困的关键问题,更关系着全面建成小康社会宏伟目标的顺利实现。

武陵山区是我国最早规划、最先启动扶贫开发的集中连片特困地区,在推动地区脱贫、实现区域发展的历史进程中,武陵山区充分利用国家政策优势,努力发掘地方特色优势,持续推进区域发展与扶贫攻坚,有诸多创新性的做法和实践。

一、构建脱贫攻坚责任体系,强化地方政府贫困治理主体责任

我国能够在短时间内实现大规模和快速的贫困消减,得益于中国特色社会主义的制度优势,即坚持党的集中统一领导,发挥社会主义制度可以集中力量办大事的优势。在贫困治理领域,党和国家高度重视脱贫攻坚工作,建立起行政主导的自上而下的扶贫体制机制,完善层层压实的扶贫工作体系。1986年,国务院成立贫困地区经济开发领导小组(1993年改名为扶贫开发领导小组),标志着中国政府设立专职机构,开始开展有组织、有计划、大规模的扶贫开发工作,也标志着"政府主导"的扶贫开发模式正式确立。1994年,国家开始实施八七扶贫攻坚计划,目标为到20世纪末解决绝大多数贫困人口的温饱问题。进入21世纪,制定《中国农村扶贫开发纲要(2001—2010年)》,进一步改善贫困地区基本生产生活条件,巩固温饱成果。2013年,习近平总书记提出精准扶贫,

2015年,中央扶贫开发工作会议召开,习近平总书记强调坚决打赢脱贫攻坚战,确保到2020年所有贫困地区和贫困人口一道迈入全面小康社会。

从上述梳理可以看到,在几十年的扶贫开发历程中,党和国家通过构建扶贫开发的制度体系,制定扶贫开发的系列政策,实施系统的扶贫开发工程,将扶贫开发事业一步步向前推进,这一进程具有明显的政府主导性和规划性。这种贫困治理模式,在实施效率和实施效果方面优于一般的技术官僚贫困治理,特别是实施精准扶贫以来,在打赢脱贫攻坚战的目标指引下,扶贫开发得到空前的行政动员和资源投入,尤其是党的总书记亲自部署扶贫开发工作,建立"五级书记挂帅",自上而下直通到底的脱贫攻坚责任体系,使得贫困治理成为一种"超越行政"的集中治理的政治实践。

在贫困治理的责任体系中,我国构建起"省—市—县—乡—村"五级责任体系,通过"层层压实责任,级级传导压力",以保证脱贫攻坚能够按期完成,实现2020年全面建成小康社会的目标。对于地方政府,特别是县乡两级政府而言,它们处于脱贫攻坚的任务前沿,其主要职责就是在明确属地责任的基础上,具体执行各项扶贫政策,以保证扶贫政策和扶贫项目能够落地实施。

湖北省恩施州咸丰县紧紧围绕"2019年户销号、村出列、乡脱贫、县摘帽"的目标,举全县之力、集全民之智,尽锐出战、精准发力,咸丰县干部聚焦"三个落实",切实提高政治站位。

第一,聚焦责任落实。一是压实县乡村三级党组织抓扶贫的主体责任和党组织书记的"第一责任人"责任。2019年,咸丰县先后召开18次县委常委会、11次政府常务会、11次县长办公会、12次专题调度会议,专题研究部署脱贫攻坚工作。县委书记郑东来遍访195个贫困村(66个重点贫困村),入户走访945户,发现、督办、解决183个问题;县长杨皓走访188个贫困村(55个重点贫困村),入户走访521户,发现、督办、解决211个问题。各乡镇(区)党政正职、各村党支部书记走遍辖区所有贫困户,把扶贫政策落到一线、干在实处。二是压实县直部门的行业扶贫责任。研究制定42个行业扶贫实施方案,加大脱贫攻坚的资金资源投入力度,整合部门资金,向贫困村、贫困户倾斜,真正把部门行业扶贫的责任落到实处。三是压实纪检监察部门的监督责任。咸丰县在511个基层党组织设立纪检委员,将脱贫攻坚纳入日常监督;8个县委巡察组及80%以上纪检监察干部从事扶贫领域监督执纪问责工作,为脱贫攻坚营造风清气正的政治环境。

第二,聚焦政策落实。咸丰县各级各部门牢固树立"四个意识",坚决做到"两个维护",坚持以习近平新时代中国特色社会主义思想和党的十九大精神为指导,深入学习贯彻落实习近平总书记关于扶贫工作的重要论述和视察湖北重

探索区域性贫困解决之道——武陵山片区脱贫攻坚过程及效果评估

要讲话精神,始终坚持把精准扶贫作为头等大事和第一民生工程,坚持"两不愁三保障""三率一度"脱贫标准,严格落实"六个精准""五个一批""八个到村到户""十个不漏项"和脱贫攻坚作风建设"十不准"等要求,扎实推进精准扶贫脱贫攻坚工作,确保党中央和省委、州委各项决策部署在咸丰落地生根。2019年,开展县委中心组集中学习11次、县"四大家"领导集中夜学7次,深刻领会习近平总书记关于扶贫工作的重要论述的精神实质,牢记使命担当,咬定攻坚目标,坚定必胜信心。同时,将习近平总书记关于扶贫工作的重要论述及省、州脱贫攻坚要求纳入"支部主题党日""周一夜学"内容,要求全体干部职工深入学习领会、把握精神实质。

第三,聚焦工作落实。建立健全"县决策、乡指挥、班落实"脱贫攻坚工作战时调度机制,成立由县委书记任政委、县长任指挥长的脱贫攻坚指挥部,组建11个乡镇前线指挥部,落实牵头县领导和责任单位,实行"县级月调度、月通报""乡镇周调度、周通报""村级日研判、日督查"的运行管理机制,形成了上下联动、立体高效的指挥调度和推进实施体系。制定出台《加快推进精准扶贫工作的实施意见》《"十三五"精准脱贫实施规划》等政策文件,为脱贫攻坚提供制度保障。

从上述材料可以看到,在咸丰县的脱贫攻坚进程中,无论责任落实、政策落实还是工作落实,都体现出了明显的政策执行优势。这种政策执行优势背后的逻辑是一种"责任政治",即脱贫攻坚不仅仅是落实上级部门布置的一般任务,而是上升到践行党和国家对人民庄严承诺的政治高度,它不仅是科层制体系下的任务分配和责任落实,更是完善国家治理、提升社会福祉的政治责任,是一种集"价值性"与"工具性"于一体的价值选择与行动实践。这种"责任政治"同样在武陵山区其他地区得到呈现。

湖南省湘西州泸溪县委县政府始终坚持把脱贫攻坚作为重大政治任务、头等大事和第一民生工程,出台了县委一号文件聚焦脱贫攻坚工作,县扶贫开发领导小组实行以县委、县政府主要负责人为组长的"双组长"负责制,在领导小组之下,成立了县脱贫攻坚指挥部,由县委副书记任指挥长,从县直机关单位抽调50多名干部集中办公,指挥部下设驻村帮扶组、业务指导组、项目推进组、信访办理组、督查考评组、扶贫协作办、综合办公室"五组两办",每个组(办)由一名县级领导牵头负责,推行周调度工作机制;将全县11个乡镇分成11个战区,每个战区指挥部由一名县级领导任指挥长,建立战区指挥部工作调度月例会制度,联乡县级领导每月3次以上到所联系的乡镇进行调度协调。推行县级领导联乡包村工作机制,每名县级领导包一个乡镇、一个深度贫困村,进一步压实了县直部门、乡镇、驻村工作队、村支两委脱贫攻坚责任,形成"三级书记齐抓共管、四个层面协调联动"的扶贫工作格局。

就乡镇当前工作来看,重中之重的是要坚决打好打赢脱贫攻坚战,紧紧围绕县委、县政府提出的2019年全县贫困人口整体脱贫、21个贫困村全部出列、综合贫困发生率控制在1‰以内、摘掉国家级深度贫困县帽子这个目标,真抓实干,务求实效。2019年,PS镇要确保本镇5个未脱贫的贫困村全部出列,624户、1 989名贫困群众脱贫,圆满完成县委、县政府下达的任务。PS镇的脱贫攻坚工作,不仅不能拖全县的后腿,而且要在全县脱贫攻坚工作中发挥排头兵的作用,因为PS是我联系的乡镇,如果我联系的乡镇都搞不好的话,我又怎么好去说别的乡镇呢。在PS脱贫攻坚这条船上,我和大家是一条船上的人,我们一定能把这条船驶到胜利的彼岸。

——HN省LX县县委书记

武陵山区铜仁市思南县强化对脱贫攻坚工作的统筹统揽。一是成立以县委、县政府主要负责人为双组长(指挥长)的县扶贫开发领导小组,县委书记、县长主抓扶贫,切实履行主体责任,集中全县精力主抓脱贫攻坚工作。二是县委专职副书记任县扶贫开发领导小组办公室(县脱贫攻坚指挥中心)主任,专抓扶贫。在各乡镇(街道)、各部门抽调85名业务干部充实到指挥中心具体办公。三是在28个乡镇(街道)成立了脱贫攻坚一线指挥部,以乡镇(街道)为单位实行责任包保,县级领导任指挥长,靠前指挥,蹲点抓扶贫,除必要的工作需要在县城开展外,每月至少在一线指挥部吃住工作15天,切实发挥了真蹲实驻、作战指挥、示范带头作用。四是各行业部门坚持以脱贫攻坚工作为中心,切实履行行业扶贫责任和驻村帮扶责任,42个行业部门联合组建16个脱贫攻坚专责小组,分别负责"一达标两不愁三保障"、基础设施等重点工作。五是成立523个村(社区)脱贫攻坚工作队,选优配强工作队队长、贫困村党支部书记和第一书记,2 716名驻村干部、第一书记实行"四个划转",每月吃住在村26天以上,长期抓扶贫。5 740名结对帮扶干部受一线指挥部调度指挥,每周吃住在村3天以上,定期抓扶贫。村级组织战斗堡垒进一步加强,战斗能力持续提升。2019年以来,县委、县政府取消了与脱贫攻坚无关的活动、学习、考察培训,全力保障干部职工集中精力、聚心聚力抓脱贫攻坚。

县里成立脱贫攻坚指挥部,由县委主要领导任指挥长,基本上一星期一调度。乡镇脱贫攻坚指挥部实行"3+2",搞三天,留两天,村一级就是尖刀班(扶贫工作队)。对于贫困户,原来的要求是"1+3"模式,1个干部带3个贫困户。驻村工作队一个月要保证二十几天在村里吃住,现在工作没搞完就是加班搞,不放假的,要求很紧,所以有些工作出现问题,上级下来检查,发现工作有偏差。

现在成立了县级督查组,对州里发现的、群众反映的问题进行整改,一项项完成,到11月份各项整改工作基本上完成清零了。

——HB省XF县扶贫办主任

从表5-1可以看到,武陵山区群众认为国家扶贫政策非常好的有效回答比例达到76.7%,认为比较好的有效回答比例为20.4%,两者合计的有效回答比例达到97.1%。可以说,绝大多数的调研对象对国家近年来的扶贫开发政策是持赞同的肯定态度,这也从侧面反映了国家扶贫开发的制度优势和工作体系是有效的,是被认可的。

表5-1 您认为国家的扶贫开发政策如何?

		频数	百分比/(%)	有效百分比/(%)	累计百分比/(%)
有效	非常好	602	75.7	76.7	76.7
	比较好	160	20.1	20.4	97.1
	一般	22	2.8	2.8	99.9
	不好	1	0.1	0.1	100.0
	总计	785	98.7	100.0	
缺失		10	1.3		
总计		795	100.0		

同西方国家技术官僚科层制治理模式不同,中国国家治理模式是在坚持党的集中统一领导下,通过国家权力运作,能够在某一时段内尽最大可能调动、配置、整合各类治理资源,集中力量解决国家和社会发展中的某些短板问题,这种治理模式更具集中优势和效率优势。正因为具有这种优势,在面对贫困类型多样复杂、贫困分布广泛且不均衡的情况下,通过构建省、市、县、乡、村五级书记一起抓扶贫,层层落实责任的脱贫攻坚责任体系,充分依托党政强大的组织资源,以及自上而下由中央贯穿至基层的庞大组织动员体系,实施精准扶贫、靶向治疗①,在极短的时间内实现贫困治理的超常规发展和跨越式进步,彰显了中国特色社会主义的政治优势和制度优势。

---

① 白利友,张飞.精准扶贫:贫困治理的"中国样本"与"中国经验"[J].西北民族大学学报(哲学社会科学版),2018(04):134-140.

二、强化精准扶贫政策实施,提高扶贫政策的针对性和操作性

党的十八大以来,党把扶贫开发工作摆在了更加突出的位置,将其纳入"四个全面"战略布局。2013 年,习近平总书记在湖南湘西考察时,首次提出"精准扶贫",之后中央开始进行顶层设计,推动精准扶贫思想落地。长期以来,我国实施开发式扶贫,扶贫项目和扶贫资金到县,这种扶贫形式虽然有利于地方政府根据自身情况实施扶贫开发,给予地方政府较强的自主性,但也存在着突出的问题,贫困人口底数不清、家庭致贫原因不明、扶贫投入效果较差等严重影响了扶贫政策的制定和扶贫项目的实施,也严重阻碍了扶贫开发的进程。因此,必须对原有的粗放式扶贫进行修补完善,进一步提升扶贫工作的精准性和有效性,提高扶贫政策的针对性和操作性。精准扶贫模式不仅是对已有扶贫模式的完善和创新,更带来了贫困对象识别和认定、贫困治理结构和体系、扶贫项目设计和实施、扶贫效果测量和评估、扶贫工作考核和监督等整体扶贫工作的革命性变化。

(一)依据贫困指标体系,精准识别贫困人口

贫困人口的精准有效识别是扶贫开发工作开展的基本前提,因为扶贫工作的成效如何最终要通过贫困人口的获益来衡量,找出贫困人口,或者说发展测量贫困的指标就显得尤为重要。从贫困的概念内涵,我们可以看到对于贫困的界定,经历了从物质贫困、收入贫困到精神贫困、文化贫困、能力贫困等逐渐扩展的过程,这实际上体现了人们对于贫困的认识深化,与此同时,也发展出了各种贫困测量方法,如市场菜篮法、恩格尔系数等。但是与科学研究不同的是,在现实中,我们识别贫困人口,不仅要考虑科学性,以尽可能客观地反映贫困人口的真实状况,同时还要考虑操作性,即贫困人口识别的成本和效率。因此,选取具有代表性又具可操作性的指标就显得尤为重要,即通过这些指标能够相对低成本、高效率、易操作地将绝大多数贫困人口识别出来。结合贫困人口的实际情况以及扶贫目标,我国采取收入性指标和非收入性指标相结合的方式识别贫困人口。所谓收入性指标,即以 2010 年不变价人均年收入 2 300 元作为贫困线,非收入性指标即"两不愁、三保障",两者结合既考虑了收入性维度,也考虑了方便识别的非收入性维度,从而使得贫困对象的识别兼具科学性和操作性。

从表5-2可以看到,当被问及"您知道本村的贫困户是以什么方式认定的吗"这一问题时,被调查者中有69.2%的有效比例回答"知道",另外还有30.8%的被调查者回答"不知道",反映出在贫困户的认定工作方面,可能部分村民没有参与其中。

表5-2 您知道本村的贫困户是以什么方式认定的吗?

		频数	百分比/(%)	有效百分比/(%)	累计百分比/(%)
有效	知道	548	68.9	69.2	69.2
	不知道	244	30.7	30.8	100.0
	总计	792	99.6	100.0	
缺失		3	0.4		
总计		795	100.0		

从表5-3可以看到,在被调查者中,认为贫困户认定方式合理的有效比例达到93.5%,有2.1%的被调查者认为不合理,另有4.4%的被调查者回答不知道。这一比例分布反映了被调查者对贫困户认定方式的合理性认同度较高,也在一定程度上说明贫困户认定方式是科学、合理、有效的。在具体实施贫困户和贫困村精准识别的进程中,武陵山区很多地方都在遵照国家政策指导的基础上,推进本地的贫困户精准识别工作。

表5-3 您认为本村贫困户的认定方式合理吗?

		频数	百分比/(%)	有效百分比/(%)	累计百分比/(%)
有效	合理	536	67.4	93.5	93.5
	不合理	12	1.5	2.1	95.6
	不知道	25	3.1	4.4	100.0
	总计	573	72.1	100.0	
缺失		222	27.9		
总计		795	100.0		

例如湖北省恩施州咸丰县,在实施精准扶贫的进程中首先聚焦精准识别贫困人口。一是确保贫困对象精准。认真开展"十看村十看户"工作,重点对贫困户、贫困人口识别情况进行全面排查,摸清贫困户家底、找准致贫原因、明确脱贫路径,切实堵"漏评"、防"错退",实现了贫困对象应纳尽纳、不漏一户、不落一人。二是确保档案资料精准。"尖刀班"成员及结对帮扶干部每月集中走访贫

困户,及时掌握贫困对象动态,自下而上建立台账、清单,及时纠正档案资料的"缺、漏、错"情况,对账销号。同时,严格按照评议、公示、比对、公告等程序,锁定"边缘户""存疑户",进一步整理、补充、完善相关佐证材料,做到程序规范、资料准确、内容充实。三是确保数据信息精准。建立扶贫开发系统信息管理工作制度,配齐配强县、乡、村三级扶贫信息管理员,实行信息系统数据质量"周核对""周整改""月通报",严格把好入口关、动态调整关、退出关,并将系统信息管理纳入年度脱贫攻坚综合考评内容。

武陵山区铜仁市印江县在2014年印发了精准扶贫建档立卡工作实施方案,方案具体布置了全县贫困人口建档立卡工作,包括识别标准、识别规模、主要做法、登记内容等。

泸溪县贫困村建档立卡方法和步骤

1.识别标准。按照国家对贫困村"一高一低一无"(行政村贫困发生率高于27%,行政村2013年全村农民人均纯收入低于4 819元,行政村无集体经济收入)的识别总体要求执行。

2.识别规模。行政村的数据使用省民政厅提供的2013年武陵山区社会服务业统计系统统计的村委会年报数,全县共有行政村365个。省下达我县贫困村总规模为203个,其中:一类贫困村89个,二类贫困村69个,三类贫困村45个。在识别贫困村时,原则上一类贫困村要向一类贫困乡镇集中,二类贫困村要向二类贫困乡镇集中,三类贫困村要向三类贫困乡镇集中。同时,要将国家和省"十二五"整村推进贫困村纳入贫困村识别范围。

3.主要做法。由县扶贫办将识别规模分解到各乡镇。按照贫困村识别标准,符合条件的行政村按照"村委会自愿申请、乡镇人民政府审核、县扶贫开发领导小组审定、省扶贫办备案"的程序进行认定。

4.登记内容。"贫困村登记表"包括基本情况、发展水平、基础设施状况、生产生活条件、公共服务情况、帮扶情况和帮扶成效七个方面的内容。登记的标准时间点为2013年12月31日,标准日期为2013年1月1日至2013年12月31日。

经过规模分解、初选对象、乡镇人民政府第一榜公示,印江县审核确定了杉木岭等203个行政村为贫困村(其中一类贫困村89个,二类贫困村69个,三类贫困村45个),其中30 235户、106 503人被认定为国家标准贫困户,1 959户、8 307人被认定为省级标准贫困户(见表5-4)。

表 5-4 印江自治县精准扶贫建档立卡贫困户数据汇总表(2014 年)

序号		合计		国家标准								省定标准	
		户数	人数	户数	人数	其中:扶贫户		其中:低保户		其中:五保户		户数	人数
						户数	人数	户数	人数	户数	人数		
	合计	32 194	114 810	30 235	106 503	24 779	96 578	3 290	7 423	2 166	2 502	1 959	8 307
1	峨岭镇	2 736	8 405	2 534	7 696	2 101	6 987	368	636	65	73	202	709
2	新寨乡	2 532	9 339	2 393	8 648	1 991	7 797	224	630	178	221	139	691
3	中坝乡	1 385	5 123	1 300	4 782	1 094	4 451	135	250	71	81	85	341
4	板溪镇	2 728	9 705	2 586	9 010	2 148	8 229	234	553	204	228	142	695
5	杉树乡	1 600	5 988	1 546	5 747	1 375	5 456	79	185	92	106	54	241
6	沙子坡镇	2 241	8 242	2 180	8 006	1 973	7 720	102	174	105	112	61	236
7	天堂镇	2 622	9 152	2 395	8 216	1 786	7 170	463	866	146	180	227	936
8	刀坝乡	2 572	9 491	2 409	8 726	1 883	7 825	205	523	321	378	163	765
9	木黄镇	1 939	7 291	1 819	6 586	1 384	5 558	211	880	224	248	120	605
10	新业乡	1 498	5 472	1 373	4 995	1 102	4 532	186	353	85	110	125	477
11	合水镇	2 180	8 360	2 032	7 775	1 693	7 122	175	459	164	194	148	585
12	永义乡	1 092	3 377	1 034	3 180	938	2 983	65	163	31	34	58	197
13	朗溪镇	1 725	6 408	1 649	6 076	1 422	5 717	164	295	63	64	76	332
14	缠溪镇	1 817	6 896	1 696	6 354	1 300	5 545	301	701	95	108	121	542
15	罗场乡	1 439	4 661	1 354	4 365	1 105	3 982	143	258	106	125	85	296
16	洋溪镇	1 165	3 804	1 089	3 515	910	3 218	101	209	78	88	76	289
17	杨柳乡	923	3 096	846	2 726	574	2 286	134	288	138	152	77	370

(二)明确贫困致因分类,精准帮扶贫困人口

在对贫困户进行建档立卡的基础之上,精准扶贫对致贫原因进行了分类。目前建档立卡贫困人口的致贫原因大致有 12 类[①],在贫困致因的细化分类方面,某些贫困户和贫困对象可能存在着多重致贫原因,在这种情况下,我们可以

---

① 12 类分别是:因病、因残、因学、因灾、缺土地、缺水、缺技术、缺劳力、缺资金、交通条件落后、自身发展动力不足、其他。

在精准分类的基础上对其分类施策、综合帮扶,从而提高帮扶措施的针对性和有效性。

思南县"四卡合一"公示牌如图5-1所示。

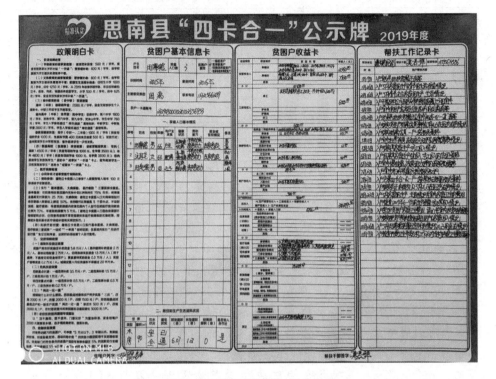

图5-1　思南县"四卡合一"公示牌

在精准帮扶方面,武陵山区铜仁市思南县细化帮扶政策,实施精准帮扶。一是按照因地制宜、因户施策、因势利导"三因"工作原则,差别化、精准化落实到户帮扶措施。思南县精准帮扶统计表(2014—2019)如表5-5所示。二是抓项目安排精准。2014年以来,思南县累计投入财政专项扶贫资金7.76亿元,实施项目1 258个,签订利益联结协议2.93万份。三是抓资金使用精准。盯紧扶贫资金分配、使用、监管等关键环节,先后制定扶贫资金使用制度6个、监督问责制度5个、绩效考评制度2个,确保扶贫资金一分一厘、一丝一毫都用于扶贫开发,努力实现最大效益。四是抓因村派人精准。配优配强驻村帮扶工作力量,确保凡是有贫困户的村都有脱贫攻坚工作队、每个贫困户都有帮扶责任人,想群众之所想、急群众之所急、解群众之所困。五是抓脱贫成效精准。实行脱贫攻坚"三个过关"行动,逐村评估基础设施、公共服务、产业发展等村级整体情况,逐组评估环境卫生、村寨公路建设等情况,逐户评估"一达标两不愁三保障"

稳定实现情况，确保脱贫过程扎实、结果真实。

表5-5 思南县精准帮扶统计表（2014—2019）

精准帮扶措施	人数/人
发展生产和就业	72 099
易地搬迁扶贫	35 320
教育扶贫	47 051
生态扶贫	754
社会保障	2 420

我们这边的脱贫工作要求很高，包括家庭的"四卡合一"，家庭信息、什么工作、收入等都要写得清清楚楚，这个是我们铜仁市独有的。贫困户一户一袋，袋子里面装相关资料。村里面要建立贫困户的档案，一户一档，这是全国都有的。像四川扶贫工作，好像没有提到组组通，我们这里是组组通、户户通，用硬化路串联起来。我们会把最优秀的干部安排到脱贫攻坚一线，如果说干部不能胜任，就会让干部深入学习或者追究责任。铜仁市特别的工作方法有："三真三因三定"工作原则——真情实意、真金白银、真抓实干，因地制宜、因势利导、因户施策，定点包干、定责问效、定期脱贫。还有"76554"工作方法——"七个补"，即亡羊补牢、取长补短、查漏补缺、勤能补拙、合力补位、将功补过、激励补偿；"六个不"，即自强不自卑、期待不等待、依靠不依赖、包干不包办、苦干不苦熬、借力不省力；"五个看"，即看贫困户身上穿的、锅里煮的、柜里放的、床上铺的、家里摆的；"五个一致"，即客观有的、系统录的、袋里装的、墙上挂的、嘴上说的一致；"四个好"，即党的政策好、环境卫生好、社会风气好、干群关系好。

——GZ省SN县BJ村第一书记

从上述访谈可以看到，以铜仁市"76554"工作法为代表的一系列精准帮扶举措，真正是扎根基层得出的田野扶贫工作经验，这些经验的运用进一步细化了精准帮扶举措，使得地方的脱贫攻坚信息更加真实有效，脱贫过程更加稳步推进，脱贫成效更加科学客观。

（三）严格脱贫认定程序，精准退出脱贫人口

精准扶贫的最终目标是实现贫困人口的稳定脱贫，在稳定脱贫的目标实现以后，要推进脱贫村庄和脱贫人口的精准退出，避免形成扶贫政策依赖和福利依赖。脱贫人口的精准退出，需要制定严格的退出程序和退出标准，建立完善的精准退出组织体系和流程体系。

在推进精准退出的工作中，湖北省恩施州咸丰县严格脱贫标准和程序，聚

焦精准退出。一是严格贫困户脱贫程序。按照贫困户脱贫程序,对照评估验收3大类6小类8项指标,认真自查验收,于2019年10月31日完成了本年度脱贫户名单网上公示,并进一步组织各乡镇根据脱贫户核定名册,在全国扶贫开发信息管理系统中进行脱贫标注。二是严格贫困村出列程序。按照贫困村出列程序,对照评估验收减贫实绩、基础设施、基本公共服务、产业发展、集体经济等5大类18小类27项指标,得分90分以上方可出列。完成验收后,组织各乡镇根据贫困村出列核定名单,在全国扶贫开发信息管理系统中进行脱贫标注。三是严格减贫进度。2014年初,全县建档立卡贫困户43 615户140 092人,2014年农村户籍人数353 179人,贫困发生率为39.67%。经多轮次动态调整,现有建档立卡贫困户44 103户148 701人,累计脱贫43 506户147 455人,综合贫困率降至0.35%。全县建档立卡贫困村66个,其中2016年出列22个、2017年出列12个、2018年出列8个、2019年度24个贫困村已全部完成县级评估初验工作。

习近平指出:"精准扶贫是为了精准脱贫。要设定时间表,实现有序退出,既要防止拖延病,又要防止急躁症。"从福利经济学的视角来看,精准扶贫实际上对社会中部分群体予以特定的福利供给,这种特定具有两层含义,一是面向特定群体,二是具有特定时段。当特定群体经过特定时段实现与一般社会群体均衡的发展能力时,就应该实施扶贫退出,即确保贫困农户形成自我发展能力,能够依靠自身维持生计,不再单纯依靠外部资源输入。实施精准退出,既是促进脱贫农户形成内生发展动力的需要,也是社会资源有效配置的需要,毕竟除了少数无劳动能力群体外,大部分有劳动能力群体不能长时间依赖国家的政策资源照顾,否则会造成社会不公平和资源浪费。

三、优化贫困治理主体结构,形成多元主体参与的大扶贫格局

脱贫攻坚不仅是国家和政府的一项政治任务,也是包括市场主体、社会力量在内的社会多元主体共同参与的一项社会发展工程。中国的扶贫开发是在政府主导下,形成大扶贫格局,通过动员社会各方力量,整合扶贫资源,以多样化的扶贫方式推动扶贫开发,其核心主张之一是扶贫主体开放,即扶贫不仅仅是政府部门的责任,更是社会各方的整体参与,扶贫主体不仅仅是外部帮扶力量,同时也包括贫困农户,贫困农户是扶贫主体与客体的统一。

建构大扶贫格局,倡导多主体共同参与脱贫攻坚,实际上是多中心治理的一种体现,在扶贫领域,多中心治理体现为多元化的扶贫主体、多类型的扶贫手

段和多样化的扶贫制度安排。多元化的扶贫主体即扶贫的主体是多元的,扶贫开发虽然仍是在政府主导下,但不是单一的政府主体在行动,而是鼓励政府之外的市场力量、社会力量以及贫困群体自身共同参与到脱贫攻坚进程中,不同主体基于自身的组织禀赋和资源优势,与其他主体互动合作,形成特定扶贫领域优势主导的反贫困治理主体结构。多类型的扶贫手段即在扶贫开发的措施选择方面,可以采取灵活多样的扶贫举措,可以物质帮扶与精神帮扶相结合,可以政府扶持与市场参与相辅助。在基础设施领域,可能更多的是政府财政投入;在产业发展领域,可能更多的是市场力量的参与;在精神扶贫领域、特殊群体帮扶领域,可能社会力量更能发挥作用。根据贫困致因和反贫困主体的自身优势,具体选择合适的扶贫手段才能契合贫困人群的实际需求,实现有效扶贫。多样化的扶贫制度安排,即通过多种制度安排动员全社会的力量参与到脱贫攻坚中,以专项扶贫、行业扶贫、社会扶贫为主体的扶贫制度安排构建起了全方位、立体式的大扶贫格局,形成了完整的国家扶贫战略体系,加快了打赢脱贫攻坚战的历史进程。

(一)重视地方政府的"合理主导者"角色

从多年的扶贫开发历程来看,地方政府的主导发挥了重要作用,有其现实必要性,作为一项促进贫困地区发展的综合政策,扶贫包含政策制定、实施、评估等一系列完整的政策实施过程。开放式扶贫中的多元主体参与,要求改变政府绝对主导的单向度扶贫运作模式,在开放式扶贫的理念下,龙头企业、农村经济合作组织以及农户等与地方政府结成平等的互动合作关系,是相互依赖的利益主体。基于中国贫困的复杂形势和艰巨的反贫困任务,结合我国的行政体制特点,从加快反贫困的社会现实来看,脱贫攻坚需要在党的领导下坚持行政主导的原则,无论是从脱贫攻坚的顶层设计、组织体系,还是到具体的制度安排、资源投入和项目推进,还是主要依靠党和政府。只有这样,才能强有力地把脱贫攻坚向前推进,才能带动全社会参与其中。前面已经提到,党和政府在反贫困领域中的主导地位并不是单一主体行为,而是强调其中心地位,这种中心地位不排斥市场和社会的参与,而是发挥带头作用,带领全社会一起参与到脱贫攻坚中,实现多种反贫困力量的凝聚,发挥整体性优势,实现扶贫开发效益的最大化和最优化。

取得这些成绩我们是怎么做的呢?下面从几个方面谈一下政府部门的工作。

一是提升站位,层层压实扶贫责任。建立指挥体系,县委副书记牵头,48个深度贫困村,"四办"合署办公。

二是明确各级责任，出台精准脱贫的通知，明确帮扶干部的具体责任。

三是严格督查考核，每月对乡、村、户，督导全覆盖，问题一月一清零。每年花两百多万元表彰奖励，提拔重用220人，形成了齐心协力抓扶贫的导向。

四是追责问效，对不称职的工作队员退回原单位，对不认真履行脱贫攻坚责任的严肃追责。对照上级各项指标，推动政策落实落地。整合资金225亿元，不断提升质量和管理水平，实现政策措施的落实落地。

——HN省FH县扶贫办干部

地方政府作为最主要的扶贫资源主体，体现在政策资源、组织资源和资金资源方面。

YY县脱贫攻坚"百日攻坚"市管领导责任任务清单

1. 落实督导联系责任，每周到所包乡镇（街道）开展2～3次脱贫攻坚督导联系工作，确保所有脱贫责任、脱贫政策和脱贫工作落实到位。

2. 督促、抽查、核实乡镇（街道）围绕"两不愁三保障"目标，在贫困人口产业发展、饮水安全、义务教育保障、基本医疗保障、住房安全保障、收入实现情况等方面逐户建立台账、清单管理、清零销号情况。每个乡镇（街道）抽查比例不得低于建档立卡贫困户总数的10%，至少抽查10个村民小组。

3. 对乡镇（街道）涉及的中央脱贫攻坚专项巡视、国家脱贫攻坚成效考核、市委巡视和成效考核、国家和市上历次审计和督查检查反馈的问题，逐类、逐项、逐个督查核实整改情况。已整改完成的事项，要逐项督促开展"回头看"，完善资料，确保真正整改销号；对未完成整改的事项，要一项一项督、一件一件抓，进度滞后的要督促乡镇（街道）找准症结，制定措施，尽快解决，逐项对账销号，确保每一项任务不折不扣落实，每一个问题按时整改销号。

4. 督促乡镇（街道）干部在岗在状态，压实责任，端正作风，做到尽锐出战，全部到基层一线开展工作。

5. 督促乡镇（街道）抢抓秋栽大好时机，大力发展扶贫产业，逐户落实利益联结机制，保障贫困人口有岗位、有事做、有收入、能脱贫。

6. 督促乡镇（街道）抓好路、水、电、讯、房、环境等基础设施建设，决不允许有疑点、有硬伤。

7. 督促乡镇（街道）全面熟悉掌握本辖区脱贫攻坚基本情况，辖区贫困群众"两不愁三保障"基本情况，做到心中有数。督促乡镇（街道）全覆盖召开院坝会、火铺会、群众座谈会，宣讲脱贫政策，梳理脱贫攻坚成效，逐村、逐户做好清洁卫生，改变贫困群众精神面貌，教育引导贫困群众感谢共产党、感谢党的好政策，确保满意度99%。督促乡镇（街道）抓好精准识别、精准退出，确保漏评率、

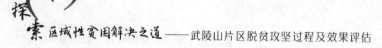

错退率为0。

——《关于印发〈YY县脱贫攻坚"百日攻坚"责任任务清单〉的通知》

脱贫攻坚需要政府切实担负起贫困治理的主体责任。从地方政府角度而言,脱贫攻坚虽然有各方力量的参与,但归根结底还是地方政府承担脱贫攻坚的主体责任和最终责任,因此通过责任清单这种形式,明确地方政府各类人员的职责,明确责任到单位及个人,就成为压实责任、传导压力的选择。

(二)发挥龙头企业"致富带动者"角色

扶贫的根本目的是帮助贫困农户脱贫致富,在市场化环境下,贫困农户的农业生产规模小而且分散,加上信息渠道缺乏,难以在市场竞争中获得发展,只能借助外力发展。而龙头企业作为市场的主要构成,具有搜集信息、开拓市场、引导生产、产品经销、市场服务等多种功能,能将千家万户的小农生产与千变万化的市场连接起来,提高贫困农户收入水平。根据经济学的"理性人"假设,企业是独立的经济实体,逐利性使得企业的一切经营行为都要追求自身利益的最大化,但是开放式扶贫与一般的产业发展不同,企业在经营发展的过程中,除了追逐经济利润之外,还要兼顾扶贫的社会责任。

湖北省恩施州咸丰县积极探索"龙头企业＋合作社＋基地＋农户""公司＋农户"等产业发展模式,健全完善"市场主体＋村集体＋贫困户"利益联结机制,培育以茶叶、蔬菜、恩施黑猪、中药材、林果、珍稀苗木等为主的脱贫产业,延伸产业链条,提高农产品附加值。引进省内外一批知名企业来咸投资,培育21家规模以上龙头企业,带动2.2万户贫困人口稳定脱贫。五年来累计投入产业扶贫项目资金5.5亿元,建成500亩以上特色产业基地263个,养殖基地95个,带动3.82万户贫困户实现稳定增收。2018年以来新发展茶叶基地4.41万亩、养殖中蜂3.6万群,解决1.8万户贫困人口当年增收问题。积极承接东部产业转移,建立以3亿元白叶茶综合体和2亿元恩施黑猪全产业链为代表的咸丰特色产业园。61家规模企业、517家专业合作社、329家专业大户、283个家庭农场,带动贫困户1.4万户4.5万人增收。

引进企业,就是引进技术,利用秸秆来生产菌原料,主要生产双孢菇。把农家肥和秸秆结合来培育菌种,用这种方法推动我们的菌产业发展。从2018年开始我们扩大了面积,用"龙头企业＋"的模式来推动食用菌产业的发展。2019年我们又提出了千户万股计划,是因为我们在发展过程中发现一个问题:没有农户的加入。如果说老百姓不会种,光是企业来做,那么带动不了千家万户,因此我们提出了千户万股,让每一个贫困户通过发展菌菇实现增收。我们把不懂技术、不会生产的老百姓送到企业中学习技术,学习技术之后可以在当地进行菌产业的种植,有些是带到村里发展,我们今年大概培育了150户菌菇专业户。

——GZ省YJ县农业农村局干部

龙头企业作为市场的主要构成,具有搜集信息、开拓市场、引导生产、产品经销、市场服务等多种功能,能将千家万户的小农生产与千变万化的市场连接起来,提高贫困农户收入水平。

(三)引入社会组织"组织倡导者"角色

社会组织作为扶贫开发的重要主体之一,在脱贫攻坚方面具有独特优势,能够发挥多种作用,形成对政府扶贫的有益补充。社会组织具有专业理念和专业方法,能够广泛链接资源、聚焦特殊困难群体,提供有针对性的帮扶,有助于使精准扶贫更加精准,更具瞄准性和有效性。社会组织参与扶贫开发不只在于提高贫困人口的发展能力,或是链接外部资源帮扶贫困群体,其作用更在于将政府已有的帮扶政策和帮扶项目、市场资本力量嵌入和社会组织的专业优势结合起来,帮助贫困地区和贫困群体建立起更加开放、更具互动性的合作关系网络,使各类扶贫资源能够最大化发挥效益,同样也让贫困群体有更强的参与意愿和参与能力,实现扶贫资源投入与贫困群体发展的双重正向发展效应。

贵州省铜仁市印江县近年来以亲情、乡情、友情为纽带,将春晖行动向实处推进,努力凝聚各类春晖使者,服务家乡发展,助力脱贫攻坚取得实效。截止到2019年,全县已成立271个"春晖社",拥有春晖社员1.2万人,覆盖17个乡镇(街道)。

一是探索建立春晖扶贫组织、运行机制、管理制度,广纳春晖人才,构建"内外联通、上下互动"的春晖扶贫工作格局。按照"县级统筹、乡级主抓、村级主办"的方式,创建春晖扶贫三级组织,即:县成立春晖总社并组建驻外联络处,重点抓好春晖招商、公益项目推广等;乡镇组建春晖联社,重点凝聚春晖力量引领产业发展、投身公益事业等;村、社区成立村级春晖社,重点在落实春晖项目、推进乡村治理中发挥作用。健全管理服务制度。坚持制度管社、制度成事,制定《印江县春晖使者联系贫困户制度》《印江县春晖社社员服务制度》《印江县春晖基金使用管理办法》等制度。

二是建多种平台,做实脱贫攻坚春晖载体。积极探索"春晖+"产业发展模式。全县建设春晖产业园7个、春晖使者创业带富示范基地41个。围绕建设美丽家园,在全县发起"我为家乡捐棵树·同心共建春晖林"活动,在"春晖林"投产见效后,村级集体经济组织、团县委春晖行动发展中心、群众按照1∶2∶7的比例分享效益。春晖基金的收益100%用于全县公益事业,并定期公开公布,

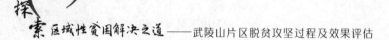

接受监督,将春晖爱心转化为当地贫困群众脱贫的长效动能,打造惠及县域贫困群众的绿色银行,实现生态效益、经济效益、社会效益的有机结合。

三是春晖招商惠民。建立春晖扶贫招商机制,充分发挥印江在外春晖人士和春晖总社驻外联络处的桥梁作用,在2017年11月6日开展的"天下印江人·一生印江情"主题招商中,签约5个项目。

四是重视乡风文明。春晖社坚持"尽孝、感恩、反哺、回报"的理念,抓实春晖宣讲、典型引领,激发贫困群体的脱贫动力,促进乡风文明建设。

(四)挖掘贫困个体"核心能动者"角色

在扶贫开发进程中,贫困个体不是扶贫资源的被动接受者,而是要积极参与到扶贫开发中,在此过程中,不仅实现物质上的脱贫发展,更实现行动能力的提升。激发贫困个体的参与意愿、提高贫困个体的发展能力,能够有效破除扶贫资源自上而下、由外向内单向传输引发的各类问题,例如资源浪费、贫困依赖等问题。通过赋权贫困个体,能够实现帮扶主体与贫困个体的双向沟通,使得贫困个体的声音能够被听到,从而让扶贫项目建设能够更加符合贫困人口的真实需要,一定程度上避免了帮扶主体仅凭"我觉得"而导致的资源错配或浪费,让贫困个体成为扶贫开发的真正主体,增强扶贫开发的科学性和有效性。

湖北省恩施州咸丰县聚焦贫困群体内生动力,坚持扶贫同扶志、扶智相结合,建立完善脱贫激励引导机制,深入开展"三树三提"(一场结对扶志树信心、一项爱国卫生运动树形象、一个最美评选树标杆、一场道德讲堂提素质、一系列创业就业培训提能力、一批典型表彰提干劲)、"我与亲人过佳节"等系列活动,帮助群众树立信心、自力更生,群众认可度持续提升。依托新型农民阳光培训平台,开展种养殖、食品加工、餐饮服务、青年创业、电子商务等各类技能培训2万余人次,认定新型农民4 000余人,切实激发群众内生动力。

残疾"牛人"王昭权脱贫记

习近平总书记强调:"弱鸟可望先飞,至贫可能先富,但能否实现'先飞'、'先富',首先要看我们头脑里有无这种意识……如果扶贫不扶志,扶贫的目的就难以达到,即使一度脱贫,也可能会再度返贫。"

家住印江自治县沙子坡镇四坳村的王昭权,6岁时因一场突如其来的高烧患上小儿麻痹症,从此无法正常站立和行走,只能手脚并用在房前屋后缓慢爬行前进。

由于身体的残疾,2014年,王昭权被村里评定为贫困户,享受二类低保待遇,同时享受危房改造政策,吃穿住问题完全解决,可王昭权并不是那种躺在政策床上睡大觉的人,他没有忘记父亲临终时说的话,他要继续养牛、喂猪、种地,要过上美好生活。

上山放牛、砍柴对正常人来说不算什么,但对爬着行走的王昭权来说可就要难多了,一个不留神就会受伤,尽管格外小心。2015年秋天,王昭权上山放牛,回家时天色已暗下来,驼着一捆柴,迈过一个坎时,重心失衡,王昭权来了个人仰柴翻,手被镰刀划开一条长长的口子,鲜血直流,一个月才痊愈,直到现在手上的疤痕还清晰可见。

为了方便上坡放牛,也保护手不受伤,在放牛的过程中,王昭权琢磨出了用弯拐木和橡胶垫子来保护双手,上坡放牛时"走"得更快。

寒来暑往,无论刮风下雨,在山路间、在牛圈旁,村民们总是可以见到残疾牛倌王昭权向脱贫冲刺的身影。

在国家政策的帮扶下,王昭权申请"精扶贷"又买了三头牛,同时享受5 000元的养殖补助,养殖规模达到13头。2017年,王昭权前后卖了两头牛,收入1万多元,已经远远超过了年人均收入3 335元的贫困线。在王昭权的心底,一直埋藏着一个愿望,那就是通过自己的双手,早日实现脱贫。

2018年1月4日,王昭权找到了弟弟,请他帮忙给村委会写一份脱贫申请书,并希望由王昭权牵头办一个村级养牛合作社,带动周边的贫困户一起脱贫。

——GZ省YJ县典型示范激发内生动力材料

扶贫要同扶志、扶智相结合,激发贫困个体的内生动力,提高贫困个体的综合素质,使贫困个体由被动脱贫的受助者转为主动脱贫的参与者,实现外援式帮扶向内源式发展的转变,提高扶贫开发的内在可持续效应。

目前在武陵山区,地方政府、龙头企业、社会组织以及贫困农户等都广泛参与到扶贫开发进程中,形成了多元主体参与扶贫的基本格局,各主体分工合作、功能互补,促进行政、市场、社会力量的有机结合,实现了自上而下治理链条与自下而上治理链条的有机对接。

四、加强基本公共产品供给,努力提高贫困人群生产生活水平

从社会发展的进程来看,贫困现象以及贫困问题不是简单的经济问题,而是涉及历史、政治、社会、文化等方面的深层次问题。贫困问题不仅是一项社会事实,更是社会建构的产物,贫困的产生不仅是自然条件恶劣、先天条件不足导致的物质短缺或收入低下,更是与社会经济政策和制度安排有关,很大程度上,贫困超越了单纯的经济范畴,成为一项关于个人生存与发展的基本权利、关于一个社会公平正义价值观的问题。由此,我们需要站在为国民提供基本公共产

品的角度审视贫困问题及扶贫开发。

　　武陵山区自然环境、区域位置、经济社会发展状况,决定着其公共产品供给的重点在于基础公共产品,包括生存保障性和生存维持性公共产品,因此扶贫开发的项目框架和主要内容应当囊括满足贫困人群生活需要的基本公共服务,也就是贫困人口最需要的与生产生活密切相关的水、电、路、通信、住房等基础设施以及教育、医疗、养老等基本社会保障。

　　第四章的表4-2到表4-6分别反映了武陵山区交通、饮水、用电、就学、就医等基础设施和基本公共服务的情况,从分布比例来看,交通、饮水、用电三项中回答"好很多的"比例超过85%,加上"好一点"的累计比例接近100%。就学、就医两项回答"好很多"的比例在70%左右,加上"好一点"的累计比例达到85%以上。从上述数据中可以看到,一是贫困地区的基础设施和基本公共服务在近些年都有很大程度的改善,贫困群体对此认可度很高;二是相对于基础设施改善的极高认同度,在教育、医疗、养老等基本社会保障方面还是存在一定程度的短板。对此,武陵山区各县市瞄准贫困群体民生问题,补齐社会保障短板。

　　湖北省恩施州咸丰县聚焦"三类保障",积极拓展农村基本公共服务,提高贫困群体的生活质量。

　　一是聚焦义务教育有保障。咸丰县近5年来累计投入资金2.9亿元,实施"全面改薄"项目181个,切实改善义务教育学校办学条件;共计招聘教师514人,完成"国培"及省、州、县等各级各类培训5 000余人次,交流优秀教师400余人次,全面加强教师队伍建设。积极开展防流控辍保学工作,对全县未入学儿童少年落实劝返入学、跟班就读、送教上门、寄教等保学措施,完成率100%。全面落实贫困学生资助政策,近5年来资助贫困学生25.52万人次,金额23 082.87万元,资助率100%;全县累计享受"雨露计划"中、高等职业教育的贫困生2.2万人次,金额4 775.65万元,资助率100%;对在外就读贫困学生发函3 861人次,发函率100%。2017年,全县义务教育均衡发展顺利通过国家督导验收。2019年,全县学前三年毛入园率91.94%;42所公办完小以上义务教育阶段学校(初中10所、九年一贯制学校3所、小学29所)全部达到湖北省义务教育学校办学基本标准,适龄儿童、少年入学率均达100%,义务教育阶段质量监测成效明显;普通高中阶段毛入学率95%,普通高考上重点线310人,本科线1 069人;职业教育实用技术人才培训成效突出,技能高考上本科线196人,稳居全州第一名;民办教育蓬勃兴起,人民群众对教育事业发展的认可度不断提升。

　　二是聚焦基本医疗有保障。贫困患者在县域内定点医疗机构住院均实行"先诊疗后付费"及"一站式、一票制"即时结算,享受健康扶贫"四位一体"医疗保障政策。落实贫困人口参加城乡基本医疗保险14.88万人,参保率100%;

2019年县财政资助参保14.29万人,配套资金1 778.21万元,同级财政资助率100%。农村贫困人口按规定享受大病保险和医疗救助待遇,大病参保率100%,医疗救助率100%;2019年享受"四位一体"医疗保障政策3.12万人次,医疗总费用11 404.34万元,政策范围内费用10 880.44万元,"四位一体"报销总额10 352.88万元,县域政策范围内报销比例95.15%,年度个人负担政策范围内医疗费用不超过5 000元。落实农村建档立卡贫困人口签约服务14.61万人,门诊特殊慢性病评审享受6 243人,切实做到应签尽签、应检尽检。建设产权公有化村级卫生室217个,邻近村联建卫生室27个,卫生院覆盖行政村19个,贫困人口就医基本实现"小病不出村,常见病不出乡镇"。

三是聚焦住房和饮水安全有保障。积极开展住房安全有保障鉴定工作,全县"四类"对象、一般对象覆盖率均达100%;累计投入资金7 469.21万元,合计完成"四类"对象、一般对象危房改造5 806户,完成率100%。累计投入资金12.94亿元,完成易地扶贫搬迁6 715户,完成率100%;完成拆旧5 038户(符合政策可不予拆除的有1 464户)、复垦2 774亩;建设集中安置点177个,配套圈舍安置点16个,配套菜地安置点199个,配套公共服务用房安置点165个。

近5年来,累计投入资金2.4亿元,实施"五批次"饮水项目290个,完工290个,完工率100%,共计改善和提高20.89万农村居民的饮水状况。其中投入资金3 217万元,实施2016—2017年度农村饮水安全工程,建成集中式供水工程55个,改善和提高4.16万农村居民的饮水状况;投入资金9 445.96万元,实施2017年度农村安全饮水工程,建成饮水工程134个,涉及全县11个乡镇98个行政村(其中重点贫困村44个),改善和提高8.43万农村居民的饮水状况;投入资金5 204.12万元,实施2018—2019年度第一批农村饮水安全工程,建成饮水工程31个,改善和提高3万农村居民的饮水状况;投入资金5 945.58万元,实施2018—2019年度第二批农村饮水安全工程,建成各类供水工程64个,改善和提高5.3万农村居民的饮水状况。

总体而言,脱贫攻坚聚焦"两不愁、三保障",使得武陵山区的农村基础设施和基本公共服务实现跨越式发展。经过几年艰苦卓绝的奋斗,如今在武陵山区,危旧房屋已基本被新建的砖混楼房替代,硬化水泥路面已经全部实现通村入户,各家各户都已通上安全饮水,建起独立的水冲式厕所,照明电、通信网络、有线电视已实现全面覆盖。寄宿制中小学软硬件持续改善,村庄卫生室基本普及,整体人居环境实现翻天覆地的变化,基本公共服务和保障全面覆盖贫困群体。

2020年后,现有标准下的绝对贫困将被消除,相对贫困问题将成为未来扶贫的重点,提高和保持贫困群体的自我发展能力,为贫困群体提供更多的发展机会更显得重要,也是贫困人口能力建设的重要内涵。

五、撬动各类扶贫资源,努力营造开放协作的脱贫攻坚环境

开放式扶贫的另外一个重要特征是扶贫资源的开放性,强调引入并整合新型的扶贫开发资源和投入要素,使更多的社会资源能够汇集到扶贫开发领域,实现扶贫资源主体、资源范围、资源投入以及资源要素的开放性。就目前的现实情况来看,贵州省在扶贫资源方面已经实现较大程度的开放,促进了多种资源的有效结合。

(一)实现政府资源与社会资源的相互补充

目前,武陵山区各地、市、州在不断拓展政府体系外的各类扶贫资源,推动扶贫主体资源的开放性。从实地调研的情况来看,地方的扶贫资源在以政府投入为主的同时,也在积极撬动各类企业和社会主体的资源参与到扶贫开发中来。

地方政府作为最主要的扶贫资源主体,体现在政策资源、组织资源和资金资源三方面。在政策资源方面,政府部门是地方扶贫政策和规划的制定者,通过对众多调研地区扶贫工作总结材料的梳理发现,制定和出台政策是地方政府实施扶贫的前提。在组织资源方面,地方政府是扶贫开发的动员主体和实施主体。"坚持高位推动,在组织保障上实现突破"是很多地方推动扶贫的重要工作方式,在出台各项扶贫政策的基础上,推进这些政策实施和落实就成为接下来的重要任务。在具体操作中,地方政府通过将扶贫任务细化分类,明确部门职责,明晰任务程序,保证扶贫政策按部就班实施。在资金资源方面,目前地方扶贫仍然主要依靠整合政府内的各类资金资源。在发挥政府资源的基础上,武陵山区各地积极拓展和整合各类企业和社会资源,带动当地产业发展,帮助贫困群体脱贫增收。

> 油茶是我们县里的老产业,有着很悠久的历史,在古代,茶油都是出口的。像我们现在的太美农业公司,由8家企业共同组建形成,这8家企业都是当地人最早出去就业创业,经过一定积累后创立的,回来之后组建商会,一起经营农业产品,做得很成功,带动相关贫困户平均每人增收达到几百块钱。我们还将茶园发展与旅游结合,等到改善交通条件之后,就进行田园综合体的经营,同时还引进了一个企业过来进行经营,这个企业发挥了作用,对周边老百姓的发展增收有很大的帮助。
>
> ——HN省FH县座谈会资料

一方面,政府资源、市场资源和社会资源的有效结合,可以补充政府扶贫资

源的不足。虽然这几年的脱贫攻坚,从中央到地方各级政府部门投入了大量的财政资金,但是贫困地区脱贫发展的资金需求更为巨大,相比之下,政府资源也难免会面临诸多紧张。相比之下,市场资源和社会资源更具灵活性,也能更多用到贫困治理的具体领域。另一方面,市场和社会的进入,在带来大量扶贫资源的同时,也带来了更为先进的运作理念和运作方式,弥补行政扶贫方式的不足,为贫困地区经济社会发展带来更多机会,注入更多活力。

(二) 实现内部资源与外部资源的有效对接

在资源渠道方面,武陵山区积极推动区域内外资源的有效对接。武陵山区自然资源丰富,发展特色农业产业潜力巨大,但资源优势的背后是资源空间布局分散、产业规模偏小、发展方式粗放、产业关联度低、连片种植较少、产品附加值低、产业"特"而不强,缺乏集聚优势和规模效应。另外,当地龙头企业数量偏少、规模偏小,带动区域脱贫能力较差。同时贫困地区地方财政收入有限,扶贫投入不足,整体上呈现为贫困地区内部资源的有限性。面对贫困地区内部资源的有限性,积极争取上级资源和外部资源支持成为贫困地区扶贫开发的重要选择,同时国家在顶层设计层面也对此有专门考虑,包括定点扶贫、东西部协作扶贫在内的社会扶贫正是此背景下的制度安排。

贵州省铜仁市思南县协作抓好东西部对口帮扶。一是成立由党政主要领导任组长的东西部扶贫协作工作领导小组,抽调6名干部组建了工作专班,与常熟市签订了扶贫协作框架协议,建立完善了高层联席会议制度。2013年以来,常、思两地党政负责同志交流互访、调研对接6批次,双方共同召开联席会议7次,思南县各乡镇(街道)、各部门到常熟市调研对接4 020人次。二是加强人才交流。2013年以来,常熟市共派出4名干部到思南县挂职,接受思南县14名干部挂职学习锻炼,共选派286名教师、医生、农业技术等专业技术人员到思南县开展帮扶工作,为思南县开展专业技术人才培训5 113人次。三是聚焦资金使用。2013年以来,常熟市、苏州市共向思南县投入财政帮扶资金1.19亿元,各类社会帮扶资金0.36亿元,围绕脱贫攻坚实施帮扶项目100余个,带动和帮助5万余名贫困人口脱贫。四是深入推进产业合作。2013年以来,思南县共引进帮扶城市企业9个,实施项目9个,实际到位资金3亿元,产业扶贫项目覆盖5个乡镇,建设绿色农产品基地0.4万亩,带动农产品销售0.3万吨,实现农产品销售额0.3亿元,联合开展旅游推介活动4次,累计吸引2 000余名常熟游客到思南旅游。五是深化劳务协作促进就业脱贫。常、思两地人社部门互设劳务协作工作站,探索推广"宣传+培训+就业"的"一条龙"服务上岗路径,累计帮助2 000余名建档立卡贫困人口实现就业脱贫。创新推出"3+1+X"校企合作模式,安置思南县职校毕业学生40名在苏南地区就业,向苏南地区累计输送实习生138名。采取"2+1"分段培养模式合作办学,累计输送154名学生到苏州高等职业学校就读。六是扎实开展"携手奔小康"行动。将常熟·思南结对帮扶纵向延伸至乡镇(街道)、村,横向延伸至医院、学校等领域。完成乡镇(街道)结对帮扶关系14对,深度贫困村结对帮扶关系59对,医疗机构结对帮扶关系31对,学校结对帮扶关系86对,累计投入结对帮扶资金0.04亿元。另一方面,协作抓好中直机关定点帮扶和其他社会力量帮扶。抢抓有研科技集团有限公司、大连民族大学、贵州省移民局等部门帮扶思南县的机遇,落实帮扶项目38个,投入资金2 858万元。开展"千企帮千村"活动,80家民营企业通过产业帮扶、就业帮扶、消费扶贫、捐赠帮扶等方式,结对帮扶23个乡镇80个贫困村,累计投入帮扶资金2 889.2万元。

(三)实现物质资源与其他资源的有效结合

按照可持续生计的发展理念,贫困地区的反贫困与生计建设应该从多方位资本投入入手,生计资本是一个包含自然资本、物质资本、金融资本、社会资本、人力资本在内的整体系统,从这一分析视角出发,可以发现影响贫困地区生计发展的各个因素以及这些因素之间的相互关系。当前连片特困地区的贫困现状,不是单一致贫因素的结果,而是多重生计脆弱性的叠加,自然资本缺失、物质资本贫乏、金融资本短缺、社会资本薄弱、人力资本匮乏,整体脆弱性的累积导致多重贫困处境。不可否认的是,对于贫困地区来说,大量的物质资本投入仍是最为重要的,包括基础设施建设、产业发展、防灾防险、住房改善等仍是贫困地区迫切需要解决的问题,因为只有物质基础条件的改善才能为进一步的发展提供更多可能。但不容忽视的是,其他生计资本的缺乏和投入不足也将制约贫困地区的发展。

目前武陵山区各地在科技扶贫、金融扶贫、劳动力转移培训等方面取得了明显进步。例如在科技扶贫领域,贵州省铜仁市印江县发展木黄食用菌现代高效农业示范园区,以农作物秸秆作为原料,积极发展腐生类食用菌,加强与省、市科技部门对接,共同筹建贵州省食用菌产业研发中心,引进培育优质食用菌新品种。加强产学研合作,强化食用菌人才队伍建设,选派10名技术骨干到高校脱产学习食用菌技术,积极争取高校进驻园区建立食用菌实训基地,开展食用菌科研工作。在金融扶贫领域,目前在武陵山区,很多县都成立了担保中心,为当地企业和农户贷款提供担保服务,实现金融扶贫形式的创新。因此,在继续保持物质资本投入的基础上,扩大科技、金融、人力等方面的资本投入,有助于贫困地区的脱贫发展。

第六章 武陵山区脱贫攻坚的效果评估

一、指 标 体 系

十九大报告中明确指出,脱贫攻坚战役已经取得决定性进展,从贫困人口的绝对数量来看,6 000多万贫困人口稳定脱贫;从贫困发生率来看,从10.2%下降到4%以下。这一成就的取得与武陵山区的脱贫成效息息相关。众所周知,武陵山区属于集中连片特困地区,具有突出的区域性贫困特征。武陵山区一方面有着悠久的发展历史,其发源最早可追溯到秦汉之际所设置的黔中郡、巫郡所辖诸城池。[①] 另一方面因为其地理位置的边缘性和封闭性,长期游离于中央治权之外。聚居土家族、苗族、侗族等少数民族,被明清统治者视为"边墙"地区。[②] 扶贫开发以来,尤其是党的十八大以来,武陵山片区步入了前所未有的快速发展期,基础设施建设突飞猛进,生态环境持续改善,社会事业明显进步,民族团结模范区建设深入推进,脱贫攻坚取得决定性进展。[③]

武陵山区脱贫攻坚效果评估,是在2010年调研团队开展的武陵山区基线调查数据基础上进行追踪性研究,通过两次对4个省市、8个县、22个村庄的抽样调查,对比2010—2019年间武陵山区的贫困状况变化,考察武陵山区10年间脱贫攻坚的基本效果,以"两不愁三保障一达标"[④]作为基础设计指标体系进行研究,核心指标体系如表6-1所示。

---

① 司马迁.史记[M].北京:中华书局,1959.
② 刘应中.边墙议[A].//严如煜.苗防备览[M].台北:华文书局,1969.
③ 2011年至2017年,武陵山区贫困人口从793万减少到188万,贫困发生率从26.3%降至6.4%,年均减贫101万人,减贫率21.3%;12个贫困县已经脱贫摘帽;农村居民人均可支配收入从4 561元增长到9 384元。
④ "两不愁"即不愁吃,不愁穿;"三保障"即安全住房有保障,基本医疗有保障,义务教育有保障;一达标即用电用水安全保障。

表 6-1 评估指标体系

评估内容	一级指标	二级指标
基本状况	➢个人基本情况	• 社会学人特征：性别、年龄、民族、受教育程度、身份、本地生活时限 • 民族特征：能否熟练使用民族语言、能否看懂汉语
	➢家庭基本状况	• 家庭人口状况 • 住房面积 • 集镇距离（去集镇花费时长） • 交通工具
	➢经济基本状况	• 生产生活资料 • 家庭经济类型 • 主要收入来源 • 主要支出类型 • 家庭经济状况在村中的位置 • 是否有负债
	➢社会交往	• 强关系 • 弱关系 • 强纽带 • 弱纽带 • 是否有祭祀活动
	➢社区参与	• 村委会熟悉程度 • 是否参与村民代表大会 • 是否反映过问题 • 是否参与过村级规划 • 性别视角
政策惠及	➢公平性	• 贫困户如何认定
	➢有效性	• 受到哪些救助
	➢合理性	• 是否是自己想要的
	➢益贫性	• 切实改善了生存状况

续表

评估内容	一级指标	二级指标
生计及阻碍因素	➢生计来源与支出	• 家庭收入、支出状况
	➢负债状况	• 目前家庭不同渠道借款状况
	➢生活、生产现状	• 生活、生产恢复程度
	➢生活、生产困难	• 目前主要困难
稳定脱贫机制	➢内生动力	• 可持续造血能力培训
	➢外部输入	• 产业发展
发展需求	➢制约因素	• 区位、政策、外力、内在
	➢政策支持	• 性别、民族
	➢特殊群体	• 相对贫困、妇女、儿童、老人、残疾人等

　　中国农村的扶贫开发,既内含着特定的时空要素与中国独特治理体系的特征,同时也形成了一些可与其他国家分享的中国减贫智慧与经验。[①] 从长时段的历史视角来看,人类对于贫困的认知是不断发展的。从单一致因到多维贫困,从物质贫困到能力贫困。[②] 与此相应,减贫手段也从解决临时性贫困逐步触及贫困本质。[③] 从区域贫困类型来看,武陵山区地形地貌、人情风土、要素配置、经济发展状况、社会文明程度有着很强的连带性和相似性。武陵山区的贫困是一种片区贫困,对其治理需要超越行政划分界线,从区域概念属性出发,这是因为武陵山区本身并不是一个行政概念,而是一个地理概念。武陵山区的贫困表现为贫困发生率高、贫困人口绝对数多、贫困程度深、贫困的自我认同度高、脱贫的难度大等方面。本评估研究主要从上述维度设计研究工具,着重从基础设施、生活设施、生计发展、稳定脱贫机制建立、发展需求与未来期待等维度,通过

[①] 吴国宝,等.中国减贫与发展(1978—2018)[M].北京:社会科学文献出版社,2018.

[②] (印度)阿马蒂亚·森.贫困与饥荒——论权利与剥夺[M].王宇,王文玉,译.北京:商务印书馆,2001.

[③] (印度)阿比吉特·班纳吉,(法)埃斯特·迪弗洛.贫穷的本质——我们为什么摆脱不了贫穷[M].景芳,译.北京:中信出版社,2014.

前后两期数据的比较,分析武陵山区脱贫攻坚产生的减贫成效。①

贫困发生率是考察贫困程度的重要指标,表示低于贫困线的人口在总人口中所占比例。具体测算方式是:贫困发生率=贫困人数(人)÷统计人数(人)×100%。截取2010年和2018年两个时间节点,横向比较武陵山区整体贫困发生率与全国贫困发生率,同时纵向比较四省市八县的贫困发生率变化,武陵山区通过持续的脱贫攻坚行动贫困发生率显著下降(见图6-1)。具体而言,2010年武陵山区的贫困发生率为26.3%。② 但是武陵山区整体贫困发生率依然高于全国平均水平,仍然是脱贫攻坚最后战役中的"硬骨头"。该区域贫困发生率在10年间发生了显著的下降,这是两轮脱贫攻坚所取得成效的最直观体现,数据背后更多的是硬件和软件多方面、全方位的改变和改善。

---

① 根据课题组2010年进行的抽样调查显示,武陵山区各地的贫困发生率均较高,其中,湖北省咸丰县的贫困发生率高达52.4%,其余各地的贫困发生率也都在15.0%以上:湖北省宣恩县的贫困发生率为35.0%,湖南省泸溪县的贫困发生率为30.1%,湖南省凤凰县的贫困发生率为28.4%,贵州省印江县的贫困发生率为24.3%,贵州省思南县的贫困发生率为16.8%,重庆市秀山县的贫困发生率为16.0%,重庆市酉阳县的贫困发生率为16.0%。而2009年底全国的贫困发生率为3.8%。实施脱贫攻坚战略以来,湖北省咸丰县实现减贫2.13万人,出列重点贫困村8个,贫困发生率降至8.05%。湖北省宣恩县贫困发生率降至0.14%,"三率一度""两不愁三保障"达到国家验收标准,"整县脱贫摘帽"取得决定性进展。湖南省泸溪县减少农村贫困人口21 455人,实现33个贫困村出列,贫困发生率下降至4.75%。湖南省凤凰县通过了脱贫攻坚省级检查和国家第三方评估检查,全县出列65个贫困村,4 239户17 737人实现脱贫,贫困发生率下降至4.89%。贵州省印江县截至2018年末,累计脱贫出列184个贫困村,减少贫困人口22 791户93 410人,全县建档立卡贫困户3 086户7 749人,贫困发生率1.92%。贵州省思南县全县减少贫困人口27 837人,出列126个贫困村,贫困发生率降至6.06%,完成脱贫摘帽80%以上的工作量。重庆市秀山县2018年全年减贫581户2 382人,贫困人口减至942户3 983人,贫困发生率降至0.9%。重庆市酉阳县2018年一年来,通过"六个精准""五个一批"全面落地,实现1.7万名贫困人口、14个贫困村脱贫,全县贫困发生率由2018年初的5.4%下降至3.08%。

② 这一成绩是通过持续的脱贫攻坚行动所实现的:2011年至2017年,武陵山区贫困人口从793万减少到188万,贫困发生率从26.3%降至6.4%,年均减贫101万人,减贫率21.3%,12个贫困县已经脱贫摘帽,农村居民人均可支配收入从4 561元增长到9 384元。据国家统计局全国农村贫困监测调查,按现行国家农村贫困标准测算,2018年末,全国农村贫困人口1 660万人,比上年末减少1 386万人;贫困发生率1.7%,比上年下降1.4个百分点。

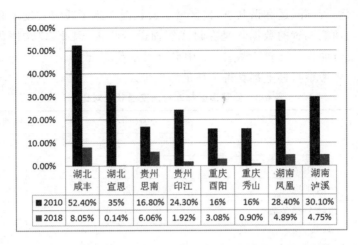

图 6-1 武陵山区四省市八县贫困发生率比较图(2010/2018)

二、数据分析

(一)基础建设成效明显

基础设施涉及村内道路、饮水设施、通信、有线电视、入户供电设施五个主要方面。研究既考察了与农户家庭相关的入户路、饮用水、供电等方面的成效,同时还调查了农户对整个村庄在基础设施五个方面的总体满意度。数据表明,村内道路、饮水设施、通信、有线电视、入户供电设施方面,农户的总体满意度相比 2010 年的调查数据有不同程度的提升。

"对于我们当地人来说,脱贫攻坚带来的变化真的是很大,通过这几年的帮扶,村容村貌,包括各个地方的基础设施发生了很大的变化,受益很多。"

——访谈资料:HBXF-SDFT-SFSC-01

1. 道路建设

基础设施是贫困村和贫困农户发展的硬件基础。"要想富,先修路",交通基础设施也是保障贫困村发展的核心内容和重要条件。虽然政策文件中没有将交通纳入"五个一批"之中,但是交通在脱贫攻坚中具有基础性、先导性、支撑性作用。如果没有交通条件的改善,贫困村庄的生产和生活便无从谈起。事实上,在调研中普通老百姓最关心、最关注、最直观的也是基础交通设施。在 2010—2019 年间,武陵山区在"跨越发展、交通先行"理念之下,坚持铁路、公路、水路并重,建、管、养、运和谐共进,使区域交通状况实现了跨越式发展和飞跃式进步。因为两期调查的数据均是在村庄层面进行收集,因此,仅在扶贫对象出行道路状况方面作一比较。从表 6-2 中可以明显看出,武陵山区 10 年间的交通状况在每一个考察指标上都获得了长足的进步。

表 6-2 武陵山区样本村庄交通状况对比

	2010 年		2019 年	
	N	均值	N	均值
公路条数	139	3.09 条	21	5.33 条
通车里程	144	12.26 公里	21	16.04 公里
主线公路条数	138	1.56 条	21	1.66 条
主线公路宽度	137	4.69 米	21	8.24 米
主线公路公里数	135	6.71 公里	21	7.42 公里
主际公路①条数	113	3.06 条	19	5.21 条
主际公路宽度	110	3.81 米	19	3.66 米
主际公路公里数	111	7.45 公里	19	8.22 公里
未硬化路条数	97	5.25 条	15	1.25 条
未硬化路宽度	96	97.44 米	15	2.13 米
未硬化路公里数	95	17.63 公里	15	4.8 公里
多少村民小组未通公路	109	13.94 个	15	1 个
多少户未通公路	110	170.1 户	13	22 户

注:①主际公路为主线公路之间的公路。

"我们这个贫困山区,首先考虑的是基础设施,基础设施建设是走出贫困、摆脱贫困第一个关心和考虑的。从道路变化情况来看,10 个行政村全部实现了通畅工程,正在扫尾的还有通往村民小组的 3 条路,应该说达到 100%的覆盖率,2019 年底所有的行政村和村民小组应该都能够实现通畅。这解决了老百姓的出行问题,是这几年变化非常大的一个方面。"

——访谈资料:CQYY-SDFT-YJX-02

村内道路除了村级公路、村组(社)道路、桥涵外,规划中还包括入户路建设,这也是与农户直接相关的基础设施建设内容。在村内道路这一指标上,问卷既考察了入户路的建设数量,也考察了建设质量;既考察了完成的数量和质量,也考察了未完成的数量和原因。由表 6-2 得知,从主线公路、主际公路、硬化公路、通组公路等多个方面,2019 年和 2010 年调查数据均值相比,都取得了非常显著的进步。一方面,随着交通基础设施投入的加大和脱贫攻坚政策的带动,主线公路、主际公路、硬化公路、通组公路在数量、质量上都有了长足的进步;另一方面,未硬化公路的数量、未通村落数量、未通农户数量都有了显著的下降。与此相适应,随着交通状况的改善和提升,与10年前相比,武陵山区群众出行交通工具的选择更加多样和便捷(见表6-3),家用小轿车也开始在普通农户家中出现,在调研组进行村庄调研的时候,明显感觉到贫困村庄或者刚脱贫村庄,小轿车的保有量不断上升。同时,去集镇单程通常要花费的时间也显著缩短。事实上,道路修建是没有尽头的,就像一位访谈对象所言:

表6-3 您去集镇经常采用的交通工具

调查对象去集镇最常用的交通工具	2010年		2019年	
	频数	百分比/(%)	频数	百分比/(%)
步行	558	79.9	251	31.6
自行车、三轮自行车	7	1.0	7	0.9
农用车	11	1.6	9	1.1
摩托车或三轮摩托车	41	5.9	190	23.9
小轿车	无该选项		41	5.2
其他	71	10.2	293	36.9
有效	688	98.6	791	99.5
遗漏	10	1.4	4	0.5

"这个路它永远是无止境的,比如它原先是条泥巴路,那么现在是修了水泥路、柏油路,之后可能觉得这个路窄了,我要加宽一点,加宽的时候可能觉得弯度太大了,又要修直一点。我们接下来的任务主要就是进一步完善,继续把农村公路建好、管好、养好、运营好。我觉得精准扶贫在交通这一块作出了巨大的贡献。"

——访谈资料:HBXE-SDFT-JTJ-01

常用交通工具从另一个层面反映了村庄道路的改变,基本验证和支撑了针对道路建设所得出的结论。数据显示,2010年村民出行主要依靠步行以及搭乘其他公共交通工具,而2019年村民的出行选择更加多样,而且通常借助交通工具,步行比例已经从2010年的将近80%下降到31.6%。一方面说明了村民生活水平的提高,能够承担搭乘公共交通工具所产生的费用;另一方面,村落道路的改变也是前提条件,如若道路不能支持公共交通工具的通行,上述数据也不太可能得出。就像调研中,一位村民代表所言:

"对于我们村来说,这四五年最大的改变就是水电路嘛,基础设施全部完善了。农户以前都是自给自足,自己养活自己,没有什么东西出售,想去卖也不知道怎么去卖,不知道方法。现在就算是五六十岁的老年人,他也可以是有一个收入的。"

——访谈资料:HBXF-SDFT-SFSC-03

2. 安全用水[①]

安全用水指标主要包括两个方面,一是灌溉用水,二是安全饮水。灌溉设施涉及灌溉渠道、山坪塘、灌溉蓄水池、石河堰、提灌站、机沉井等,在这个指标上主要考察了农户的满意度问题,涉及水库和水塘的数量,两方面均有显著的下降,主要原因在于脱贫攻坚过程中的大量投入,已经显著改善了武陵山区靠天吃饭的灌溉现状。此外,饮水设施涉及供水站、人饮管道、蓄水池、人工井、人饮水窖等,在这个指标上考察了安全水达标户、安全水达标人两个正面指标以及饮水特困户和饮水特困人两个负面指标(见表6-4)。数据表明,安全水达标户2019年和2010年相比,取得了显著的提升,从2010年的均值141.9户提升到420.33户,安全水达标人均值从543.04人提升至1 541.9人。饮水特困户和饮水特困人从177.31户和682.12人显著下降到0户、0人,安全用水问题在脱贫攻坚进程中全面解决。

表6-4 饮水安全指标的前后对比

饮水安全	2010年		2019年	
	N	均值	N	均值
安全水达标户	85	141.90户	21	420.33户
安全水达标人	81	543.04人	21	1 541.90人
饮水特困户	118	177.31户	16	0户
饮水特困人	117	682.12人	15	0人
水库	56	39.44个	20	0.85个

---

① 脱贫攻坚农村饮水安全市级政策标准:①水量评价标准:每人每天不低于60升为达标,每人每天不低于35升为基本达标。②水质评价标准:分散式供水工程的用水户,饮用水中无肉眼可见杂质、无异色异味、用水户长期饮水无不良反应为基本达标。③方便程度评价标准:对供水未入户的用水户,人力取水往返时间不超过10分钟,或水平取水距离不超过400米、垂直距离不超过40米为达标;人力取水往返时间不超过20分钟,或水平取水距离不超过800米、垂直距离不超过80米为基本达标。④供水保证率评价标准:95%及以上为达标(一年中断供水时间不超过18天),90%及以上且小于95%为基本达标(一年中断供水时间不超过36天)。

续表

饮水安全	2010 年		2019 年	
	N	均值	N	均值
水塘	68	7.10 个	17	0.76 个
直线距离	69	2.73 公里	15	2.77 公里

"关于老百姓饮水问题,这几年通过水务局安排,我们 10 个行政村全部实现了集中供水,但规模不一样,有 10 户、20 户的。每一个相对集中的片区都修了饮水池,满足老百姓的饮水需求。现在,我们全乡没有老百姓因为自然的或其他原因喝不上水。并且我们这个地方没有受到重金属、工业化污染,水质是有保证的,所以用水是安全的。"

——访谈资料:HBXF-SDFT-SFSC-03

3. 农网改造

入户供电设施涉及出线供电电压、变压器数量和总容量三个主要方面,在这些指标上问卷调查考察了农户家庭用电设施的成效(见表 6-5)。除了出线供电电压均值下降之外,其他项均有显著提升。村域内变压器均值从 2010 年的 3.88 台上升到 2019 年的 7.055 台,数量上升了近一倍。总容量从 2010 年的 295.58 千伏安上升到 2019 年的 504.54 千伏安。特别需要指出的是,全村照明普及率从 2010 年的 82.21% 上升到 2019 年的 100%,彻底解决了照明问题。

表 6-5 农网改造的前后对比

农网改造	2010 年		2019 年	
	N	均值	N	均值
本村出线供电电压	81	261.24 kV	17	56.76 kV
村域内共有变压器多少台	103	3.88 台	18	7.055 台
总容量多少	67	295.58 kVA	11	504.54 kVA
全村照明普及率	106	82.21%	20	100%

"关于电,我的感受就是,全部安上了电灯,老百姓的生产用电之前很困难,村两个加工厂生产用电很困难,照明不足,灯光昏暗,现在看电视、上网、冰柜、洗衣机都不受影响,带得动。每个村基本上都进行了改造。集镇用电之前是裸线,现在是绝缘线,用电安全有保障。"

——访谈资料:HBXF-SDFT-FPB-01

4. 通信

通信手段的更新和进步代表着贫困地区与外部的联系程度,通信工具的普及率越高代表着其参与社会现代化进程的嵌入程度越高。本研究选取国家级贫困县重庆市酉阳县2011年至2018年固定电话和移动电话数量进行比较。

"网络通信变化很大,之前是一人一部手机,现在就是一人几部手机,平均一家人三个手机,外出打工的基本上是三个手机,联通、电信。但是现在3G、4G、5G技术还是不太行,山里有些地方还是2G信号。山里人听广播都是可以的,无线宽带有需求的,都做得到。只要有需求,山里山外一样,有钱就能上网。老百姓现在也能用手机购物,这个变化很大。"

——访谈资料:HBXF-SDFT-FPB-01

数据说明,从2011年到2018年,酉阳县的移动电话数量持续上涨:2011年固定电话数量5.5万台,移动电话保有量30.33万台;2018年年末固定电话数量4.1万台,移动电话数量上升到52.41万台(见图6-2)。移动电话数量从2011年至2018年间一直处于不断上升的态势。固定电话数量出现下降,这是因为移动电话通信费用的下降,以及移动电话的普及和网络覆盖面的日益扩大。固定电话一般用户城市家庭居多,而农村家庭很多采用移动电话。因此,固定电话数量的减少,一定程度上代表了人们更习惯使用方便、快捷的移动电话。另一方面,固定电话一般用户为单位办公室等固定办公地点,随着移动电话的普及和5G信号的铺开使用,固定电话的个人用户还会下降。因此,一定程度上可以认为,移动电话的增加数量主要来源于农村人口的贡献。也就是说,移动电话数量的增加基本上可以从一个侧面反映农村社会的开放程度和信息获取的方便程度。

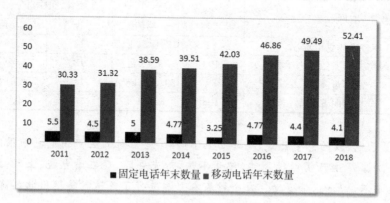

图6-2　酉阳县2011—2018年固定电话和移动电话数量(单位:万台)

总体而言,基础设施的改善在2010年到2019年是巨大的,这一点不仅得到武陵山区当地干部群众的极大认可,调研组通过近年来在武陵山区调研也成为见证者。

"精准扶贫带来的变化是翻天覆地的,我们的水、电、路、网得到了全面的改善,用水的情况,清坪镇、忠堡镇、坪坝营镇经过精准扶贫将杭恩塘的水引过来,忠堡镇以前吃水很困难,现在很方便;坪坝营之前是矿区,地下水采空了,现在得到了很大的改善,水的问题解决了。就交通来讲,也是得到了很大的改观,下个月(2019年12月)26号开通建恩高速(恩施到建始),这都是这几年修的路。乡村公路基本上都建成了,隧道打通了以后,交通顺畅,到坪坝营很方便。13个村通水泥路,组通砂石路,出门交通更便捷。四方石原来都是独木桥,现在6个小组通水泥路,我们总结为'独木桥变形记'。上个月中央七台李海燕、崔红来采访,我陪她们去的,有专门的材料。全县没有通路的村组基本没有了,主干线公路进行改造,乡村到县城方便快捷。"

——访谈资料:HBXF-SDFT-FPB-01

问:您在平时的工作过程中,从2017年到现在2019年这两年,您觉得扶贫对于咱们村子里面的改变主要在哪些方面?

答:主要就是基础设施方面。以前好多组的那些路都没通,现在通过扶贫攻坚没有组没通路的,开路,然后把它硬化。我们村办公楼也是刚建起来的。此外,还有老百姓的收入方面,通过扶贫政策大力发展我们村的茶叶产业,实现人均收入增加。"两不愁三保障"都已实现。电的话,我们这方面一直都做得很好,再就是修水池,解决了好多地方供水不足的问题。政府的最低生活保障,解决了那些实在贫困、特困的人群的问题。

——访谈资料:CQYY-SDFT-YJX-04

(二)公共设施发展迅速

通过脱贫攻坚战略的实施,武陵山区农村居民教育、医疗、社会保障等基本公共服务的可及性、便利性和经济可承受性都有了明显改善,初步实现了义务教育保障和基本医疗保障。在此次研究中,公共服务涉及五个基本内容:村组织办公用房、村卫生室、村小和幼儿园、图书室和活动室、垃圾处理方式。调研组通过两次调查考察公共服务设施的建设成效,调查表明,村内公共服务设施的建设取得了长足的进展,总体建设成效与2010年所获数据相比有明显提升,但是也有个别数据有所下降,比如村小,一定程度上表明村民对享受公共服务的高期望并未被完全满足,另一方面,随着撤村并校的推行,农村地区教育资源不断萎缩,很多学龄儿童被迫跟随父母离开乡村进入城市就学,反映了教育资源投放中的不均衡现象依旧存在。

1. 村组织办公用房

无论从质量还是建筑面积上而言,村组织办公用房都有了显著的改善。此次调查最小面积 118 平方米,最大的 812 平方米,平均村组织办公用房建筑面积 327.28 平方米。而在 2010 年调查时,则有的村组织没有办公用房,平均办公用房面积 141.94 平方米(见图 6-3)。办公用房的面积显著增加,也是调研过程中最为直观的体现。无论是办公用房的面积还是办公用房的质量,抑或是村委会在村庄中的地理位置都有了显著的改善。这一点也得到了几乎全部村民的承认。

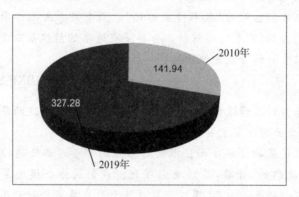

图 6-3 平均村组织办公用房面积前后对比(单位:平方米)

"每个村建立了村办公室,以前的那个小木房不在了,那些破的东西撤了,都有像样的、功能相对齐全的办公中心。老百姓也能跳广场舞,开展宣传活动,变化很大。农村精神面貌变化很大,村集体活动增多,之前就是开干职会,五年以前就是选举会,党员报告会,大型会议一年开两三次,现在党员一个月就要开一次会,群众大会搞知识培训、劳动基本培训。老百姓都说生活改善了,住院也有保障。"

——访谈资料:HBXF-SDFT-FPB-01

另外,通过脱贫攻坚促进村级公共服务阵地建设,在 2010 年到 2019 年间发生了很大的变化。

"10 年前行政村公共活动在这里进行,那个时候国家、县财政非常困难,但基层组织也得考虑建设,就花了 2 万块钱修了一个小平房,一直延续到 2017 年。2017 年我们进行了改扩建,把它变成了我们村的卫生室。现在这个公共服务中心是我们 2019 年安排项目来建设的,文化活动阵地在公共服务中心,用于打造市民公共文化。基层公共服务阵地建设是统一安排的,这个公共服务中心，包括卫生室，是一起打造的，群众的文化活动和医疗基本上能在我们村里开展，公共服务水平得到了很大提高。"

——访谈资料：CQYY-SDFT-YJX-03

2. 村卫生室

调查发现，村卫生室的数量均值从2010年的不到1个增加到1.05个；村卫生室的医生数量基本保持不变，略微增加。现有的私人诊所数量显著下降，均值从2010年的1.22个下降到2019年的0.43个；私人诊所的医生数量同样显著下降，均值从1.34人下降到0.13人（见表6-6）。充分说明了村民对于健康状况的重视，以及就医观念的改变。在较早时候，因为看病难、看病贵，再加上很多村民健康意识淡薄，很少有人生病愿意去正规医院就诊，而多数选择私人诊所进行诊疗。而私人诊所的医生一般没有接受专业训练，很多都是以前的兽医转行人医，或者父辈是赤脚医生，子代找不到更好的工作而子承父业，行走在乡间帮助村民看病。他们秉承的观念是"治不好不要紧，只要吃不死人"，因此容易把小病治成大病，发生医疗事故。随着两轮脱贫攻坚资源的注入，在每个村里都建立了卫生室，并且尽可能保证有正规行医执照的医生进行治疗，一定程度上减少了低级医疗事故的发生概率。再者，医疗报销比例增大，很多村民就愿意走出村庄，进入现成正规医院就诊。因此，村里私人门诊的生意惨淡，很多私人医生因为不能正常维持生计而转行。这在一定程度上改变了过去村民"小病挺、大病用命撑"的就医传统和习惯。此外，从前后10年的数据对比看，医疗资源越来越集中是不可逆转的趋势。村级虽然设立了卫生室，但是很多医疗水平依然低下，医生行医水平亟待提升，很多群众宁愿舟车劳顿去较远的县城或者市里看病。

表6-6 村卫生室相关状况前后对比

	2010年			2019年		
	极小值	极大值	均值	极小值	极大值	均值
现有村卫生室多少/个	0	4	0.90	1	2	1.05
现有村卫生室医生多少/人	0	6	1.19	1	2	1.20
现有村私人诊所多少/个	0	8	1.22	0	6	0.43
现有村私人诊所医生多少/人	0	8	1.34	0	2	0.13

总体来看，武陵山区由于基础差、底子薄，很多地区医疗卫生机构设施设备较为落后，无法满足群众日益增长的健康需求。由于合建的村公共服务中心建设进度较缓，部分村卫生室尚未完工投用。部分村卫生室与村公共服务中心打

捆合建,建成后未按照村卫生室设施规范进行装修使用,面积不达标,未"五室分开"。此外,医务人员总量不足,高端人才匮乏,服务水平总体不高,难以根本解决群众就近就医的问题。目前的医疗保障体系主要倾向于基本医疗,对大病救治缺乏有效保障政策,存在因病返贫风险。以重庆市酉阳自治县为例,2019年1—9月贫困患者住院自付费用超过1万元的有76人,其中超出5万元的4人,最高自付费用达11万元,存在患大病后因病返贫风险。①

3. 村小与幼儿园

改革开放40多年来,农村学生在教育机会平等上获得了极大进步,这与长期以来党和政府对农村学生的持续关心有着紧密联系。同时,也有一些挑战亟待突破,集中体现在弱势群体有成为未来发展短板的风险、农村学生还无法享受高质量的教育、农村学生弱势形象标签化倾向明显、农村学生获得无条件资助存在负面效应等方面。② 在这个方面主要考察村里是否还有村小和幼儿园,以及村小和幼儿园的学生数量和老师数量。村里小学的数量均值从2010年的接近1所下降到2019年的0.39所,下降幅度非常之大,也就是说在10年的时间内,武陵山区村落小学数量减少了将近2/3。村里小学班级数量均值从2010年的将近4个班级下降到2019年的1.25个班级。小学教师的数量均值也从2010年7.15人下降到2019年的2.44人。与此同时,小学生的数量也出现了断崖式下降,均值从2010年的146.48人下降到22.69人(见表6-7)。

表6-7 村小学、幼儿园前后对比

	2010年			2019年		
	极小值	极大值	均值	极小值	极大值	均值
村里小学有多少/所	0	3	0.97	0	2	0.39
村里小学有多少班级/个	0	13	3.98	0	7	1.25
村里小学教师有多少/人	0	56	7.15	0	13	2.44
村里小学学生有多少/人	0	850	146.48	0	125	22.69
村里幼儿园有多少/所	0	3	12.13	0	1	0.33
村里幼儿园教师有多少/人	0	4	0.53	0	18	2.82
村里幼儿园学生有多少/人	0	152	16.57	0	305	48.00

---

① 数据来源:酉阳县卫健委提供的资料。
② 邬志辉,等.中国农村教育:政策与发展(1978—2018)[M].北京:社会科学文献出版社,2018.

"道路什么的都很方便,吃水、用电也很方便,但是上小学不是很方便,有些人为了孩子上学就搬出去租房子住。村里的环境变化了很多,好很多,环境卫生好很多,治安条件也很好。"

——访谈资料:HBXF-SDFT-SFSC-04

村里的幼儿园,从两次调查获取数据比较,幼儿园的数量显著下降,但是幼儿园教师的数量有所增长,幼儿园学生的数量有所增加。一方面源于基层群众对于教学质量从小抓起的观念的形成,宁可走远一点也要选择一个较大、较为规范的幼儿园;另一方面,由于观念的转变,很多教学质量不佳的名义上的幼儿园被放弃选择,进而遭到淘汰。幼儿园基本遵循了优胜劣汰的选择机制,但是也反映了基层幼儿教育资源匮乏的现状,很多教师的教学水平有待提高。

通过两次调查发现,2019年与2010年相比,小学的数量、小学老师的数量和小学生的数量都有明显的下降,这也从一个侧面反映了乡村振兴、教育先行的必要性。

"一个难题是办学条件和师资力量,我们的教师人数、教育水平、教师的年龄结构(年龄老化)等问题严重。所以要改善这些情况,主要改善师资条件,特别是农村学校。小学老师缺乏问题需要解决。"

——访谈资料:HBXE-SDFT-JYJ-01

此外,在调研组对教育部门的工作人员进行访谈时,也验证了上述判断。

"我们说到近十年来教育的变化,民办教育兴起,公办学校改革,投入了大量资金,公办幼儿园也兴起了,村级教学点不断减少。此外,我们存在学龄人口入学、困难学生资助和教育投入等问题,面对这些问题,我们也提出几点建议。一是扩大师资力量,调整教育编制存在的问题。二是对于外出上学的农民工子女,应当加大城区县中心学校的项目投入力度,对这一类学生,出台政策,明确方案。"

——访谈资料:HBXF-SDFT-JYJ-01

事实上,加强武陵山片区农村薄弱学校建设,需要对农村薄弱学校准确定位,塑造内生和外生相结合的策略机制。① 当前武陵山区的小学教育依然存在很多问题。关于这一点,当地教育部门的主要负责人也谈了自己的忧虑。

---

① 刘艳芳,刘於清.教育均衡视野下的武陵山片区农村薄弱学校建设研究[J].民族教育研究,2015,26(05):57-62.

区域性贫困解决之道——武陵山片区脱贫攻坚过程及效果评估

"2017年国家均衡发展验收我们也通过了,上级要求我们县一级学校,小学、初中均衡发展,这是一个大的方面,包括教育师资力量等。事实上,很难做,因为乡镇学校和城里学校很难均衡,城里条件好,外出务工人员的子女在外上学,教育的缺口就大,自己投入就多,而乡镇学校只是基本运转,它们在教学质量和硬件条件上就会出现问题。县级修了很多教学点,而老百姓不在县级接受教育。现在交通改善了,对于没有出去的学生,我们还是要为他们提供教育,事实上这也占用了我们的师资力量,一个小学人数不多,却要提供多个老师。"

——访谈资料:HBXF-SDFT-JYJ-01

4. 图书室、文化活动室与便民商店

调查发现,村活动室由于得到专项资金的支援,在贫困村中都有相应的规划,很多已经投入使用,并且起到了很好的效果。由于武陵山区属于少数民族地区,很多村民能歌善舞,因此在农忙之余,提供一定的场所,不仅能够使村民很好地放松身心,而且对于民族文化的传承也有大裨益。调查发现,村民对于文化活动场所的要求很简单,大部分村民认为只要有一块平整硬化的小广场就行。如表6-8所示,数据显示,从2010年到2019年,文化活动室的面积有了显著的改观,均值从一开始的60.42平方米增加到现在的将近500平方米。一方面反映了国家资源在这方面的投放效果,另一方面也说明了群众对于娱乐休闲生活的重视和需求。村里的图书室面积也发生了变化,但是与活动室面积相比,增加幅度比较小。数据显示,2010年村里平均图书室面积为18.52平方米,2019年则增加到26.5平方米。面积虽然有所增加,但是在调研过程中,有村民反映,村图书室只不过是一个摆设,村民根本没有文化,即使识字,谁会到图书室去看书呢?家里的活还干不完呢;或者这些场所只是一个摆设,没有发挥实际作用。收集样本数据发现,便民商店的数量均值从2010年的4.75个,增加到2019年的5.47个,村民购买物品的方便程度有所提升。但是需要注意的是,因为问卷调查中的便民商店,主要通过考察农户购买日常生活用品的方便程度来测量农户的满意度,但是在实际进行中,很多村民可能以小卖部代替了便民商店,认为能够买东西的地方就是商店,因此这部分的统计数据可能有点虚高之嫌,但是不能否认的是,村民生活的便利性有显著的提高。

表6-8 图书室、文化活动室与便民商店前后对比

	2010年			2019年		
	极小值	极大值	均值	极小值	极大值	均值
村里有图书室多少/个	0	2	0.90	0	1	0.95
村里图书室面积多少/平方米	0	80	18.52	0	50	26.50

续表

	2010年			2019年		
	极小值	极大值	均值	极小值	极大值	均值
村里有文化活动室多少/个	0	1	0.53	0	3	1.05
村里文化活动室面积多少/平方米	0	600	60.42	0	1 500	490.50
村里有便民商店多少/个	0	50	4.75	0	20	5.47

"我们通过对绿化、亮化、环保清洁之类实行农村三包责任制,通过村民自治的方式,引导群众讲卫生,包括我们现在的'三清一改',让老百姓形成良好的卫生习惯。此外还要引导老百姓的舆论,以及老百姓思想观念的转变。毕竟一个地方的发展,基础设施等硬件做完了,经济发展水平也提高了,老百姓的思想意识也得跟上才行。文化发展对村民有很大好处,吃了晚饭以后到晚上八九点,村民一般就跳舞、休闲,这种活动还是很好的,比以前关起门来打牌,思想意识提高很多。这是我们一个大的环境,从基础设施、产业发展、社会环境、环境卫生这几方面做了很多的工作,很多工作成效落地非常明显。"

——访谈资料:CQYY-SDFT-YJX-03

5.垃圾处理方式

垃圾处理方式反映了一个社会的进步程度。一般而言,对于垃圾的处理在城市地区有卫生填埋法、堆肥法和直接焚烧法等三种方式。但是在农村地区,因为处理垃圾成本比较高和有广袤的空地,所以在很长一段时间农村的垃圾是不做任何处理的。通过2010年收集的数据发现,农村的绝大多数垃圾是不做处理的,占比达到80.6%,焚烧垃圾占比10.1%,填埋占比9.3%(见图6-4)。也就是说,只有20%左右的垃圾进行了简单的处理,绝大部分是等着自然风化和降解。而在2019年,几乎所有的垃圾都进行了处理。通过转运进行无公害处理的比例最大,占比达到58.9%,通过焚烧处理占比达到13.6%,通过填埋处理占比达到27.5%(见图6-5)。

"以前农村的生活垃圾没有集中处理,很多靠老百姓自己积累焚烧;到春季涨水的时候,河沟里面的垃圾特别多,因为很多垃圾随便堆在一个地方。这些是以前的现象,现在呢,村村安排人(保洁员),进行宣传动员以后全部收集、集中处理,10个行政村的垃圾全部都拉到乡上一个垃圾处理中转站,全部打包,由县上统筹安排、集中处理,这样实现了集中处理。这是对我们人居环境的打造。"

——访谈资料:CQYY-SDFT-YJX-03

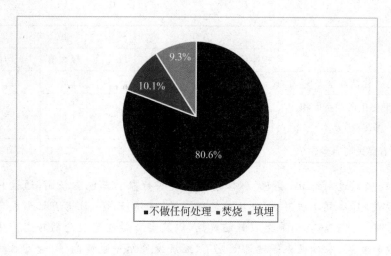

图 6-4　2010 年垃圾处理方式

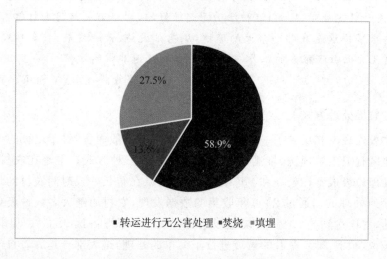

图 6-5　2019 年垃圾处理方式

山区群众思想观念的变化是逐步的,不是一蹴而就的。

"村里老百姓的观念是逐步变化的,他们不像城市人,一时就能把思想转变过来。因为我以前是生活在城市,我刚回来的时候,真的是看不惯,他们随意扔垃圾。现在没有随意扔垃圾了,这是因为开展乡村旅游以后,外地人来了以后,村民逐步开放,思想觉悟逐步提升,环保意识逐渐形成,慢慢认识到我们要保护环境,保护好我们的酉水河。"

——访谈资料:CQYY-SDFT-YJX-07

需要强调的是,当前的农村垃圾处理还处于十分初级的阶段,但至少开了一个好头,首先迈出了一步。村庄的环境治理是乡村振兴的关键内容,环境治理的当务之急是处理农村地区的垃圾,特别是改变村民这么多年不进行任何处理的生活习惯,这是一篇大文章。调研时,一位住建局的领导也表示了同样的担心:

"现在我们已经在着手了,农村的垃圾分类也是我们在搞,也是住建局在牵头,包括我们县已经有两个村在进行农村的垃圾分类试点。还有一个就是农村的污水处理,污水处理问题通过厕所革命解决了一部分,那长远的污水治理怎么办?目前农村这一块仅仅依靠厕所革命,修建化粪池,要说真的集中处理,可以说刚刚才走起。我们有大点的易地搬迁项目建了小型的微动力污水处理站,有的建立了小型的人工湿地,但是毕竟这些处理的规模和数量很有限。"

——访谈资料:HBXF-SDFT-ZJJ-01

(三)生产生计迅速改善

1. 住房

打好脱贫攻坚战的重点,就是要解决"两不愁三保障"面临的突出问题。住房保障是"三保障"当中的重要内容,危房改造是解决农村贫困群众基本居住安全问题、推进精准扶贫精准脱贫的重要抓手。以重庆市酉阳自治县为例,2019年下达危房改造计划3 096户(其中建档立卡贫困户379户、低保户311户、农村分散供养人员207户、一般户2 199),已通过其他途径解决住房安全问题369户,实际实施危房改造2 727户,目前已全部开工、完工2 725户,入住2 722户。通过两次调查收集的数据对比,可以发现住房结构和住房面积有了明显的改善。通过脱贫攻坚进行农村环境整治,改变村容村貌,将有传统特色、值得保留的民族特色建筑进行保留,将一些残破的、没有保留意义的住房进行改造,在整体上实现了乡村环境的升级改造,突破外部环境和历史负担的局限。

"我们这里以前土家族的房屋大多是木房,武陵山区很多地方都是这个习惯,木房的寿命是有限的。现在实施危房改造,木房变成了砖房。我们通过建设用地复垦,消灭了大多数原来破烂的房屋,现在还有一些,得进行第二轮、第三轮土地复垦,把那些破烂房屋全部消灭掉,这个影响形象。"

——访谈资料:CQYY-SDFT-YJX-03

调查数据表明:土木结构住房从2010年的69.5%下降到2019年的34.8%,而砖混结构的住房则从2010年的21.8%上升至2019年的60.9%

(见表6-9)。砖混结构的住房显然比土木结构的住房更加安全和耐用,充分说明了住房质量的提高。此外,住房面积也发生了非常明显的提升,从2010年的109.56平方米/户上升到2019年的148.82平方米/户,平均每家农户的住房面积增加了将近40平方米(见图6-6)。

表6-9 调查对象住房建筑结构变化状况

调查对象住房建筑结构	2010年		2019年	
	频数	百分比/(%)	频数	百分比/(%)
土木	485	69.5	277	34.8
砖混	152	21.8	484	60.9
其他	49	7.0	22	2.8
有效	686	98.3	783	98.5
遗漏	12	1.7	12	1.5

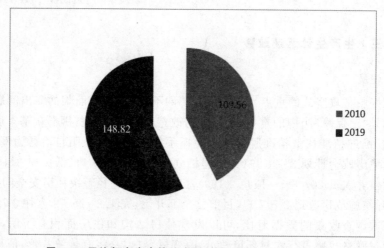

图6-6 平均每家农户的住房面积前后对比(单位:平方米)

在调研中,一位村支书给调研组讲述了一个让人印象非常深刻的个案:

"我第一次到四方石村走访的时候,一个老百姓叫陈碧清,他是一个单身汉,今年51岁了,可以说他家就是一个用木棍棍和胶纸搭成的人字形棚子,他在里面生活。看到之后确实很心酸,虽然我自己也是农村出身,但是看到这种状况之后,想到21世纪都还在住这样的房子、过这样的生活确实还是心酸。所以我一到村里之后,就积极参与扶贫攻坚这场伟大的战役,这也是时代给我们的一个舞台。现在我们花三万块钱给他建造了一个小平房,有一个卧室、一个客厅,搞了厨房,这就差不多了。"

——访谈资料:HBXF-SDFT-SFSC-01

脱贫攻坚中的房屋改造计划,确实让老百姓受益,但与此同时也带来了两方面的问题。一是改造范围的扩大化,许多老百姓为了贪图政策红利,本来不属于改造标准的房屋也进行改造。因为武陵山区地处山区地理位置,旧房子比较多,很多已经搬离农村在城里生活的家庭,如果不定期回村进行维修,房屋就会出现漏雨现象。再有,很多的土家吊脚楼如果常年不维护也会漏雨漏风。此外,出门打工的人比较多,家里长期不住人,家里的老房子闲置在那里也没有人管,年久失修,就会变成危房。

"特别是漏雨的,一般老百姓花个千儿八百块钱自己请一个当地的捡瓦的把房子一捡这个问题就解决了,但是还是要把它作为危房改造。事情对于老百姓来说是好事,但是对我们县里的负担就会很大,主要就是资金的压力,这个是需要资金的。你就把他纳为一般对象也是一万元一户的呀,我们整个资金缺口几千万元,光危房改造就几千万元。"

——访谈资料:HBXF-SDFT-ZJJ-01

二是造成老百姓之间的相互攀比。房子在农村并不只是居住的场所,还是面子的象征。漏雨漏风是一种概念性表达,没有一个统一的标准,要么就是全面纳进来,财务负担很重;要么只能选择性纳入,那么邻居之间就会产生攀比心理,为什么他家纳入危房改造了,而我们家的房子跟他们家差不多,为什么没有纳入,老百姓抱怨的现象比较多。

2. 收入与支出

生计是贫困农户实现脱贫致富的重要途径。通过发展生计,贫困农户实现收入增加,生活水平也会得到提高。

支出方面,随着生活水平的提升和物价水平的上涨,2010年到2019年,各项支出都有了不小的增长。其中食物花费从2 757.21元增加到8 341.38元,整整增加了2倍;衣物花销从不到1 000元增加至3 033.01元;交通花费从602.35元增加到2 187.96元;通信花费从1 028.83元增加到1 859.97元,这跟前面提到的手机保有量的增加是有很大联系的;生产投入从2 709.58元增加到7 958.4元;教育投入从2 350.1元增加到6 422.89元;医疗花费从2 793.64元增加到5 302.09元;其他花销从1 736.17元增加到2 035.39元,增幅不大(见图6-7)。从图6-7中可以发现,农户主要开支在于教育投入、生产投入、食物花费、医疗花费等四个大的方面,均超过5 000元,这也进一步验证了因教育致贫、因病致贫在武陵山区的普遍性,同时也提醒我们,对于已经脱贫的,家里有人生病、有孩子上学的要格外关注和重视,防止返贫现象发生。

在农户收入方面,通过两期数据相比,农户收入在10年间有了显著的增

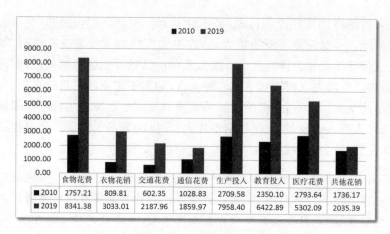

图 6-7 2010 年与 2019 年支出对比(单位:元)

加。其中经济作物收入从 1 068.77 元增加到 8 808.85 元;养殖业收入从 1 136.69 元增加到 6 213.78 元;资产变卖收入从 504.71 元增加到 4 239.02 元;经营性收入从 4 295.88 元增加到 11 413.59 元;打工收入从 6 644.08 元增加到 39 413.75 元;政府补贴从 715.89 元增加到 6 420.91 元;其他收入从 1 057.51 元增加到 4 065.02 元(见图 6-8)。从图 6-8 可以看出,除了粮食收入下降之外,其他收入均显著提升。粮食收入下降可能的原因是,随着资产性收入和打工收入以及养殖业收入的提升,农民已经将增收重心脱离粮食收入,而放到其他增收项目上。另外,资产性收入的增加,是近年来扶贫项目所主要提倡的,充分验证了脱贫攻坚的成效。

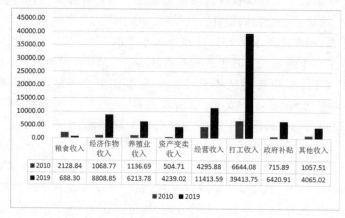

图 6-8 2010 年与 2019 年收入对比(单位:元)

如图 6-9 所示,数据显示,与 10 年前相比,有 70% 的被访者认为家庭经济状况有很大的改善,26% 的被访者认为有一点改善,只有 3% 的被访者认为差不多,而还有1%的被访者认为差了一点。整体上来讲,经济状况的改善是得到绝大部分被访者认同的。极个别的认为变差的被访者,更可能的原因,是家里发生了重大变故或者出现重大伤病。

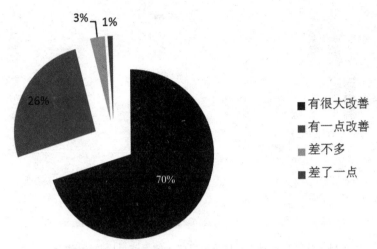

图6-9　与10年前相比,您家的经济状况是否有所改善

如图6-10所示,数据显示,2010年酉阳自治县农村居民家庭总支出为5 564元,家庭经营费用支出为1 658元,生活消费支出为3 288元。2018年总支出为16 805元,家庭经营费用支出为3 996元,生活消费支出为8 705元。

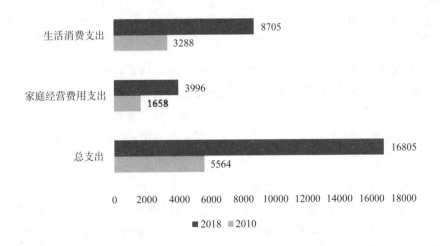

图6-10　酉阳农村居民家庭总支出前后比较(单位:元)

如图6-11所示,数据显示,从2010年到2018年,酉阳农村居民家庭收入提

升了一倍多,突出表现在现金收入的增多,以及工资性收入的增多,财产性收入增长速度较慢。

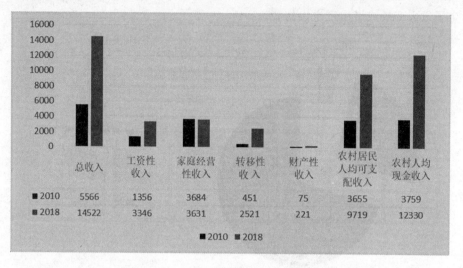

图 6-11 酉阳自治县农村居民家庭收入情况前后比较(单位:元)

3. 技术与产业

农户收入的提升,主要得益于能力建设,主要包括农业实用技术培训和劳务转移培训等内容,调查中主要考察了这两个方面的成效。当基础设施和公共设施基本完成之后,要保持可持续的脱贫能力,形成稳定脱贫机制,农户的主要精力转向生计恢复。要增强农户的生计能力,其中非常重要的就是其人力资本的提升。开展农业实用技术培训和劳务转移培训便是其中最重要的两个方面。

问:还需要得到政府、社会或者是专家哪些方面的支持?

答:技术是关键,要扩大产量、把质量搞起来,必须要有技术,其他就没有什么了,技术搞好了什么都好。重庆的专家来给我们讲剪枝、施肥、除草的方法,我们基本上每年都要培训。另外我觉得管理也是关键,管理不好也不行。

——访谈资料:CQYY-SDFT-YJX-05

农业实用技术培训能够切实提高农户开展农业生产的基本技能,与农户的切身利益相关。如表 6-10 所示,调查数据显示,农户享受的政府帮扶政策比例最高的几项,其中基础设施建设居于前三。而接下来就是与实用技术相关的培训。通过访谈发现,农户对农业实用技术培训的满意度的有效提升源于以下几种原因。一是农业实用技术培训到户,不是空洞的说教,而是扎扎实实教技术。二是培训具体而不是流于形式,专家深入田间地头,亲身示范怎么操作、如何栽种,手把手教学,实打实干活。技术培训是产业发展的前提,如果没有先期的技术培训,再好的产业也只能流于形式。产业发展是贫困地区脱贫的根本出路,只有产业发展壮大、可持续,贫困村在国家资源投入减少甚至停止的情况下,才能接续发展,产生内生动力。如果没有产业的支撑,贫困村的发展是没有保障的,很多可能会在脱贫后的较短时间内返贫。

表6-10 过去五年得到了哪些政策支持

享受过哪些政策支持	频数	百分比/(%)
房舍改造	273	15.18
发展生产	223	12.40
技术培训	225	12.51
搬迁补贴	36	2
通水	466	25.91
通电	451	25.08
其他	124	6.89

"关于精准扶贫脱贫之后,和乡村振兴政策的衔接这块,建议国家层面加强协调和统筹。因为不管是精准扶贫也好,乡村振兴也好,最关键的都是产业发展。产业也是我们精准扶贫投入最多的,当然也是与老百姓利益最为相关的一块。"

——访谈资料:HBXF-SDFT-CZJ-01

(四)干群关系逐渐好转

高效且合理的干群关系是执政党与人民群众的一种相互依存、相互进步的共同体的体现,也是党的建设的重要组成部分。长期的执政地位和警惕意识的放松,使一些官员逐渐脱离了人民群众,滋生了高高在上的"官老爷"恶习。很多研究证明,人民群众对于基层政府信任不断衰减,并呈现一种梯度效应。简而言之,就是对于中央的信任程度最高,越往基层信任程度逐渐降低。脱贫攻坚实行以来,很多机关干部或主动或被动走向农村,走进老百姓家中,在与普通百姓的不断接触中锻炼了能力,提升了素质,也一定程度上扭转了以往老百姓对于基层干部的刻板认知。

"我是这样认为的,干部不做事,他的能力要退化,他的品格要变差,你相不相信?我跟你讲一些我在这里经历的小事。我到村里面去,那些老百姓一定要留我吃饭,但我不得空,他就说那你跟我定个日子,我想跟你说说话,我不找你办什么事,我没有什么事找你。在这附近有一个老百姓,是一位老婆婆,70来岁了,她说我就是喜欢你们现在这种干事的风格。我们干部通过这种锻炼之后,扭转了老百姓对我们的认识,这个我非常有共鸣。"

——访谈资料:CQYY-SDFT-YSH-02

如表 6-11 所示,调查数据显示,遇到困难需要求助时,无论是 2010 年还是 2019 年,首选的求助对象都是亲属,血缘关系在中国人心目当中依然占据着至关重要的地位。不过 2019 年相对 2010 年来说,求助的比例有所下降,从 35.01% 下降到 32.99%。非常有意思的是,占据第二位的求助对象发生了变化,2010 年是邻居,而 2019 年则变为政府。这说明在脱贫攻坚行动中,政府在百姓心中的地位相比之前大大提升,政府很多作为受到群众的认可和赞赏,信任感较之前有很大的提升。

表 6-11 遇到困难向谁求助

遇到困难时向谁求助	2010 年			2019 年		
	频数	百分比/(%)	排序	频数	百分比/(%)	排序
家族	222	16.71	3	224	11.90	5
亲属	465	35.01	1	621	32.99	1
邻居	264	19.87	2	309	16.41	3
朋友	218	16.41	4	233	12.38	4
政府	159	11.97	5	495	26.30	2

"我在这里两年多时间,交了很多老百姓朋友,村里的朋友他们非常喜欢我。我在这个地方工作非常累,非常辛苦,但是我觉得非常欣慰。我走到每个村每个组,那些老百姓都知道我,有些并没有找我帮他做过事,但他们都说:'李书记,谁不知道你,我们摆龙门阵都讲到你,说你是怎么样一个风格,办事是什么样的,老百姓非常喜欢你。'我听了这话非常高兴,我觉得我作为基层的一个领导也好,或者叫工作人员,有这样一个收获,比其他的都好。这也更加坚定了我做好这份工作的信心,给了我动力。"

——访谈资料:CQYY-SDFT-YSH-03

调研过程中,酉阳县组织部的领导向调研组讲述了一个非常感人的事迹,可以从侧面印证脱贫攻坚以来人民群众对于基层干部的接受和肯定。

2019 年 10 月中旬,一位正在加班的驻村干部倒在了工作岗位上。

"实际上这个人是非常优秀的,平时默默无闻地开展工作。我们的宣传报道工作确实有待进一步加强,对这些典型的挖掘、宣传还是不够。真正沉下去挖掘了以后,才发现这个同志确实非常优秀。他坚持每个月把所有的贫困户走访一遍,每个月哦。我们县上8月份的时候提了一个全覆盖走访的要求,但是他坚持每个月要对村上的贫困户走访一遍。他是信访办出来的,信访办的同志应该说对于农村基层的工作方法和经验是相当丰富的,应该说他在信访办工作的时候就非常优秀,就是骨干力量。我们信访办也是把尽锐出战这个要求贯彻得非常彻底,把最能干的干部派下去,他也确实在业务上表现得非常优秀,驻村工作期间也得到了全体村民的一致认可和高度赞扬。他牺牲那一天,上午9点的时候,就陆陆续续有200多名大河口村村民自发去医院看望他。他走的时候,村上的老百姓自发地购买鞭炮、租车,跟着送到殡仪馆这里来。他安葬之前,举行追悼仪式的时候,连续7天7夜,我们信访办的干部每天都在那里守夜,同时还要兼顾工作,村民也基本上全部去了。他安葬的时候,从殡仪馆到他的老家板桥,共计有60多台社会车辆自发主动地去送他。可以说人民群众对他的认可度是非常高的。包括为他守夜的时候,很多在外面打工的人都专程回来去灵堂看望他,他的群众基础是非常之高的。这个事情应该说是很少见的,至少我在酉阳几十年没有看到过先例,他的群众基础、干部基础是非常之好、非常高的。因此他的牺牲也是我们扶贫攻坚战线的一个重大的损失,我们也感到非常遗憾,目前只能是尽力做好抚恤方面的跟进工作,尽量解决他的后顾之忧。"

——访谈资料:CQYY-SDFT-ZZB-01

(五)社区参与不断改善

社区参与困境的最大问题在于社区居民对社区事务兴趣低,在当下工具理性横行的时代,人们之所以关注公共生活,主要还是出于个人利益的考虑。[①] 因此,社区参与度直接取决于公共事务是否能够有效连接贫困居民个人利益。当社区参与的效率和居民个人利益呈现正向相关时,社区参与才有可能被激发。具体来讲,社区参与需要同时满足三个基本要素,即"谁来参与""参与什么""怎样参与",换言之,参与的行为主体、行动目标和参与形式构成了社区参与的内在结构。社区参与作为一个动态、历史、实践的概念,在具体的时空语境下具有特定的社会意涵。[②] 因此,在考察贫困社区居民社区参与时,需要将上述内容进行操作化。"谁来参与"即贫困居民;"参与什么"即参与村级层面规划制定;"怎样参与"即以何形式参与。

---

① 向德平,高飞.社区参与的困境与出路——以社区参理事会的制度化尝试为例[J].北京社会科学,2013(06):63-70.

② 刘威.制造边界:业主行动与秩序缤纷的社区[M].北京:社会科学文献出版社,2018.

当问及村里召开村民代表大会是否参加的时候,2010年和2019年有了非常明显的差距,2010年有超过半数(53.6%)的被访者没有参加,而2019年没有参加的比例则只有22.1%;与此相应,参加了的比例在2010年不到一半(42%),而在2019年则达到了77.6%(见图6-12),这说明社区参与的状况有了明显改善。

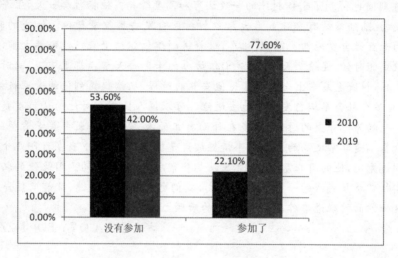

图6-12 是否参与村民代表大会

如表6-12所示,数据显示,当问及本村是否有发展规划时,在2010年,有35.7%的调查对象明确告知有,而到2019年则达到62.5%;14%的被访者在2010年时回答本村没有发展规划,而2019年时这一选项只有2.3%。政策知晓和社区参与感在10年间有了明显的改观。当问及是否参与制定本村的发展规划时,2010年参与的被访者比例为23.6%,2019年发生了明显的增长,达到43.4%(见图6-13)。

表6-12 调查对象的村有无发展规划前后对比

调查对象的村	2010年		2019年	
有无发展规划	频数	百分比/(%)	频数	百分比/(%)
没有	98	14.0	18	2.3
有	249	35.7	497	62.5
不清楚	257	36.8	276	34.7
有效	604	86.5	791	99.5
遗漏	94	13.5	4	0.5

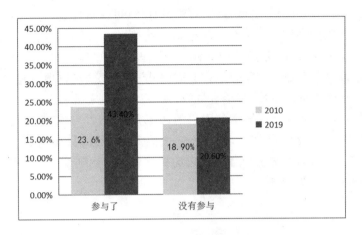

图 6-13 是否参与制定本村发展规划

数据显示,当问及本村的规划是否进行公示时,2010 年有 26.8% 的被访者认为进行了公示,而 11% 的被访者选择没有进行公示,4.3% 被访者选择不清楚是否进行了公示;2019 年时,选择进行了公示的被访者比例上升到 59.5%,选择没有进行公示的被访者比例只有不到 1%(0.9%),选择不清楚是否公示的被访者比例是 3.3%(见图 6-14)。

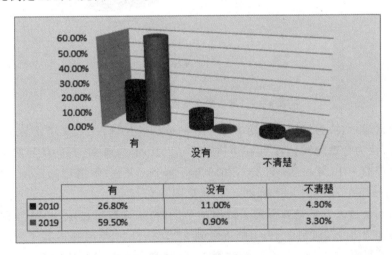

	有	没有	不清楚
2010	26.80%	11.00%	4.30%
2019	59.50%	0.90%	3.30%

图 6-14 本村规划是否进行公示

(六)政策感知明显加强

一般而言,政策执行者的自由裁量权越大,社会行动者所感知的政策空间就越小,反之则越大。政策具体化过程正是压缩政策执行者自由裁量权空间、建构政策开放性的过程。也就是说,政策越具体、可执行性越强,它所赋予社会主体的行动空间就越大,对于政策的感知性就越强。[①] 以上论述可以较为准确地解释,2010年到2019年间贫困群体对于政策的感知程度越来越强。这是因为,脱贫政策很多都是以专项的形式下达,基层政府无法进行项目整合,政策越来越具体,指向性越来越强,基层官员的自由裁量权越来越小。

数据显示,当问及是否知道贫困户的认定方式时,2010年选择知道的占比不到一半,确切地说是43.3%,选择不知道的占比43.8%;而到2019年时,知道比例明显上升,知道贫困户如何认定的被访者占比达到68.9%,不知道的比例下降到30.7%(见图6-15)。

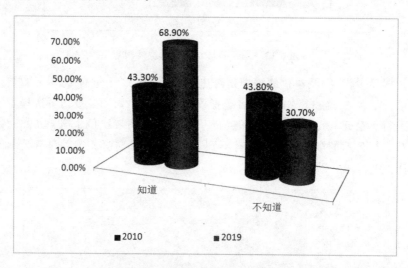

图6-15 是否知道贫困户认定方式

数据显示,认为贫困户认定方式合理的被访者比例在2019年比2010年明显上升,认为合理的被访者2010年是38%,2019年达到67.4%;认为贫困户认定不合理的2010年占比17.3%,2019年下降到1.5%;不清楚的比例2010年为7.9%,而在2019年则下降到3.1%(见图6-16)。

当问及过去五年是否得到了政府的帮助时,统计数据显示,2010年回答没有的占比为61%,而到2019年则下降到22.5%;2010年回答得到了政府各种形式的帮助的占比为34.8%,而到2019年时这一比例则上升到76.1%,绝大部分的被访者都承认受到政府各种方式的帮助(见图6-17)。

---

① 孙壮志.新型城镇化与社会治理[M].北京:社会科学文献出版社,2015.

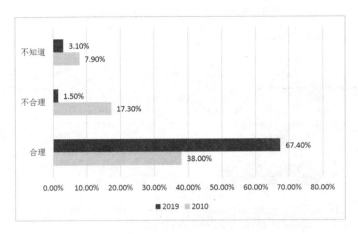

图 6-16　贫困户认定方式是否合理

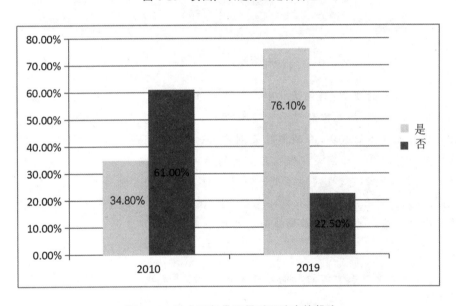

图 6-17　过去五年是否得到了政府的帮助

三、武陵山区脱贫攻坚的挑战

(一)总体概览

数据显示,认为国家扶贫政策非常好的比例在 2010 年为 52.6%,2019 年时达到 75.7%;比较好的占比 2010 年为 28.5%,2019 年为 20.1%;一般的占比在 2010 年时为 10.7%,2019 年时为 2.8%;不好的比例 2010 年为 3.3%,2019 年则为 0.1%(见图 6-18)。

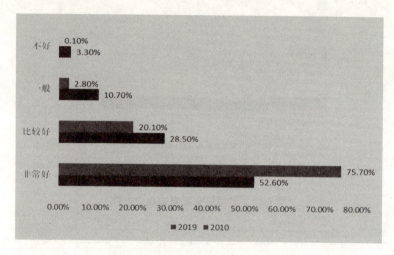

图 6-18 扶贫政策

"这 10 年的变化,现在我们的学校是我们这里最漂亮的建筑,每个乡镇还都有中心幼儿园,幼儿园的环境也是非常好,空间布局、设施设备都很完善,还有我们的师资力量这块,真的是从无到有、从有到不断地完善和提高。我们小时候哪还想到有幼儿园呢?现在甚至我们村一级就有幼儿园了,不过是在中心村,不是每个村都有,目前达不到这一步。这些条件的变化是非常大的。还有就是道路,一开始我们这里只有一条路,这 10 年来,特别是近几年来,每个组都通了硬化公路。老百姓的幸福感和满意度是非常高的!"

——访谈资料:CQYY-SDFT-YJX-06

问:您觉得村民素质的提高是政策的原因,还是我们村干部得力?哪个方面占了主导?

答:主要是国家扶持,国家政策好,我们下去才有的说。你看现在开会宣传国家扶持政策,医疗有大病医疗那些国家补贴,教育上学生在学校有补贴,各方面他们能得到实惠。还有产业发展,带动贫困户。产业发展得好,靠政策,我们下去宣传,是实事求是,他们得到实际收益了,思想就慢慢转变过来了。脱离实际情况,没有实际效益,看不到实惠,说得再好也是没有用的。你看现在,几乎没有因为贫困、疾病上不起学、学费交不上的。我们村 2 239 个人,我们的茶叶发展到 2 500 亩左右,人均就是一亩多,大家的年收入已经起来了,还有其他一些补贴。政府的好政策我们很多人都知道,不是共产党我们完蛋了。政策好,我们下去也好搞,老百姓也相信我们,如果没有政策,光凭我们可以说是没用的,所以主要靠政策。现在老百姓都是幸福的,是不是?

——访谈资料:CQYY-SDFT-YJX-05

(二)基本成效

脱贫成效评价如图 6-19 所示。

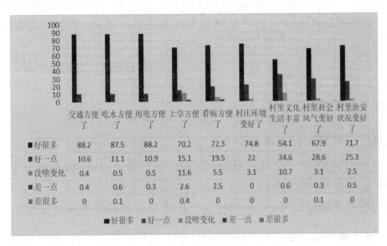

图 6-19　脱贫成效评价

"最大的就是农村的基础设施方面的变化,现在开着车在村里你还会迷路,到处都是路,不知道怎么走,这是最大的一个变化。第二个就是产业方面的变化,23 个村,除了几个城中村没有土地没有产业,其他基本都是有产业的。第三个就是干群关系的变化。通过精准扶贫,我们干部到村里和老百姓家里去得多了,带来了干群关系的变化。"

——访谈资料:HBXF-SDFT-NYNCJ-01

问:2007 年到现在,您作为一个村民也好,作为一个书记也好,基本上见证和参与了咱们村落的发展过程,从您的角度出发,您觉得脱贫攻坚带给我们村或者是带给我们村民最大的变化是什么?

答:变化很多。第一,我们 4 条 20 公里的硬化路/"四好路"全面完工,现在老百姓感到挺舒适的。第二就是修缮,从开始到现在,我们 8 个小组,每一个小组修一个水池,大的不够使的又加了一个,就有 12 个水池。修缮 2 座便民桥,对 25 公里的人行便道(村落里面的人行道)进行硬化。村庄里面每一个小组,转弯处我们都安装了路灯,一共 78 个,都是太阳能路灯。我们还支持他们搞物流,我们也搞了一个超市,大家都方便了。我们是2019年的5月份开始搞这个超市的,建筑面积400平方米,广场1 200平方米,老百姓对此非常高兴。现在落实到地方的还有环保,以前我们各个村里、路上都是草堆,垃圾很多,现在你看出去一般是看不到垃圾的。我们的保洁员经常清理垃圾箱,垃圾桶有100多个,各个小组里面都有。现在的环境各方面看起来都很舒服,所以他们的心态也平静了。吃不上饭的、有重病的等,确实有困难的,我们的国家有临时救助政策,老百姓心里踏实、舒服,党的政策非常好。我到每个小组去,什么口号都不说,老百姓都说共产党好。我们做群众工作就是要政策好,没有好政策,光靠说是没用的。

——访谈资料:CQYY-SDFT-YJX-05

(三) 主要问题

1. 稳定脱贫机制尚未建立

按照当前武陵山区脱贫进程,接受国家和省级验收,应该是没有多大问题的,"两不愁三保障"基本解决。但是这些都是停留在一个初级阶段、低水平层次上。问题在于脱贫过后,如何保持现行脱贫政策的延续性和稳定性。

"我们的整个资金都是滚动安排的,我们整个的精准脱贫项目安排到2020年,所以我们明年(2020年)还要继续一些项目的实施。这个滚动安排是什么意思呢?就是3年的项目用2年来安排实施,这就形成了一个资金缺口,也就是国家层面是2020年整个脱贫,但是我们恩施州是2019年,要今年全部脱贫,明年要干的事全部都集中在2018年和2019年来干了。这个事情要干、要办,然后就形成了一些资金的缺口,主要体现就是统筹整合产业资金的政策要保持稳定和连续,主要是这方面的一个建议。"

——访谈资料:HBXF-SDFT-CZJ-01

2. 生态补偿机制还不完善

针对贫困地区的生态补偿工作,"要在贫困地区继续实施退耕还林、退牧还草、水土保持、天然林保护、防护林体系建设和石漠化、荒漠化治理等重点生态修复工程。建立生态补偿机制,并重点向贫困地区倾斜。"[①]在新阶段扶贫过程中,探索贫困地区的生态补偿机制对增加贫困人口收入、改善贫困地区环境条件至关重要。

---

① 参见《中国农村扶贫开发纲要(2011—2020年)》。

"我们咸丰县是全国绿化先进县、湖北森林城市,所以说我们的森林覆盖率、国土绿化面积也非常高的。虽然按照习总书记说的,绿水青山就是金山银山,但是我们守着这个山,目前是没有收入的,所以我们这块靠山是吃不了山的。从功能定位来说,作为生态功能区,重点是生态环保,那么如何将我们的生态优势(林业优势)转化为我们的发展优势,是我们要做的一个课题。"

——访谈资料:HBXF-SDFT-LYJ-01

3. 福利依赖需要提高警惕

福利捆绑会产生两个问题。一是容易滋生界面群体的不满情绪。

"就是很多低保政策和福利进行捆绑,导致少部分群众争抢要低保,我们需要花非常多的时间对这些不符合低保政策的群众解释政策。"

——访谈资料:HBXF-SDFT-MZJ-01

"我觉得最好的就是把贫困户现在享受的政策到2020年变成农户普遍享受的政策,比如贫困户的子女在义务教育阶段有生活补助,小学生每年1 000块钱,初中生每年1 250块钱,能不能搞成普惠的政策,就避免了把农村的人口割裂成两个部分。"

——访谈资料:HBXF-SDFT-NYNCJ-01

二是失信惩戒机制不健全导致福利资源的浪费。比如,有些群众在入户调查的时候不说实话,隐瞒实际的家庭财产情况、收入情况,县里面的核查中心的权限有限,核查不到很多的东西,有时候发生骗保的行为。更为严重的是,很多贫困群众有样学样,并不以为耻,反以为荣。

"这种贫困户,因为享受先诊疗后付费、进医院不交押金的政策,他到城里面去办事,为了节约开宾馆的钱,他就到医院去报一个,我有病我要住院,住院了过后,就开个病房,然后睡一觉就走了。你说像这样怎么办?我认为这样是不对的,对于这样的一些情况,我们要加强社会管理,对这样的群体、这样的个体,我们要进行教育,要从内心解决他的思想问题。"

——访谈资料:CQYY-SDFT-YSHZ-01

第七章 武陵山区脱贫攻坚的重要经验

武陵山区在脱贫攻坚过程之中,形成了具有地方特色的减贫发展经验。尤其是党的十八大以来,武陵山区各地市、州、县,坚持以习近平新时代扶贫开发思想为指导,以精准扶贫精准脱贫为战略方针,以脱贫攻坚统揽经济社会发展全局,各项工作与脱贫攻坚紧密结合、互相促进,改善了农村的基础设施,发展了特色产业,提高了村民的生活质量,改善了村民的精神面貌。具体而言,武陵山区在脱贫攻坚之中,注重提高政治站位,搭建脱贫攻坚的组织领导体系;注重建立长效机制,实践脱贫攻坚的精准帮扶体系;注重凝聚社会力量,建构脱贫攻坚的社会扶贫体系;注重增强内生动力,培育脱贫攻坚的内源发展体系;注重强化保障措施,建立脱贫攻坚的返贫应对体系。

一、提高政治站位,搭建脱贫攻坚的组织领导体系

党的十八大以来,习近平总书记对脱贫攻坚做出了一系列新决策、新部署,提出一系列新思想、新观点,形成了习近平扶贫重要论述。习近平扶贫重要论述是习近平新时代中国特色社会主义思想的重要组成部分,丰富发展了马克思主义反贫困理论,创新发展了中国特色的扶贫开发理论[①],其内涵丰富,理论和实践导向性强,能够很好地贴近中国各贫困地区的减贫实际,为贫困地区的减贫提供工作指引。武陵山区在脱贫攻坚过程中,始终把习近平总书记关于扶贫工作重要论述作为本地区脱贫攻坚的理论指引,注重提高政治站位、强化政治担当,切实增强打赢脱贫攻坚战的思想自觉、行动自觉。始终把脱贫攻坚作为首要政治任务,坚决扛起脱贫攻坚政治责任,坚持示范带动,层层传导,提高脱贫攻坚的组织能力和实践效率。

---

① 黄承伟.我国新时代脱贫攻坚阶段性成果及其前景展望[J].江西财经大学学报,2019(01):55-62.

（一）优化政策设计，提升扶贫理论水平

脱贫攻坚是以国家行政力量为主导的多元减贫主体共同介入的减贫行动，具有鲜明的政策导向性，任何一项脱贫行动的开展都有赖于相关政策的制定和引导。政策是一种重要的行动资源，是武陵山区脱贫攻坚工作得以顺利进行的有效保障。一项合理并符合当地实际情况的扶贫政策能够为当地的经济社会发展提供动力支撑。在脱贫攻坚过程中，武陵山区注重用好用活政策优势，强化政策制度保障。武陵山区坚持以脱贫攻坚统揽农村工作全局，牢固确立脱贫攻坚在农村工作中的中心地位，要求各个乡镇党委、政府必须把精准扶贫工作作为重中之重来抓，作为乡村振兴的重头戏来唱。同时，武陵山区的脱贫攻坚工作注重主动积极地将扶贫开发政策与其他农业发展政策相结合，与社会主义新农村建设相配合，与全面建设小康社会的各项政策相协调，与国家区域发展、产业发展政策紧密联系，统筹兼顾，合理配置各项资源①，形成政策合力，提高政策执行效率，促进贫困地区的整体发展。

比如重庆市秀山县始终坚持以脱贫攻坚统揽经济社会发展全局，并以习近平总书记关于扶贫工作重要论述作为脱贫攻坚工作的理论指导和制定扶贫政策的基本依据。2019年，秀山县各级党委（党组）开展中心组专题学习300余次，组织县委宣讲团宣讲47场次、乡镇（街道）宣讲团与基层名嘴宣讲队宣讲209场次，全覆盖培训驻村工作队、扶贫系统干部，系统学习和领会习近平总书记关于扶贫工作重要论述、在解决"两不愁三保障"突出问题座谈会上重要讲话等内容，清醒认识脱贫攻坚任务的长期性、艰巨性和复杂性，坚决克服疲惫厌倦思想和松懈滑坡行为。同时，举办全县打赢脱贫攻坚战"两不愁三保障"专题培训班，培训县、乡、村帮扶责任干部3 000余名。组织6 000余名帮扶干部参加扶贫政策知识专项考试，扶贫干部人手一册《巩固脱贫成果惠民优惠政策》，确保帮扶干部扶贫政策知识应知应会。②

贵州印江也始终坚持以习近平新时代中国特色社会主义思想为指导，深入贯彻落实习近平总书记关于扶贫开发的重要论述和中央、省委、市委脱贫攻坚的决策部署，坚持"一切围绕扶贫干、一切围绕扶贫转、一切围绕脱贫算"，聚焦"六个精准""五个一批"，紧盯"一达标两不愁三保障"和"三率一度"标准，全面

---

① 向德平，高飞.政策执行模式对于扶贫绩效的影响——以1980年代以来中国扶贫模式的变化为例[J].华中师范大学学报（人文社会科学版），2013,52(06):12-17.

② 资料来源：秀山土家族苗族自治县扶贫攻坚领导小组办公室关于2019年脱贫攻坚工作自评总结的报告。

贯彻落实"五步工作法",坚持问题导向和目标导向,不断优化政策设计,全面推进脱贫攻坚各项工作落细落小落实。① 先后三次组织县乡党政考察团赴赤水市、玉屏县、万山区和四川省南部县学习考察,健全完善了"四级作战指挥体系"。围绕基础设施建设、产业扶贫、驻村帮扶、社会帮扶等方面,研究出台了《坚决打赢科学治贫精准扶贫有效脱贫攻坚战决定》及"1+12"实施方案、脱贫攻坚"1+22"行动方案、整县摘帽"1+10"实施方案,配套出台"春风行动""夏秋攻势""百日攻坚""暖冬行动"等具体政策文件,全力推进脱贫攻坚各项工作。同时,为提高扶贫干部的工作信心和工作能力,制定出台了《脱贫攻坚问责办法》《脱贫攻坚成效考核奖惩办法》《脱贫攻坚一线干部激励关怀办法》等"严管厚爱"的政策文件,最大限度地激发扶贫干部干事创业的动力。②

总之,武陵山区各级政府,坚持以习近平扶贫论述为指导,设置符合地方发展特色的扶贫政策,为打赢脱贫攻坚战提供了行动指南,有效缓解了社会矛盾,缩小了贫富差距,为武陵山区的经济发展和社会稳定奠定了基础。

(二)加强组织领导,明晰脱贫攻坚责任

脱贫攻坚是一项涉及多方面的系统工程,点多、面广、参与人员多,必须加强组织领导和统筹指挥。唯有如此,才能把脱贫攻坚的各种力量拧成一股绳,才能把每一项工作任务落细、落小、落到实处。在脱贫攻坚过程中,武陵山区的各级党员干部注重强化扶贫组织领导,做到角色清晰、责任精准。一方面,武陵山区各级政府部门,注重成立精准扶贫驻村工作队,健全扶贫人才队伍,提高驻村工作队伍的帮扶质量。在驻村工作过程中,明晰各级政府、各级部门的帮扶责任,厘清帮扶角色,落实帮扶措施,提高帮扶效率,建立帮扶人员和贫困人口的常态性互助关系。另一方面,制定与健全扶贫队伍的考核机制,不定期开展督查走访,落实各级帮扶责任,将精准扶贫中的各项工作纳入贫困村的年终考核,并将扶贫成效与干部绩效考核相结合,建立规范的组织领导机制和脱贫攻坚责任机制。同时,武陵山区的脱贫攻坚注重加强贫困村"两委"班子建设,特别是注重选好带头人、配强班子,把基层党组织建设成为带头致富、带领群众脱贫致富、维护农村稳定、同步小康创建的坚强领导核心,进一步坚定贫困地区农民自力更生、自强不息、脱贫致富的信心,增强贫困人口自我发展的内生动力。

比如湖南省凤凰县坚持提升政治站位,层层压实扶贫责任。建立了高效的

---

① 杨钰苇.印江:砥砺前行 筑梦远航[N].铜仁日报,2019-08-05.
② 田林,郭进.强基础抓产业 凝心聚力战贫困——印江自治县脱贫攻坚纪实[N].贵州日报,2019-08-20.

脱贫攻坚指挥体系,强化了"一组十办"的工作活力。成立了县委书记、县长双组长制的脱贫攻坚领导小组,并成立了精准脱贫的常务工作组,由县委副书记牵头,5名县委常委包片、县级领导包乡镇和48个深度贫困村。成立了脱贫攻坚办、精准脱贫"十项工程"办、驻村扶贫办、扶贫开发办四办合署办公。成立了精准脱贫的"十项工程"指挥部,每个指挥长均由县委常委或副县长担任。凤凰县注重明确各级责任,出台了《关于进一步夯实精准扶贫精准脱贫责任的通知》,明确乡镇党委政府的主体责任、各职能部门的指导和政策落实责任、各工作队的帮扶责任和帮扶干部的具体责任、各村党支部书记的直接责任,并签订了检评的责任书,立下了扶贫军令状,出台了《凤凰县领导干部"为官不为"的问责实施办法》,对不称职的驻村工作队员退回原单位,年终考核定为不称职。对帮扶单位的主要领导不认真履行脱贫攻坚责任的、脱贫攻坚工作中存在突出问题的严肃追责。①。

重庆秀山县委、县政府切实承担主体责任,建立健全"1+4+10+16+27"指挥体系。"1"即县扶贫攻坚领导小组,实行"双组长"制,由县委书记、县长担任扶贫攻坚领导小组组长,新增县委常委、纪委书记为副组长,负责督查问责工作。"4"即实行四大片区督战制度,由县"四大家"主要领导带头,每季度分片区督导脱贫攻坚工作。"10"即10个组,分别是:组建5个县级部门督导组、4个片区乡镇(街道)督导组,全面加强脱贫攻坚工作督导;组建1个专题调研组,每月抽取两个乡镇(街道)蹲点调研,以解剖麻雀方式,举一反三,推动面上工作。"16"即成立产业扶贫、教育扶贫、健康扶贫、交通扶贫、生态保护扶贫等16个行业扶贫指挥部,专门负责脱贫攻坚领域工作。"27"即27个乡镇(街道)扶贫攻坚领导小组,专门负责各自区域脱贫攻坚工作。2019年因地制宜选派215名第一书记、215个驻村工作队、268名本土人才,落实6 471名结对帮扶干部,制定《驻村工作队员职责清单》《帮扶责任人工作清单》,全面实行镇村干部"住读"制度,彻底解决了镇村干部"走读"问题,所有乡镇干部吃住在乡镇,驻村工作队、村干部吃住在村,随时帮助解决实际困难,拉近了党群、干群关系。②

贵州省印江县注重全面落实脱贫攻坚责任制,成立了以县委书记和县长为"双组长"的扶贫开发领导小组,强化对全县脱贫攻坚工作的总协调、总指挥、总调度。建立县、乡、村、组"四级作战指挥体系",成立县脱贫攻坚总指挥部和组组通、易地扶贫搬迁等15个工作组及生态茶、食用菌等10个产业专班,下设17个乡镇(街道)作战部,明确31名县领导担任乡镇(街道)脱贫攻坚作战部指挥

---

① 资料来源.凤凰县扶贫办县级座谈会总结。
② 资料来源.秀山土家族苗族自治县2019年脱贫攻坚工作总结。

长或副指挥长,组建365个村攻坚队、3 103个组"尖刀班",实行指挥长包片、攻坚队长(局长)包村、尖刀班长包组、帮扶干部包户的"四包工作机制"①,层层压紧压实责任,有效解决"谁指挥、指挥谁""落实什么、怎么落实"的问题,确保了政令畅通、指挥高效。建立脱贫攻坚"三按月、三按季"动力赶超现场验靶机制,县总指挥部按月下达任务清单、按月督查工作落实、按月调度工作推进和按季考核、按季排名、按季奖惩。强化乡镇(街道)作战部"一周一调度"、村攻坚队"一天一研判"工作机制,以最硬的工作作风,全力推进责任落实、政策落实、工作落实。

湖南泸溪县委县政府始终坚持把脱贫攻坚作为重大政治任务、头等大事和第一民生工程,出台了县委一号文件聚焦脱贫攻坚工作,县扶贫开发领导小组实行以县委、县政府主要负责人为组长的"双组长"负责制。在领导小组之下,成立了县脱贫攻坚指挥部,由县委副书记任指挥长,从县直机关单位抽调50多名干部集中办公,指挥部下设驻村帮扶组、业务指导组、项目推进组、信访办理组、督查考评组、扶贫协作办、综合办公室"五组两办",每个组(办)由一名县级领导牵头负责,推行周调度工作机制;将全县11个乡镇分成11个战区,每个战区指挥部由一名县级领导任指挥长,建立战区指挥部工作调度月例会制度,联乡县级领导每月3次以上到所联系的乡镇进行调度协调。推行县级领导联乡包村工作机制,每名县级领导包一个乡镇、一个深度贫困村,进一步压实了县直部门、乡镇、驻村工作队、村支两委脱贫攻坚责任,形成"三级书记齐抓共管、四个层面协调联动"的扶贫工作格局。大力推行"1+1"驻村扶贫和"5432"结对帮扶以及县级领导联系深度贫困村的工作机制,全县180个单位6 387名干部结对帮扶16 715户贫困人口,实现了驻村扶贫、结对帮扶、县级领导联系深度贫困村全覆盖。把省、州、县驻村工作队全部归入乡镇管理,实行工作例会制度、考勤管理制度、工作报告制度和纪律约束制度等"四项制度"。同时,建立健全严格奖罚机制,形成了考核"十条铁律"、问责"十项规定",推动精准脱贫各项工作落地落实、落小落细。通过全县机关单位干部职工开展结对帮扶,激发了群众内生动力,赢得了群众信任支持,形成了脱贫攻坚合力。②

---

① 田林,郭进.强基础抓产业 凝心聚力战贫困——印江自治县脱贫攻坚纪实[N].贵州日报,2019-08-20.
② 资料来源:泸溪县2019年度脱贫攻坚工作总结.

二、建立长效机制,实践脱贫攻坚的精准帮扶体系

脱贫攻坚必须坚持精准扶贫、精准脱贫,既要解决好目前的绝对贫困问题,还要精心谋划构建脱贫攻坚的长效机制。武陵山区各地市坚持以精准扶贫、精准脱贫为减贫方针,建立长效机制,做到精准识别不漏穷人,实行动态管理;精准分类施策,确保精准性有效性。通过建档立卡,摸清贫困人口底数,做实做细,实现动态调整。在确保扶贫措施的持续有效方面,武陵山区各级政府注重发挥地方优势,因地制宜,一人一策分类减贫。在做好交通、水利、住房、网络通信等基础设施的基础之上,注重发挥产业扶贫、教育扶贫、健康扶贫、金融扶贫的功能,提高扶贫的精准度,有效避免贫困代际传递现象的产生。同时,注重提高基层扶贫产业的组织化程度,培养本土人才和区域脱贫经济实体,提高乡村发展的内生动力。另外,对一方水土养活不了一方人的村庄,实施易地扶贫搬迁,加大财政、土地、就业和社会保障等政策的支持力度,搭建了脱贫攻坚的精准帮扶和持续发展体系。

(一)加强资金保障,强化贫困农村基础设施建设

贫困山区的交通状况、人畜饮水、水利灌溉、通信通电等基础设施,教育、卫生、社会保障等社会事业以及公共服务能力,既会影响人们的日常生产生活,也会影响当地的经济社会发展,尤其是产业发展水平。贫困农村落后的基础设施条件、社会事业和较低的公共服务能力,是制约贫困地区发展、实现脱贫致富的重要因素之一。近年来,武陵山区一直加大资金和人员投入,将基础设施、社会事业建设,提高社会公共服务能力作为脱贫攻坚的重要内容,为其他脱贫事业的发展奠定坚实的基础。

比如贵州省印江县按照"整合使用、渠道不乱、用途不变、各司其职、各计其功"的原则,整合财政涉农资金及基础设施建设、产业发展等资金,形成"多个渠道引水、一个龙头放水"的扶贫资金投入格局。2014年以来,投入各类资金85.49亿元,全力保障脱贫攻坚。在扶贫资金使用过程中,坚持"精准滴灌",分类统筹资金使用方向,扶贫资金安排到村到户,确保每一分钱都用在刀刃上。严格资金监管,实行扶贫项目资金公示公告制度,做到"四不准一公开",对资金使用情况全程监管,严格扶贫资金支出预算管理。依托充足的扶贫资金投入,全力补齐贫困农村的水电、道路、网络通信和住房等基础设施短板,改善了贫困农村的硬件环境,提高了贫困人口的生活质量。在农村道路建设上,印江按照"不通则搬、不搬则通、一组一路"的原则,先后投入20.69亿元,建成农村公

路3 011公里,惠及群众39.2万人,创建农村公路"建管养运一体化"示范县。在农村饮水建设上,印江整合资金3.51亿元,实施农村饮水安全巩固提升工程,完成农村饮水安全建设项目200个,惠及10.6万户40.34万人,做到安全饮水"户户用"。在农村垃圾治理上,采购垃圾收运车53台,修建垃圾池602个、垃圾转运站18座,并通过宣传教育,提高村民的环保意识。在通信网络建设上,先后投入5.68亿元,实施农网改造14万户,统筹推进城乡智能电网建设;投入6 980万元,实施农村通信保障工程,增设信号塔749座,实现所有村通信网络全覆盖①,改善了贫困人口的网络通信环境。

湖北省咸丰县则通过实施"交通先行"战略、新一轮农村电网改造升级工程、"智慧扶贫"工程、农村通信基站建设工程、宽带进村入户工程、"美丽家园"建设工程,全面补齐农村的基础设施短板。2015年以来,共整合资金63.8亿元用于基础设施建设和产业发展项目,平均每个乡镇投入5.8亿元、每个村投入2 400万元,为历史之最。其中农村基础设施建设项目投入39.92亿元,实施农村公路建设项目1 178个、里程2 262公里;通村水泥路、通组砂石路均达100%。实施电力项目598个,完工598个,完成率100%。新建铁塔78个,完工78个,完成率100%;新建基站497个,完工497个,完成率100%;光纤宽带应通规模自然村1 486个,完成率100%;4G网络覆盖率指标均达到考核以上标准。党员群众服务中心、村级卫生室、村级文化广场建设完成率均达到100%。五年来,在实施一大批交通、通信、能源、供电、水利、生态建设等项目的同时,恩黔高速公路建成通车,黔张常铁路建成试运行,省道大修、县乡公路改造全面完成,乡村公路通畅工程大力推进,农村基础设施得到极大改善,农民生产生活水平得到了极大提高。②

总之,农村社区的人居环境、医疗环境、文化环境和治理环境,是建设社会主义新农村和实现乡村振兴的重要内容,关系农民安居乐业、农村社会和谐稳定。武陵山区各级政府通过改善农村整体环境,推进基础设施和公共服务设施的建设和完善,改变了留在"脏乱差"环境中的"等靠要"思想,改变了村民落后的生活方式以及对党的好政策的疑虑,培育了村民维护舒适环境的公德意识、共建美丽家园的协作精神、追求幸福生活的价值取向,破解了制约贫困的无形枷锁,增强了贫困人口的内生动力,实现了扶贫力量的内外结合、协同减贫。

---

① 田林.印江:全力打好"四场攻坚战" 护航脱贫攻坚"整县摘帽"[N].铜仁日报,2019-03-25.

② 资料来源:咸丰县2019年经济社会发展和脱贫攻坚工作情况汇报。

（二）完善精准识别、分类施策机制，确保脱贫攻坚系统有效

2013年底，中共中央办公厅、国务院办公厅印发的《关于创新机制扎实推进农村扶贫开发工作的意见》中提出，扶贫工作要"因地制宜，分类指导，突出重点，注重实效"，进一步完善中央统筹、省负总责、县抓落实的管理体制。国务院扶贫办等七部委于2014年印发的《建立精准扶贫工作机制实施方案》中提出，扶贫"要坚持因地制宜、分类指导、突出重点、注重实效的原则"。可以看出，分类指导的原则契合习近平总书记对于精准扶贫的实事求是、因地制宜的基本要求，因此，随着我国将精准扶贫作为扶贫的基本方略，分类指导成为我国精准扶贫工作的指导原则之一。政府、市场和社会力量的整合应用和分类支持，也为脱贫攻坚的系统有效奠定了坚实的基础。

目前，我国主要根据贫困人口是否有劳动能力进行分类和施策，对完全或部分丧失劳动能力的贫困人口，实行社会保障政策兜底脱贫。对于有劳动能力的贫困人口，根据其面临的主客观条件的不同，通过产业扶持、转移就业、易地搬迁等政策措施，帮助其实现脱贫。武陵山区各级政府在脱贫攻坚过程之中，注重完善精准识别、分类施策机制。一是坚持精准聚焦贫困人口，摸清贫困人口底数，通过探访贫困家庭，了解贫困人口面临的困境和需求，提高扶持措施的精准度。二是对建档立卡的贫困人口实施精准管理，落实好帮扶对象，对不同原因造成的贫困人口进行科学分类，提供更具针对性的扶持项目。三是对建档立卡贫困户进行动态管理，系统甄别，对已经脱贫的贫困户持续跟进，确保其不返贫，对因灾因病等突发事件造成生计困难的，随时增添到数据库之中，推动扶贫资源的有效利用。四是建立一个健康、包容、有序的社区治理环境，通过各种政策宣传、能人带动、组织关怀和邻里互助等措施，营造一个积极向上、健康环保的社区互助共同体，构建贫困人口应对外部风险的系统支持网络。

比如湖北省咸丰县在脱贫攻坚过程中，一是认真开展"十看村十看户"工作，重点对贫困户、贫困人口识别情况进行全面排查，摸清贫困户家底、找准致贫原因、明确脱贫路径，切实堵"漏评"、防"错退"，实现了贫困对象应纳尽纳、不漏一户、不落一人。二是确保档案资料精准。"尖刀班"成员及结对帮扶干部每月集中走访贫困户，及时掌握贫困对象动态，自下而上建立台账、清单，及时纠正档案资料的"缺、漏、错"情况，对账销号。同时，严格按照评议、公示、比对、公告等程序，锁定"边缘户""存疑户"，进一步整理、补充、完善相关佐证材料，做到程序规范、资料准确、内容充实。三是确保数据信息精准。建立扶贫开发系统信息管理工作制度，配齐配强县、乡、村三级扶贫信息管理员，实行信息系统数据质量"周核对""周整改""月通报"，严格把好入口关、动态调整关、退出关，并

将系统信息管理纳入年度脱贫攻坚综合考评内容。四是聚焦精准帮扶。将全县50%以上的干部力量下沉到村到户开展帮扶工作,大力支持咸丰硒食品精深加工、生态文化旅游、清洁能源、生物医药"四大产业集群"建设,全力推动"输血"式扶贫向"造血"式扶贫转变。①

重庆市秀山县在脱贫攻坚之中,注重建立长效机制,提高脱贫质量,帮助贫困人口稳定脱贫,助推经济社会健康发展。一是依托本地资源优势,发展特色效益农业,大力实施产业扶贫。秀山县按照"一村一品"的发展思路,重点发展中药材、茶叶、油茶、水果和畜禽养殖,目前已覆盖100%的贫困村、97%的贫困户。比如,2019年银花产量达到3.21万吨,银花鲜选花均价14元/公斤(最高价17元/公斤),银花产值达到4.6亿元,农户人均增收1万元以上。同时,注重深化农村"三变"改革,完善利益联结机制,创新建立"三率一账"(群众产业扶贫政策知晓率、产业发展自愿率、贫困人口保底收益率、产业带贫台账),有效保障贫困人口持续增收。

二是积极依托互联网科技和现代物流产业,推动电商扶贫"有创新、可复制"。秀山县建成武陵山消费扶贫交易中心"一馆一网四中心"(武陵山消费扶贫馆、中国社会扶贫网、产品营销中心、产品开发中心、仓储配送中心和人才培训中心)。近5年通过农村电商共卖出38.4亿元农特产品,其中本地农特产品17.6亿元,占比45.8%;武陵山区农特产品14.9亿元,占比38.9%。秀山"互联网+三农"发展模式被评为"全国农村电商十大模式"之一。积极推行产业基地到户,认证特色电商农产品108种,供应站点3 650个,发展农产品电商基地3万亩。采取"入股+分红+务工"模式,发展电商订单农业,每亩保底分红加提成,同时通过务工方式获取劳动报酬。目前,电商扶贫惠及1万余名贫困人口。

三是有效挖掘市场资源,推动消费扶贫"卖得好、卖得远"。秀山县依托机场、火车站、超市等资源,建成扶贫产品销售专柜280个。与山东德州签订消费扶贫协议,扎实开展"渝货进山东"。与中国农业银行达成后勤集团集中采购协议,确定99款产品为合作商品,实现销售额269.7万元。举办消费扶贫活动、中国青年农产品电商销售大赛、武陵山商品交易博览会等销售活动,实现现场销售收入1 000余万元。同时,秀山县将消费扶贫纳入"万企帮万村"扶贫行动之中,鼓励民营企业采取"以购代捐""以买代帮"等方式采购贫困地区产品和服务,链接社会资源,拓宽消费扶贫市场。

四是推动易地扶贫搬迁"搬得出、稳得住、能致富"。秀山县落实以业定搬、以产定搬,精准识别搬迁对象,强化易地扶贫搬迁后续扶持工作,按照"一户一

---

① 资料来源:咸丰县2019年经济社会发展和脱贫攻坚工作情况汇报。

策"目标,落实"一户一帮"措施,建设良好的移民社区环境,提高搬迁人口的就业能力,落实好搬迁人口的医疗、教育等民生政策,使贫困人口尽快融入新环境,开启新生活。

五是金融扶贫"用得好、还得起"。秀山县2019年设立扶贫小额信贷风险补偿金3 500万元,坚持贫困户自主发展,积极推广合作发展模式,发放扶贫小额信贷8 873户31 780万元,贫困户获贷率52.4%,为贫困人口发展产业奠定了经济基础。

六是就业扶贫"有平台、有技能"。秀山县2019年引导外出务工,贫困人口稳定转移就业3万人。创建扶贫车间16个,带动建档立卡贫困户就地就近就业183人,开发公益性岗位1 369个,其中建档立卡贫困人员984人。

七是生态脱贫"可双赢、可持续"。秀山县依托新一轮退耕还林工程设置326个生态管护员岗位,其中建档立卡贫困人口189个,聘用建档立卡贫困人口生态护林员1 200人。[①]

通过这一系列精准分类帮扶措施,秀山县精准扶贫工作取得了巨大成就,贫困人口生活质量得到了有效改善。

贵州思南在精准帮扶体系中,注重以产业扶贫为基础,创新机制探索村民增收发展新模式。贵州省思南县属于典型的喀斯特地貌,在农村产业革命中,思南县全面贯彻新发展理念,坚持生态优先、绿色发展,种植根系发达、固土能力强的茶树、果树、木本中药材、花椒、油茶等,为生态建设和扶贫工作同步实施找到了结合点。具体而言,一是注重优化产业布局。按照"资源禀赋、市场需求、长短结合、粮食安全"要求,确立了全县打造"生态茶、生态畜牧业、蔬果菌、中药材"四大主导产业总体目标,制定了《思南县生态茶产业助推脱贫攻坚三年行动方案(2017—2019年)》《思南县2019年生态茶产业发展实施方案》等政策文件,建立了《思南县县级领导领衔推进农村产业革命工作制度》,由县"四家"班子领导领衔推进1个农业产业发展,提高了思南产业发展的制度化水平。

二是加大资金投入,推动精准服务,提高农民的产业发展技能。思南县围绕产业发展需求,充分整合各个渠道的涉农资金,优化农业资金投入。2014年来,实施种植、养殖产业扶贫项目近600个,投入资金10.3亿元。同时,立足产业发展和脱贫实际,深入推进"三项行动"(即"万名农业专家服务三农"行动、"人才+基地+经营主体+"精准服务、"科技特派员"),为农民提供实用技术培训、市场销售培训和组织管理培训,提高农民的产业发展水平,激发贫困人口发展的内生动力。2014年以来,累计开展新型职业农民培训30期,培育职业农民

[①] 资料来源:秀山土家族苗族自治县2019年脱贫攻坚工作总结。

1 500人,开展农村实用技术培训180期,培训农民1.6万人次,大大提高了贫困人口的生产技能。

三是加强龙头企业带动,壮大贫困人口致富载体。党的十八大以来,县委县政府通过财政补贴、贷款贴息、保险托底、项目扶持等政策扶持,大力推广"龙头企业+基地+贫困户"等发展模式,先后引进了广东温氏集团、湖南创辉、英国太古集团、贵州一航、永昌科技等产、加、销一体化公司,累计培育县级以上龙头企业117家(其中,省级17家、市级40家、县级60家),全县合作社企业达934家,实现100%的贫困村建立农民专业合作社、100%的贫困人口参加农民专业合作社。全县新型经营主体从业人员达7 900人,带动农户8.9万户,户增收3 500元左右。

四是创新机制,探索贫困人口增收新模式。思南县深化"三变"改革,引导农民以土地、劳动力、资本、技术等资源要素入股经营主体,积极引导龙头企业创新利益联结及分配机制,保护贫困户的合法权益,明确贫困户的收益权,加强与贫困户的利益链接,避免"垒大户"现象的产生。截至目前,思南县产业扶贫项目利益联结机制实现全覆盖,农村"三变"改革村达312个,占全县522个涉农行政村(社区)的60%,其中贫困村248个,占贫困村总数(279个)的89%[①],有效增加了贫困村的集体收入,提升了贫困人口应对外部风险的能力。

贵州印江深入推进实施精准扶贫,成功探索了"县为单位、整合资金、整村推进、连片开发"的新时期扶贫开发"印江经验",春晖扶贫、电商扶贫、文军扶贫等经验做法在全市、全省推广。全力推进深度贫困村脱贫攻坚,把深入推进深度贫困村脱贫攻坚作为重中之重,按照深贫村一村一方案、一户一对策、一户一帮扶的要求,及时全面制定了28个深贫村脱贫攻坚工作方案。具体而言,印江主要在以下几个方面,聚焦贫困,精准施策,推动脱贫攻坚任务顺利完成。

在产业扶贫方面,印江县按照"一县一业、一乡一特、一村一品"的要求,科学谋划产业布局,全力打响"梵净山珍·健康养生"品牌,提高产业扶贫效率。在电商扶贫方面,印江始终坚持"有机构、有资金、有人才、有平台、有产品、有冷链、有通讯"的"七位一体"工作思路,积极探索"电商驿站+"助农增收模式。2015年以来,通过电商扶贫,累计带动建档立卡贫困户就业2 500余人。在旅游扶贫方面,印江县大力实施旅游项目建设、景区带动、乡村旅游、"旅游+"融合发展等扶贫工程,带动贫困人口5 174人脱贫。[②] 在就业扶贫方面,印江结合市场需求、培训意愿、产业发展等因素,采取点对点、菜单式对贫困人口开展实

---

① 资料来源:思南县2019年脱贫攻坚工作情况报告。
② 杨钰苇.印江:砥砺前行 筑梦远航[N].铜仁日报,2019-08-05.

用技术培训,促进贫困人口就业创业。2018年,整合资金1 508万元,开展贫困劳动力培训9 023人次,开发公益性岗位解决贫困劳动力和就业困难人员就业2 045人,实现建档立卡贫困劳动力就业创业3.84万人。在生态扶贫方面,印江抢抓国家重点生态功能区建设、退耕还林等政策机遇,认真落实生态扶贫政策。2014年以来,实施新一轮退耕还林20.39万亩,惠及贫困人口8 447户3.07万人;每年兑现公益林补助105.52万亩,惠及贫困人口7 662户2.64万人;为贫困户新增生态护林员岗位538个,户均年增收1万元。[①]

总之,武陵山区在脱贫攻坚过程中,注重完善精准识别、精准施策机制,搭建了产业扶贫、电商扶贫、生态扶贫、就业扶贫、金融扶贫等系统性的支持体系,提高了减贫效率。尤其是在产业扶贫和电商扶贫方面,注重积极采用市场化的运作机制,培育和壮大一批当地的优势特色产业,并将之作为带动区域经济社会发展的重要手段。同时,武陵山区各级政府强调充分激发市场活力,发挥企业的资金、技术、市场、管理等优势。通过资源开发、产业培育、市场开拓、村企共建等多种形式,使企业到贫困地区投资兴业、培训技能、吸纳就业、捐资助贫,建立了优势互补、合作共赢的长效机制,促进了贫困地区社会经济发展,增强了贫困地区自我发展与抵抗风险的能力。

三、凝聚社会力量,建构脱贫攻坚的社会扶贫体系

脱贫攻坚作为一种社会行动,其行动主体是多元化的,应是政府、市场组织、社会组织、社会公众和贫困人口多主体合作的网络互动结构。推动贫困人口和贫困乡村的减贫发展绝不是靠一人之力可以完成的,而是需要多主体的合作努力方能完成。同时,要保证减贫效率和减贫质量的提升,防止返贫,防止扶贫政策和资源的空置和浪费,都需要多主体的合作。目前,武陵山区的脱贫攻坚初步形成了以党建扶贫为代表,定点扶贫、东西扶贫、对口帮扶、集团扶贫、企业扶贫、部门扶贫等多种多样的扶贫方式,各类扶贫主体积极发挥其特有的人才、资金、资源、组织等优势,共同提高减贫效率。同时,武陵山区注重整合扶贫资源,调和不同主体的资金、项目、人力、组织关系,搭建沟通平台,优化贫困治理结构,最大限度地发挥不同主体的减贫优势和潜能[②],提高益贫性。

---

① 田林.印江:全力打好"四场攻坚战"护航脱贫攻坚"整县摘帽"[N].铜仁日报,2019-03-25.

② 苏海,向德平.社会扶贫的行动特点与路径创新[J].中南民族大学学报(人文社会科学版),2015,35(03):144-148.

（一）有效发挥东西协作扶贫与定点扶贫的功效

脱贫攻坚是一项系统性整体性工程，绝非依靠单一行动主体就可以完成。目前，贫困人口需求的数量和质量都呈上升趋势，用单一的政府扶助主体与行政资源，去满足不同地区、不同贫困人口的异质性、多元性需求，难度很大。所以，武陵山区注重构建一个符合贫困社区本土发展情境的多元供给模式，构建包括政府在内的各行动主体间的社会互助体系，共同实现贫困人口的整体性发展。一方面，武陵山区注重深入实施东西部扶贫协作，充分发挥东部发达地区的帮扶功能。与东部发达地区相比，武陵山区大多属于高寒山区、民族地区和革命老区，生存环境和自然资源禀赋较差，地方政府财政实力较弱，需要东部发达地区的资源输入、人才输入、资金帮扶和项目扶持，形成多地区、多层次的东西扶贫协作模式。

另一方面，定点扶贫是中国特色扶贫开发事业的重要组成部分，也是我国政治优势和制度优势的重要体现，在中国国家贫困治理体系中扮演着重要的角色。进入脱贫攻坚新阶段，定点扶贫工作在习近平扶贫开发战略思想的指引下，贯彻落实精准扶贫精准脱贫的基本方略，在领导组织体系建设、体制机制建设、工作模式创新等领域取得了长足的进步，定点扶贫的工作模式逐渐走向成熟，不仅拓展了减贫资源，也有利于创新扶贫的工作手法，助力扶贫攻坚走向胜利。武陵山区各级政府注重将定点扶贫工作有效结合到各地精准扶贫的实践过程中。通过参与定点扶贫工作，定点扶贫单位建立了直通减贫与发展一线的管道，有利于深化部门工作对脱贫攻坚的认识和理解，有利于行业部门根据减贫与发展的现实需要，创新政策供给，提升行业扶贫政策安排的有效性。

比如湖北省宣恩县积极做好对口扶贫工作，坚持推行东西部协作联席会议制度，定期与杭州开展互访。围绕产业发展、基础设施建设、补齐民生短板三大方面，2019年共实施东西部协作项目34个，帮扶项目资金4 150万元；获得杭州社会力量捐助739万元；持续深化"硒品入杭"，目前在杭销售额已达238万余元。湖北省农业厅、省人保财险公司、中铁大桥局、省盐业公司等13家定点帮扶单位和荆州市、潜江市、枣阳市3家省内区域协作单位持续对宣恩开展帮扶工作，通过项目扶持、产业发展、社会捐赠、劳务和人才合作等方式，每年帮扶宣恩项目资金突破1亿元，培训实用型人才1 000余人次，劳务就业输出3 000余人次。①

贵州省思南县一方面成立了由党政主要领导任组长的东西部扶贫协作工

---

① 资料来源：宣恩县脱贫攻坚县级座谈会发言稿。

作领导小组,抽调6名干部组建了工作专班,与对口帮扶的常熟市签订了扶贫协作框架协议,建立完善了高层联席会议制度。在制度引导之下,一是注重加强双方的人才交流。2013年以来,常熟共选派286名教师、医生、农业技术等专业技术人员到思南县开展帮扶工作。二是聚焦资金使用。2013年以来,常熟市、苏州市共向思南县投入财政帮扶资金1.19亿元,各类社会帮扶资金0.36亿元,围绕脱贫攻坚实施帮扶项目100余个,带动和帮助5万名贫困人口脱贫。三是深入推进产业合作。2013年以来,思南县共引进帮扶城市企业9个,实施项目9个,实际到位资金3亿元,产业扶贫项目覆盖5个乡镇。四是深化劳务协作,促进就业脱贫。思南、常熟两地人社部门互设劳务协作工作站,探索推广"宣传+培训+就业"的"一条龙"服务上岗路径,累计帮助2 000余名建档立卡贫困户实现就业脱贫。

另一方面,思南县协作抓好中直机关定点帮扶和其他社会力量帮扶。在有研科技集团有限公司、大连民族大学、贵州省移民局等部门定点帮扶之下,落实帮扶项目38个,投入资金2 858万元。开展"千企帮千村"活动,80家民营企业通过产业帮扶、就业帮扶、消费扶贫、捐赠帮扶等方式,结对帮扶23个乡镇80个贫困村,累计投入帮扶资金2 889.2万元。开展春晖行动,先后吸引1 435名春晖使者投身脱贫攻坚,募集春晖基金4 550万元,建立春晖产业扶贫基地5个,覆盖贫困人口8 000余人。①

湖南省泸溪县在东西协作扶贫方面,也形成了自己的经验。一是注重把规划编制与对口帮扶结合起来。始终坚持把对口帮扶纳入经济社会发展的计划制定和规划编制中来,通盘考虑、整体谋划。在确定每年经济工作"盘子"或编制专业规划过程中,积极主动与中石化、章丘区、株洲市对接,明确需要帮扶的事项,及时将其纳入当年的工作重点,进行统筹安排、规范管理。

二是注重把项目设计与对口帮扶结合起来。在调研论证、规划设计对口帮扶项目时,积极主动与对口帮扶单位对接,征求他们的意见,及时吸纳他们在项目建设、管理中的先进理念、技术经验,着力把援建项目做成精品工程和质量效益工程。

三是注重把产业合作与对口帮扶结合起来。泸溪县始终坚持把产业合作作为对口帮扶的重中之重,以优势产业对接对口帮扶工作,实现产业合作,深化结对帮扶。泸溪县是一个椪柑大县,但近年来树势老化、品种衰退、难卖问题比较突出,制约椪柑产业发展。在与章丘区开展对口帮扶中,章丘区投入300万元,实施2万亩椪柑品改工程,推进峒河沿线椪柑标准园建设;同时,支持在章

---

① 资料来源:思南县2019年脱贫攻坚工作情况报告。

丘区百农汇电商服务平台开设泸溪特色农产品销售窗口,帮助宣传推介特色农副产品,实现了两地间协调发展、互利发展。

四是注重把人才培育与对口帮扶结合起来。始终坚持把科技培训、人才培育,作为对口帮扶的一项重要工作,充分利用帮扶地区先进的人才优势、技术优势。通过与帮扶地区互派干部挂职锻炼、到帮扶地区考察学习等方式,抓实干部培训工作,启动农村实用技术人才培训工程,培养一批土专家、田秀才,加快了农业产业化步伐,推动了农业综合体建设。① 高质量的东西部扶贫协作,对推动泸溪的精准扶贫、精准脱贫工作,对夯实民生基础设施建设、改善农村生产生活条件,对发展脱贫致富产业、增加贫困群众收入等,发挥了重要作用,取得了巨大的成效。

(二)凝聚企业与社会组织的扶贫效能

在脱贫攻坚过程之中,政府、企业、社会组织和农民的关系是彼此互为依托的,各方可以在共同的减贫服务目标基础之上,整合资源,发挥自身的减贫优势,共同助推脱贫攻坚任务的完成。政府的政策支持、财政支撑和人才输入,企业的就业平台、产品销售和组织管理技巧,社会组织的理念创新、心理疏导和项目管理经验,农村和农民的既有自然资源、传统发展经验和主动脱贫的信心,都可以在一个平台上得到展现,形成减贫合力,提高减贫质量。武陵山区各级政府部门正是遵循了"大扶贫"理念,积极链接各种社会资源,引导各类企业和社会组织参与到精准扶贫工作中,形成了公司、农户、合作社、基地、社会组织等力量紧密合作的减贫体系,推动农业规模化生产,建立了产业一体化经营体系,增加农产品的附加值,提高贫困人口抵御自然灾害和市场风险的能力。

比如湖北省宣恩县加大社会扶贫力度,大力发展农产品加工企业。目前,全县农产品加工企业总数达到 452 家,其中省级龙头企业 4 家(湖北伍家台昌臣茶业有限公司、湖北大派食品有限责任公司、湖北土家爱食品开发有限公司、恩施州亚麦食品开发公司)、州级龙头企业 24 家,出口创汇企业 4 家,县规模以上企业 42 家。一方面,依托这些企业和农民专业合作社,把分散的贫困农户连接起来,走"企业+专业合作社+农户"的模式,切实解决产前、产中、产后的服务和产业做大做强的问题。

另一方面,宣恩县深入开展"千企帮千村"行动,共有 248 家企业和专业合作社对 230 个村进行了结对帮扶,其中 115 个企业对全县 70 个建档立卡贫困

---

① 资料来源:泸溪县文件《抓实对口帮扶 加快脱贫步伐——关于进一步抓好对口帮扶工作的几点思考》。

村进行了结对帮扶,实现了企业对建档立卡贫困村全覆盖,企业共实施帮扶项目900个,投入帮扶资金16 551.21万元;慈善总会、义工协会等7家社会组织通过教育扶贫、产业扶贫、就业扶持、技术培训、捐款捐物、志愿服务、"一对一"结对帮扶等方式,投入帮扶资金1 091.44万元,惠及贫困人口19 918人。全力推广社会扶贫网,截至目前,全县综合注册用户32 671人,2019年增幅29.85%。贫困户累计发布帮扶需求1 547条,帮扶需求成功对接1 059条,对接成功率68.46%,捐助资金99 099元、物资965件。①

重庆市秀山县同样注重深化社会力量扶贫,纳入了中国社会扶贫网试点区县,设立中国社会扶贫网秀山管理中心,建立乡镇(街道)工作服务站、村(社区)信息点,覆盖100%的建档立卡贫困户,注册社会爱心人士41 556人,发布需求1 639条,对接成功率90%以上。②

通过这些方式,武陵山区凝聚了更多的社会力量参与到脱贫攻坚之中,营造了良好的助人奉献的社会环境,提高了减贫效能。

四、增强内生动力,培育脱贫攻坚的内源发展体系

增强贫困人口减贫的内生动力,培育脱贫攻坚的内源发展体系,是确保减贫持续有效和避免返贫的关键要素。贫困人口减贫的内生动力,主要是指贫困人口具有主动脱贫的意识和持续发展的能力。政府和社会可以通过外部物质资本的注入和贫困社区内部人力资本的培养,实现贫困人口的有效脱贫。贫困的核心特点是缺乏性,贫困村民表面缺乏的是物质资源、经济收入以及其他影响其生存和发展的直接手段,实质上缺乏的是获得与应用各种社会资源的能力,以及促进其脱贫致富的发展机会。所以,必须要调动与培养贫困人口减贫的智力和志气,实现"扶志扶智"相结合。扶志和扶智的结合,是开发贫困人口潜能、提高贫困人口能力和有效摆脱贫困代际传递的重要途径。武陵山区各级政府致力于通过发展各种层次、各种类型的教育,保护生态环境,发挥民族文化特色和开展精神扶贫等方面,改变贫困人口固有的福利依赖思维,解决贫困人口内生动力不足问题,提高减贫效率。

(一)发挥生态文化优势,营造内源式发展环境

良好的生态文化环境具有丰富的经济、社会价值,对武陵山区的脱贫攻坚

---

① 资料来源:宣恩县脱贫攻坚县级座谈会发言稿。
② 资料来源:秀山土家族苗族自治县2019年脱贫攻坚工作总结。

工作有着积极的引导作用。一方面,对生态环境的尊重、保护和科学利用,能够更好地提高人们的生活质量。在确保农户生命健康的基础之上,也能带动生态种植、养殖、观光旅游等扶贫项目的开展,拓宽贫困人口的生存发展空间。另一方面,民族地区丰富的本地文化,是极具潜力的发展资源。在遵循民族地区本土文化发展规律的基础上,摸清本地的文化资源优势,积极寻求贫困地区传统文化资源与现代市场经济的契合点,能够更好地促进文化资本转化成经济资本,实现经济效益和社会效益的双丰收。在调研过程中,我们发现武陵山区各级政府都加大了对生态和民族文化的保护支持力度,为脱贫攻坚工作提供了内生资源。

在生态保护方面,武陵山区一是注重依托生态建设项目,调整贫困地区的产业结构,培育贫困地区的生态产业,实现经济发展与环境保护的良性互动。二是完善生态补偿机制和环保考核机制,注重扶贫项目的环境评估与实时监控,将生态环保指标纳入到精准识别体系之中,进一步保证了贫困识别和贫困治理的精准度。三是加大对生态扶贫的宣传力度,提高贫困人口和基层扶贫工作者的生态敏感性,强调区域生态与社会发展的命运共同体地位,将绿色环保融入居民日常的生产生活之中。以湖北省咸丰县为例,咸丰县坚持绿色发展,以"绿水青山就是金山银山"的"两山"理论,推进绿色咸丰建设,强力推进污染防治攻坚战、长江大保护等环保战役,科学高效地推进厕所革命、精准灭荒、乡镇生活污水治理、城乡生活垃圾无害化处理等生态工程。目前,新建公厕133座,完成农村"厕所革命"15 688个;建成三峡库区水污染防治项目污水处理厂3个,11个乡镇污水处理厂已全面实现调试运行;10个乡镇垃圾中转站、6个垃圾填埋场已全部完工;投资788.58万元集中采购垃圾收运设施;建立6个村级垃圾分类试点,并逐步推广。抓实中央和省环保督察反馈问题整改,县内13家煤矿全部关停,非煤矿山裸土复绿有序推进,山长制、河长制、路长制、环保驻厂员制执行到位[①],为脱贫攻坚奠定了良好的生态环境。

在民族文化建设方面,武陵山区各级政府注重从政策、资金等方面支持地方传统文化的保护和挖掘,提升对"本土文化"的尊重和利用程度,逐渐形成了符合武陵山区少数民族特色的扶贫开发方式。在对文化资源的挖掘和开发中,武陵山区鼓励社会资本参与建设,动员社区居民全程参与,指导贫困社区做好文化资源与农业、生态旅游等产业的融合发展,鼓励贫困社区积极学习特色文化工艺品、非遗产品制作技艺,打造具有地方特色的文化旅游品牌,实现文化富民。同时,武陵山区各地强调"内源式发展",特别关注地方性文化知识的发展

---

① 资料来源:咸丰县经济社会发展和脱贫攻坚工作情况汇报。

机制,积极发展具有本地特色的产业,比如高山茶、魔芋等特色产业。在特色产业的发展中,武陵山区政府强调保证弱势群体的平等权益,常常在产业项目中单独设计专门以弱势群体为对象的项目援助。通过这些努力,武陵山区脱贫攻坚工作拥有了广泛的群众基础,有效地扩大了精准扶贫的覆盖范围,为实现武陵山区经济和社会事业长远发展奠定了坚实基础。

(二)加强扶志扶智,提高贫困人口的内生动力

思想是行为的先导,脱贫攻坚的顺利开展有赖于互助共济、好学向上等优秀文化理念的引导。贫困不仅仅表现为物质上的困顿,也表现为精神上的匮乏。精神贫困是一种经济或非经济性的制约因素造成的个人、家庭或群体在思想道德素质、心理状态、价值观念、思维习惯和行动方式等方面落后于社会主流精神水平,以致自身发展所需的精神需求不能被满足的生存状态。[①] 物质贫困与精神贫困之间有着相互关联、互相影响的内在逻辑关系。一方面,物质贫困对贫困人群的精神状态起着制约作用。古语有云"人穷志短",缺少必要的物质基础,限制了贫困人群的生存意识、生活态度、价值观念和行为模式等,以至于贫困人群落入"贫困亚文化"的陷阱,无法自拔。另一方面,精神上的贫困限制了贫困人群改变现状的行动,贫困人群缺少改变现状的内在动力,缺少自我发展的意识,无法摆脱物质上的贫困状态。因而,在解决物质贫困问题的同时,要更加关注精神贫困。武陵山区各级政府,在推进精准扶贫的过程中,既重视"物质扶贫"也强调"精神脱贫",通过加强农村精神文明建设,为啃下脱贫攻坚"硬骨头"提供了强大的精神动力。

一是注重加强宣传引导,塑造良好的减贫文化。观念是行动的先导,树立了正确的观念,贫困群众的思想才能更解放,眼界才会更开阔,脱贫致富的信心才会更饱满。武陵山区各级政府在注重产业扶贫的同时,又狠抓贫困群众的思想和科学文化素质及致富技能的提升,把办好事、办实事与抓观念、抓思路结合起来。收集整理了精神扶贫宣讲稿,编印成册,发放到乡镇和村社,并组织职能部门业务骨干深入贫困村,走到困难群众中间面对面开展宣讲培训。帮扶工作队队员、驻村干部、村组干部,以及普通基层党员、群众义务宣讲员等以不同的形式开展思想教育,对党的理论、惠民政策、法律法规、农业技术等方面开展宣传教育培训,教育引导群众不因贫困而气馁,树立贫困群众突出"贫困"这个重围的信心和决心。比如贵州省印江县充分利用"新时代农民讲习所""新时代文

[①] 黄颖.摆脱"精神的贫困"——新时期贫困者精神脱贫的思考[J].法制与社会,2012(33):166-167.

明实践中心"等平台,按照"党的政策好、人居环境好、社会风气好、干群关系好"的要求,积极探索"文军"扶贫,引导贫困人口转变思想观念、提振脱贫信心。大力营造了崇德向善、明礼知耻和争贫可耻、脱贫光荣的浓厚氛围。

二是改善农村公共文化设施,完善脱贫激励引导机制。武陵山区各级政府在脱贫攻坚之中,注重统筹资源,加快推进贫困乡村文化扶贫,改善农村文化基础设施,加大基层综合性文化服务中心建设力度,丰富村史馆、文化广场等文化场馆建设,努力完善乡村公共文化服务体系。同时,武陵山区各级政府注重从致富能手、农民经纪人、外出务工返乡农民党员等人群中选拔优秀人才担任贫困村的村党支部书记,建设坚强有力的领导班子,深入开展服务型党组织创建活动,强化贫困地区农村基层组织服务功能。武陵山区各级政府还通过树立脱贫典型、致富能手等形式,激发贫困群体脱贫的主体意识,塑造贫困群体对生活环境的新印象,让贫困群众在心理上更加富有"安全感",让贫困群众形成"自助"和"自决"能力,点燃其生活的希望。

比如湖北省咸丰县致力于实施"文化扶贫"计划,加强农村公共文化服务设施建设,大力开展公益讲座、文艺演出、书画展览、广场舞比赛、群众性体育比赛等文化惠民活动,进一步繁荣农村文化生活。近年来,全县村级基本公共服务投入资金1.7亿元,农村生活条件改善投入资金4.32亿元,农村基本公共服务功能进一步完善。与此同时,织密扎牢农村社会保障网,加大慈善救助、大病救助、临时救助力度,建立农村贫困群众和"三留守"人员关爱服务体系,持续加大农村低保对象、五保户、孤儿、残疾人的保障力度,实现应保尽保、兜底脱贫。坚持扶贫同扶志、扶智相结合,建立完善脱贫激励引导机制,深入开展"三树三提"(一场结对扶志树信心、一项爱国卫生运动树形象、一个最美评选树标杆、一场道德讲堂提素质、一系列创业就业培训提能力、一批典型表彰提干劲)、"我与亲人过佳节"等系列活动,帮助群众树立信心、自力更生,群众对脱贫攻坚的认可度持续提升。同时,咸丰县依托新型农民阳光培训平台,开展种养殖、食品加工、餐饮服务、青年创业、电子商务等各类技能培训2万余人次,认定新型农民4000余人,切实激发了贫困人口的内生动力。①

三是充分利用村规民约和传统互助文化,营造积极向上的减贫环境。武陵山区的脱贫攻坚工作重视贫困社区的地方性发展特征,注重将贫困农村既定的行动规则、风俗、认知和行为习惯,融入现代市场经济发展之中。同时,武陵山区注重加强村民自治化管理,各乡镇结合各村实际修改完善村规民约,对村民脱贫行为进行规范,引导群众更新生活理念、加强自我约束、革除陈规陋习,共

---

① 资料来源:咸丰县经济社会发展和脱贫攻坚工作情况汇报。

树文明新风。比如重庆市秀山县常态化开展"家风家训传承"等精神文明创建活动,激励贫困群众主动脱贫。持续开展"红白喜事"大操大办整治行动,乡风民俗焕然一新。①

总之,武陵山区在脱贫攻坚过程之中,通过搭建系统性、持续性的社会支持网络,发挥不同主体的内在优势,在外部帮扶的基础上,提升贫困人口的发展能力,调动贫困人口的发展动力,践行脱贫攻坚的相关政策,保护生态环境,发展特色文化产业,大力推进精神扶贫工作,引导贫困人口依靠辛勤劳动摆脱贫困,实现了物质扶贫和精神扶贫的"双丰收"。

五、强化保障措施,建立脱贫攻坚的返贫应对体系

脱贫攻坚战进入决胜的关键阶段,需要格外重视贫困人口的返贫问题和相对贫困问题的预防。对于已经摘帽的贫困村和贫困户,要建立健全脱贫发展的长效机制,巩固既有脱贫成果。武陵山区在脱贫攻坚过程中,把防止返贫摆在重要位置,把相对贫困问题纳入政府各部门的常规性治理工作中,牢记摘帽"不摘责任"、"不摘政策"、"不摘帮扶"和"不摘监管"。一是注重强化脱贫攻坚的考核监督机制,确保脱贫攻坚的外部扶助主体能够责任清晰、角色精准,全力投入精准扶贫工作。二是全力做好"两不愁三保障"的排查整改工作,建立健全农村的社会保障体系,解决运动式、形式化的扶贫弊端。三是从贫困社区和贫困人口内部着手,在做好本地产业发展的同时,加强科技扶贫和教育扶贫,提升贫困人口的发展能力,增加贫困人口的工作机会,提高脱贫攻坚的持续性、有效性。

(一)健全脱贫攻坚的考核监督机制

完善脱贫攻坚工作的考核监督机制,有助于保证脱贫攻坚的质量,防止形式主义,应对返贫现象的产生。武陵山区各级政府在精准扶贫工作过程中,一方面,通过制度规范,注重明确各级党委、政府的责任,搭建脱贫攻坚领导小组,协调不同政府部门在扶贫中的具体工作,做到资源的整合利用,提高减贫效率,避免资源浪费。另一方面,强化扶贫资金的监管和脱贫工作的考核监督,把考核监管工作纳入扶贫的总体规划之中,形成长效的监管体系。同时,武陵山区各级政府注重修订脱贫攻坚考核办法,优化经济社会发展实绩考核指标,强化激励惩戒机制,发挥好考核监督机制的约束力、执行力和推动力,确保脱贫攻坚的持续有效性。

---

① 资料来源:秀山土家族苗族自治县2019年脱贫攻坚工作总结。

比如重庆市秀山县扎实做好脱贫攻坚基础性工作,为打赢打好脱贫攻坚战提供坚强有力的制度保障。一是修订脱贫攻坚考核办法,优化经济社会发展实绩考核指标,将脱贫成果巩固、落实巡视整改等纳入考核范畴,将乡镇(街道)、县级部门脱贫攻坚考核分值由2018年的10分,分别提高到30分、20分。健全考核约谈机制,对年度县级考核排名靠后的乡镇党政主要负责人、分管负责人,县级帮扶单位主要负责人,进行集中约谈。二是坚持问题导向、强化问题整改,优化整改工作机制。成立脱贫攻坚问题整改工作领导小组,建立县、乡镇、村"三级联动"机制,下设办公室和11个专项小组,抽调24名干部与扶贫办、攻坚办合署办公,并成立临时党支部,实行各级定期调度、整改挂牌督办、签字背书销号、核查验收制度。三是抓党建促脱贫攻坚。集中开展软弱涣散基层党组织整顿,深入实施农村带头人队伍整体优化提升行动,基层党组织战斗堡垒作用充分发挥。认真落实农村党员发展3年规划,动态保持每村1名本土人才,有效解决基层干部后继乏人的问题。四是强化扶贫资金、项目的使用监管。秀山县出台《秀山土家族苗族自治县统筹整合使用财政涉农资金管理办法》《关于加强扶贫资金监管的意见》等政策文件,紧盯扶贫资金分配、使用、拨付、监管等关键环节,确保扶贫资金使用高效。五是做好涉贫信访处置工作。加大扶贫信访工作力度,建立健全涉贫矛盾纠纷排查调处机制,对重要涉贫舆情早发现、早化解,对突发性事件及时控制、及时处置,将问题解决在基层、把矛盾化解在萌芽状态[①],改善了干群关系,提高了减贫质量。

(二)全力做好"两不愁三保障"的排查整改工作

到2020年稳定实现农村贫困人口"两不愁三保障",即不愁吃、不愁穿,保障义务教育、基本医疗和住房安全,是脱贫攻坚最基础也是最核心的指标,更是贫困人口一直以来的梦想,寄托着人民群众对美好生活的向往,意义重大。着力解决"两不愁三保障"突出问题,涵盖了与最广大人民群众根本利益密切相关的医疗、住房、教育、就业、社保等民生事业。在"两不愁三保障"问题上,武陵山区各级政府坚持问题导向,坚决抓好整改落实,深入系统地把各项民生工作做实做细,取得了很好的成效。

比如湖北省宣恩县根据习近平总书记在重庆主持召开解决"两不愁三保障"突出问题座谈会的讲话精神,结合省、州安排部署,全面开展"两不愁三保障"问题排查工作。2019年5月以来,全县上下按照"双十看"(十看村、十看户)的要求,组织"尖刀班"对全县农户进行"回头看",开展"两不愁三保障"突出问

---

① 资料来源:秀山土家族苗族自治县2019年脱贫攻坚工作总结。

题"拉网式"排查,并配套出台《关于解决"两不愁三保障"突出问题实施方案》等政策文件进行指导。全县 279 个村共计摸排出村问题 114 个、户问题 250 个,已全部完成整改,为贫困人口解决了实际困难。[①]

重庆市秀山县则印发了"两不愁三保障"动态监测实施办法,建立"两不愁三保障"突出问题动态清零机制,对义务教育、基本医疗、住房安全、饮水安全、家庭收入等突出问题实行动态监测,一月一调度、一月一通报、一月一清零,做到第一时间发现问题、第一时间处置问题、第一时间消化问题。同时,建立快速处理机制。坚持清单式管理,建立问题清单、整改清单、任务清单、责任清单、效果清单"五张清单",做到挂图作战、打表推进,全过程台账管理、对账销号。坚持绿色通道办理,从 9 个"两不愁三保障"职能部门,分别抽调业务骨干到县扶贫攻坚办集中办公,分线开通"六条绿色通道",快速研究解决教育、医疗、住房、饮水、低保、产业等具体问题。

具体而言,秀山县针对"两不愁"问题,通过发展订单农业、消费扶贫、农村电商等产业扶贫方式,扶贫车间、公益性岗位、劳务协作等就业扶贫方式,以及低保兜底、临时救助等政策扶贫方式,千方百计增加贫困群众收入,确保了贫困群众不愁吃不愁穿。针对"义务教育保障"问题,健全义务教育控辍保学工作机制,建立工作台账和信息系统,控辍保学精准到人,确保了建档立卡贫困户子女义务教育阶段无辍学、无失学。针对"基本医疗保障"问题,采取基本医保、大病保险、医疗救助等方式强化医疗扶贫,确保基本医疗保障 100%。落实"先诊疗后付费"、"一站式"结算,累计惠及贫困群众 21 783 人次。针对"住房安全保障"问题,建立乡镇常态化巡查机制,第一时间保障农村困难群众住房安全。组织开展房屋安全等级鉴定挂牌,全县共鉴定农房 26 957 栋,建档立卡贫困户 16 861 栋。经鉴定,未发现一户重点对象居住房屋为 C 级或 D 级危房。针对"饮水安全保障"问题,采取建管并重方式改善饮水条件,确保饮水安全保障 100%。[②] 通过以上方式,为"两不愁三保障"的实践质量奠定了坚实的基础,避免贫困人口返贫。

(三)搭建多维减贫体系,保证脱贫攻坚持续有效

确保脱贫攻坚持续有效,不因外部经济和社会风险产生返贫现象的最原始动力,还在于贫困人口自身发展能力的提升、应对外部风险能力的建立和社会支持网络的搭建。帮助贫困群体自强自信,树立人生目标、提升认知能力,摆脱

---

① 资料来源:宣恩县 2019 年脱贫攻坚工作情况汇报。
② 资料来源:秀山土家族苗族自治县 2019 年脱贫攻坚工作总结。

"人穷志短"的困境,重点就在于变授人以鱼为授人以渔,让其掌握生产生活的技能,拥有就业创业的机会和平台。武陵山区各级政府注重以教育扶贫为基础,以科技扶贫为内核,以社保兜底为保障,协同各方力量,塑造稳固灵活的社会支持网络,营造积极进取的社会帮扶环境。

一方面,武陵山区各级政府积极发展教育事业,提高贫困人口生产技能,阻断贫困代际传递。武陵山区各级政府不断加大教育投入,全力抓好控辍保学,全面落实各学段资助政策,巩固义务教育均衡成果,不断改善贫困乡镇和贫困村义务教育办学条件,最大化减少因学返贫,促进教育公平,阻断贫困代际传递。另外,武陵山区各级政府注重根据贫困群体的主体特征,量身制定针对性强的扶贫项目,因地制宜开展各种培训活动,加大各类别、各群体的技能教育,培养贫困群众的生存和发展技能,进一步提升其获取社会资源的动力和能力。比如贵州省思南县持续加大控辍保学力度,认真落实控辍保学"七长"责任制,及时劝返失学辍学义务教育阶段学生。持续加大基础师资建设,全县有各类学校 315 所、在编在岗教职工 9 093 人,薄弱学校改造工作已全面完工,确保了贫困学生"有学上"。2014 年以来,先后兑现各类教育扶贫资助资金(含学生营养改善计划补助资金)8.97 亿元,受助学生 140.24 万人次,确保了贫困学生"上得起学"。[①] 同时,大力推进农业科技扶贫促进工程,实施农村实用人才培养、新型职业农民培育,提升综合技能,真正实现由被动"输血"向主动"造血"的转变。

另一方面,武陵山区各级政府注重从贫困群体的类别和需求角度设置扶贫政策,规划扶贫项目,按照缺什么补什么的"问需式"原则,制定贫困户"一户一策"的精准脱贫计划,提高贫困个体和贫困家庭减贫的针对性。比如湖北省宣恩县注重建立防止返贫机制,鼓励农民发展生产,减小农民生产风险,制定出台了《宣恩县"农业产业扶贫一揽子保险"实施方案》和《宣恩县"防贫保"工作实施方案》。通过政府统一购买保险的方式,为贫困人口抗风险、增效益,2019 年以来,已为全县 1 387 户种养殖贫困户赔付补贴资金 157.7 万元。另外,在易地扶贫搬迁过程之中,宣恩县针对搬迁的贫困人口提供了更加精准化的服务。参照村级服务事项、服务流程,设立一个社区服务中心,开展便民服务,增强社区服务质量。同时,从产业、就业等方面重点着力,助推搬迁群众"搬得出、稳得住、能致富"。在安置区周边建设蔬菜大棚、香菇大棚 18 个,建设茶叶、药材、水果等加工厂 49 家,直接带动易地扶贫搬迁安置区 2 000 余人通过产业或参与就业增收。积极引进扶贫企业,建设标准厂房 2.7 万平方米,利用安置点配套的一楼架空层引进服装加工、卫生洁具等劳动密集型企业 55 家,吸纳 1 200 名易地

---

① 资料来源:思南县 2019 年脱贫攻坚工作情况报告。

扶贫搬迁对象就业。出台奖补政策,引导安置区周边 65 家企业吸纳 3 000 名易地扶贫搬迁对象就业[①],增加了贫困人口的就业机会,提高了减贫的持续有效性。

总之,在脱贫攻坚过程中,武陵山区各级政府始终把 2020 年全面小康作为最终目标,同步管理、分类施策。对已脱贫户家庭收入状况、生产生活情况进行动态监测,定期回访,跟进措施,防止反弹;对未脱贫户精准施策、对标补短,确保如期脱贫;对因自然灾害、意外事故等原因造成家庭困难的和"疯孤散残"的个别农户,采取有效措施,给予重点扶持。同时,持续落实医疗卫生、教育扶智、危房改造、低保兜底等惠民政策,尽力杜绝因病、因灾、因学返贫;对留守妇女、儿童、老人和五保、重度残疾等特殊群体,建立清单,实行特殊人群特殊关爱,形成了具有地方特色的可推广的减贫经验,为全面建成小康社会奠定了坚实的基础。

---

① 资料来源:宣恩县 2019 年脱贫攻坚工作情况汇报。

第八章　武陵山区脱贫攻坚面临的问题与挑战

作为革命老区、民族地区和贫困地区叠加的区域，武陵山区是国家确定的第一个率先启动区域发展与扶贫攻坚先行先试的片区。2011年以来，在协调区域发展与脱贫攻坚的政策机遇下，武陵山区的贫困人口从2011年的793万[①]减少到2019年底的49万，下降了93.8%，年均减贫率11.7%。2013年至2018年武陵山区人均GDP增长率在14个片区中居于第三位，高于全国平均水平1.32个百分点。[②] 武陵山区的脱贫攻坚，基于集中连片特困地区的经济社会发展实际，以"精准扶贫""科学扶贫""系统扶贫"等理念为指引，凝聚起了省部联动、地方协作、群众参与的合力，实现了脱贫攻坚与区域经济发展、生态文明建设、民族团结进步的多赢，是党的十八大以来我国整体消除绝对贫困问题、决胜全面小康事业的集中体现，是中国式减贫方案的一个典型。然而因为各种原因，武陵山区脱贫攻坚仍然面临着一些问题和挑战，需要引起各界的重视与关注。

一、武陵山区脱贫攻坚面临的问题

武陵山区脱贫攻坚面临的问题既有内在问题，也有其外在问题，既有政策推进的问题，也有条件环境问题，具体表现为以下几个方面。

（一）边缘地位惯性阻力

因为不同主体在同一地理空间、政治、经济、文化、社会等体系中所处的位置不同，形成了"中心—边缘"结构关系，但随着中心先天与后天优势集聚，造成

[①] 何春中.武陵山片区脱贫攻坚取得决定性进展[EB/OL]. http://news.cyol.com/yuanchuang/2018-11/28/content_17825162.htm,2018-11-28.

[②] 孙久文,张静,李承璋,卢怡贤.我国集中连片特困地区的战略判断与发展建议[J].管理世界,2019,35(10):150-159,185.

了结构分化。与此同时,它不仅仅是一种位置关系,更是一种发展格局关系,体现了支配与依附的发展关系。这一分析框架,在国家减贫与发展领域、国际地缘政治与国际关系、区域经济发展、组织管理和社会发展、社会关系网络等领域得到广泛运用,甚至表现出了某种被建构成社会科学研究的新视角的潜力。在区域经济社会发展过程中,"增长极理论"和"梯度发展"被广泛运用,通过集中资源打造增长极,借助中心的"极化效应"和"扩散效应"带动区域经济发展。但是中心的"扩散带动"作用发挥的前提是经济持续增长与中心的功能转移,往往一段高速增长后持续增长难度较大,中心因某种优势不断积聚而做大做强,使得这些区域最终发展成集多重功能于一身的中心区,而另一些区域则不得不依附中心发展,服务于中心发展,原因在于边缘地位、资源劣势和区位因素难以改变。尽管当前世界上出现去中心化趋势,但是在武陵山区,中心带动区域经济发展仍是主要的发展思路。

1. 发展格局的边缘地位

在武陵山区周边,有着武汉、长沙、重庆和贵阳等区域性中心城市,前三个都是要在某一时间段内建设成国家中心城市。相对于中心城市,武陵山区地理环境和生存条件普遍较差。在巨大的中心城市虹吸效应下,出现了区域发展的极化现象。可能对于区域发展来讲,增长极是带来区域发展的核心动力,但对于其带来内部分化与边缘区域发展格局弱化的问题也需要引起关注。"中心—边缘"空间结构关系既是地理空间差异与非平衡发展的产物,又成为地方政府争取发展机会与资源的重要依据与政策工具。

湘西州是武陵山区重要的构成。在湖南正在实施"一核三极四带多点"战略背景下,湘西、张家界的经济社会边缘地位日益明显,所在的比重却分别出现了下降,区域发展不平衡态势愈发凸显。2018年底,张家界和湘西两个区域的GDP总值为1 183.97亿元,远远低于怀化,只有岳阳、常德的三分之一,约为长沙的10%,其中湘西州人均GDP为2.3万元,处于湖南省最低水平。

同样,湖北省的恩施州人均GDP一直处于全省最后,2018年底人均GDP是全省人均GDP的40%左右,约为鄂州的四分之一、武汉的七分之一。渝东南地区、贵州的武陵山区几乎都是如此。相对于经济发展的落后,这里的资源却是丰富的,生态资源、文化资源、旅游资源、矿产资源都很丰富,但是诸多资源无法有效转化为当地经济社会发展的资源依赖。武陵山区经济发展以自然生态经济为主,其自然资源特别是矿产资源分布星散,无法形成产业集聚开发基地。

2. 城乡结构的边缘地位

2011年以来,在城镇居民的收入上,恩施州在湖北全省处于最低水平。2018年恩施州农村居民人均可支配收入为10 524元,城市居民人均可支配收入为 28 918 元,农村居民人均可支配收入是城市居民人均可支配收入的 36.4%。2018 年底,湘西州全州居民人均可支配收入 15 442 元,其中城镇居民人均可支配收入 24 728 元,农村居民人均可支配收入 9 183 元,农村居民人均可支配收入是城镇居民的 37.1%,是全州居民人均可支配收入的 60% 左右。① 研究表明,经济越发达地区,城乡收入两极分化程度对经济发展水平的负面影响效应越大。由此看来,城乡二元结构在武陵山区比较明显,根本原因在于农村在城乡结构中的边缘地位,这种边缘地位源于历史因素,也有当前城市发展的竞争优势明显,更多的来自政策设计与资源投入。影响政策设计与资源投入的核心因素是发展思路与发展定位。

问:未来发展可能遇到的困难有哪些?

答:主要是资金,钱,现在固定资产都是高铁,城市建设好,路修好,来招商引资。农村这块,县就是 14 个多亿,支出 9 个多亿,将老底用上了。

——访谈资料:HBXF-SDFT-FPB-01

问:您怎么样来看待我们区域性的贫困?您觉得它的特殊性在什么地方?

答:这个特殊性,我感觉是这样,第一个它处于一个特殊的地理位置,到咸丰县开车的话要一个半小时。说实话我都不知道这个山外面到底是哪里,他们说是黔江,但是我也没到过黔江。多数时候就是在村里,一出去就只知道这里是自然保护区,是一个禁止开发的地方,它是封闭的,条件落后。第二个,是人的思想观念的问题。比如说,我们那个村很多年轻人都想办法外出挣钱、走出去,走出去之后就没人愿意回来,留守在家的都是老弱病残,在家里学习的学生更少,学生都到外面的集镇、城市去上学。

——访谈资料:HBXF-SDFT-SFS-01

尽管国家大力推进城乡融合,实现城乡一体化发展,这种导向符合现实与未来发展需求,但因为城乡二元结构根深蒂固,人口流动、户口迁徙、子女教育、就业、同工同酬、社会保障等方面的制度仍存在诸多潜在分化,城乡居民待遇差别较大,在基础设施建设、投融资体制、社会福利、教育体制等方面以城市为中心的格局尚未改变。人口在城乡之间自由流动,加上农村人才使用与整体环境欠佳,农村在人才竞争方面明显落后于城市,人力资源的城市优势集中特别明显。那些文化水平较高、具有一定知识与技术的人被城市接纳的可能性较高。留在武陵山区农村较多的是老弱病残等留守人员。尽管基础设施建设速度很快,信息扶贫力度加大,互联网成为弥合城乡鸿沟新的契机,但是因为武陵山区

---

① 此部分数据来源于湖北省恩施州、湖南省湘西州 2019 年度政府工作报告。

人力资源不足,对信息的认知、获得、利用程度均不高,影响着信息、科技、基础设施、生产资源、资金等各类生产要素的充分融合。随着乡村振兴战略的推进,武陵山区贯穿城乡之间的交通、道路、电信等基础设施方面投资的不断增加,城市资本、科技等向农村转移,人才不足问题将会更加严重。与此同时,长期形成的城乡二元金融体系,使得武陵山区产业发展所需的金融资本不足。另外,电商扶贫的推进使得武陵山区特色农产品销售难问题得以缓解,但是"卖全球"和"买全球"现象并存,导致武陵山区农村居民消费日益外部化甚至全球化,加剧了当地产业发展的外在竞争力。卖出的是低附加值的农产品,买进的是高附加值的工业品,在很大程度上摧毁着农村经济发展体系。

(二)脆弱性制约严重

1. 生态脆弱

武陵山区山地、丘陵众多,生态系统较为脆弱,地形起伏巨大,反映了突出的过渡性特点。近年来,虽然各级政府对于武陵山区区域生态保护和修复做了诸如荒漠化治理、小流域治理等工作,但各类资源开发强度的不断加大,使得区域生态安全和流域水土保持面临日益严重的威胁,存在生物多样性受损、石漠化、土地生产力下降等问题。

其一,农户生计所依赖的生态资源锐减。近数十年的资料表明,区域内绝大部分野生动物分布区显著缩小,种群数量锐减。随着退耕还林、自然保护区建设与管理、野生动物保护与交易管制等工作的推进,打猎、伐木、采集等农户所依赖的靠山吃山、靠水吃水的传统生计模式难以持续,迫使武陵山区农户寻找摆脱依赖野生资源维持生计的路径,打造独特的外在资源依赖发展模式。

其二,频繁的生态灾害。比较典型的生态灾害是石漠化,以重庆彭水为例,2017年彭水石漠化面积931.96 km^2,占彭水县面积的32.19%,相对于2012年仅减少了23.94 km^2。研究区石漠化状况依然严峻,其中重度石漠化面积由112.0 km^2 减少到了 56.28 km^2,中度石漠化面积由593 km^2 减少到506.72 km^2,轻度石漠化面积则由239.53 km^2 增加到368.96 km^2。中度石漠化和轻度石漠化占据主导地位,两者占了研究区石漠化面积的93.96%。与此同时还有频发的洪涝、干旱、风雹等自然灾害。频繁的自然灾害,使武陵山区经济陷入了年年受灾、年年恢复的恶性循环。

其三,土地产出能力的下降。土地产出能力的下降也是当前武陵山区生态脆弱的又一显著特征。土地产出能力的下降表现为:第一,传统农作物产量达到峰值,增长空间狭小;第二,机会成本增加,外部劳动力价值的上升使得农业劳动力投入的经济价值锐减。调查中,很多村民就谈到当前土地的生产能力大不如以前了,在同一块土地上种植的作物,如今的产量已经不及此前的一半了。许多人开始转向农业、家庭副业或外出务工等多元化的生计方式,单纯务农的农户越来越少,非农化趋势明显。

"在发展产业上土地贫瘠,要请上级增加资金扶持,我们可以采取飞地发展模式。"

——访谈资料:GZSN-SDFT-RJC-01

2. 扶贫产业发展较为脆弱

问:您觉得在脱贫攻坚发展过程中,有什么不太好的地方,或者说有什么劣势?

答:嗯,我觉得也不是说不太好吧,可能是我们还没有做足的地方。第一个是产业的发展。陈家台村整体的产业分布是比较分散的,有的组可以发展茶叶,但是其他组发展茶叶就没有收成。所以说我们产业的发展,它有一个局限性,它的覆盖面不是特别全,它的规模化也不是特别高。一组、七组和四组这几个组的茶叶的种植面积比较大,而十组、二组、十二组以及五组、六组茶叶就比较少,可能就会想发展其他的产业。比如说,十组、十二组,目前就尝试着种了一百亩的李子树。后期观看效果吧,如果说种李子后期确实有收益的话就扩大规模,但是如果形不成收益的话,就可能不会去扩大,就要终止,就是说还在一个适应阶段。第二个就是村集体经济收入。村集体经济收入的要求还比较高,就是得以村的名义成立一个经营公司,每年利用这个经营公司来为村里赚钱。我们村目前虽然说与其他两个村合伙成立了一个经营公司,但是这两年村集体经济收入增长比较慢。去年承包了一个修路的工程,呃,有两万多元村集体经济收入。今年承包了全村的折旧复垦工作,收入目前还没有到账,就是具体多少钱还不清楚。它不是一个长期的,就是说有工程、能做才有收入,如果没有工程、做不了,那就没有这个收入,没有形成长效的机制。我觉得这是我们比较薄弱的两个点。

——访谈资料:HBXE-SDFT-CJT-01

"最初的产业是种核桃,2010年搞茶叶,一开始都在跟种,老百姓把补助花掉了,后面茶叶却没有了,现在镇里面只有一片茶园,我们村没有,2013年发展核桃。老百姓是冲着补助来的,而不是真正想种植。一开始我们连公路都没有,后面我们也修路了。2018年栽上去的核桃,第一批苗成活率很低,后面又补了一批,80亩。"

——访谈资料:GZYJ-SDFT-GJC-01

扶贫产业具有不确定性和多变性,外在风险主要有以下方面。

一是自然风险。可以说,在农村产业扶贫实践中,无论是发展农业生产项目、商贸服务项目或者是其他任何项目,稳定的、优良的自然环境都是发展的大前提。因为一旦项目实施的区域发生暴风雨、暴雪、地震等其他不可抗拒的、难以预见的自然灾害时,都会影响到当地的生产、经营和发展,给经营主体带来不同程度的经济损失,而这种损失最终往往是由参与主体自己承担。

二是市场风险。

"楼房村的茶叶现在人均已经达到了1亩,总共有2 000多亩,现在我们最担心的事情就是茶叶的销路。"

——访谈资料:CQYY-SDFT-TC-04

"目前我们茶叶的发展重点还是市场,市场风险是很大的,目前我们是自己的企业主动找市场。第二个风险是自然风险。"

——访谈资料:GZSN-SDFT-NYNCJ-01

在市场经济制度下,一切农业生产经营活动都是在农户或企业交易的市场中进行的。品牌、质量特别重要,但是在武陵山区很多产业品牌知名度不高,销售渠道民间化较多,市场化程度不高。市场的供求失衡以及价格波动,造成销售收益波动的风险,从而给产业发展造成一定的经济损失。

三是政策风险。产业扶贫是解决扶贫过程中政府和市场失灵问题的有效政策。产业扶贫相关政策风险产生的原因在于以下两方面:一是由于县域政策差异性和具体扶贫政策变动,财政补贴、技术支持、消费扶贫、帮扶协作等都可能存在一定的不确定性,从而给产业扶贫带来不确定性;二是因脱贫攻坚时间紧任务重,缺乏充分的调研和科学论证,存在一定的缺陷与不足,有可能造成产业扶贫在实施过程中偏离目标。

内部风险主要表现在以下方面。

一是契约风险。根据不完全契约理论,所谓契约风险是指由于人们信息获得的不完全性和决策的有限理性,产业扶贫主体不可能提前预测到事后可能发生的所有未知情况,所以,契约条款的不完全将会给参与主体带来造成损失的可能性。另外,还有一方违约给对方带来损失的可能性。可以说,契约包含的可能面临的风险预测和风险责任分配越完善,那么风险转移的可能性越低。然而,由于人的智力有限、现实多变,契约不可能完全,所以为产生契约风险创造了条件。

二是管理风险。调研发现,农民组织化程度和农产品商品率较低,产业化链条不完整,农产品销售物流运输能力薄弱。在实践调研中,我们发现受扶贫

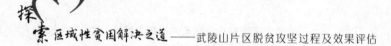

对象文化程度和农业技术水平高低的影响,对农产品的质量和品质管理参差不齐,有些产品远远低于企业的收购要求,因此造成农产品产量和市场价格的大幅波动,进而给农户、合作社或者企业造成一定程度的经济损失。

三是资金风险。产业扶贫项目的主要资金来源是地方政府和企业。其中,地方政府投入的扶贫专项资金有可能在分配、拨付和使用的过程中因缺乏专项管理而出现"雁过拔毛""吃拿卡要"现象或者"精英俘获"效应,导致扶贫资金使用效率低下,有限的资金不能真正落实到位到人。同时,在财政专项资金使用时,政府限制、监管严格,按照专款专用的机制,也可能使财政扶贫资金偏离贫困群众的实际需求。另外,在龙头企业带动的产业扶贫项目中,企业投资也是重头戏,通过企业投资建设经营项目,政府投资补贴配套设施建设或者补贴建设金额,建成带贫项目。但在项目的实施过程中,有可能出现亏损、破产等问题,这就需要预防企业撤资,造成扶贫资金流失等风险。

3. 贫困农户风险应对能力不强

武陵山区的社会形态是传统性、现代性与全球性并存,同时也具有一定的后现代特性。传统风险、现代风险、后现代风险交织在一起。全球化、信息技术、整体社会高风险的特征增加了武陵山区贫困农户经济社会生活的不确定性,并形成风险冲击,削弱了武陵山区家庭的风险抵御能力,部分家庭随时会陷入贫困或贫困恶化。研究证实,各类风险和生计的不确定性是贫困群体最大的忧虑。

首先,武陵山区贫困农户面临着劳动力丧失的风险。由于武陵山区道路交通条件、自然灾害等外在因素,各类人身意外事故发生的可能性超过平原地区,甚至危害到居民的健康,加剧了部分贫困人群因为重病、重残、年老、长期慢性病折磨等原因而丧失劳动力的风险。

其次,武陵山区贫困农户面临着人力资本匮乏的风险。由于贫困引发的疾病及儿童营养不良和较早时期辍学现象导致体质下降和受教育水平不高,人力资本退化或丧失。此外,留守老人带来家庭医疗、养老负担的加重,进一步消减了武陵山区贫困人群的自我发展能力。

最后,武陵山区贫困农户面临着社会支持不足或无效的风险。由于经济资源不足,贫困人群面临社会交往"孤岛化"。由于农户举家迁徙的现象增加,贫困农户社会关系存在本质上断裂、社会排斥等风险。同时,由于缺乏内生动力等各种原因,许多情感支持、资源支持、机会支持等呈现无效状态,贫困农户得到来自亲朋好友的生产扶持、就业发展、搬迁安置等支持与发展性措施逐渐减少。

(三) 片区脱贫攻坚协作机制运行不顺

武陵山区脱贫攻坚涉及湖南、湖北、贵州、重庆四个省市，需要跨区域进行贫困协作治理。但是省、市、县、乡镇各级地方政府行政归属不同，跨区域协作联动机制运行不是很畅通。

1. 跨区域合作贫困治理缺乏法律制度的保障

在现有的经济社会发展环境与行政管理体制下，跨区域地方政府合作机制离不开法规的引导与约束。我国现行宪法及《中华人民共和国地方各级人民代表大会和地方各级人民政府组织法》只规定了各级政府管理本行政区域事务的权限，涉及有关地方政府合作治理的具体规定和条例几乎空白。迄今为止，我国只出台了一部以整顿地方保护主义为目的的《中华人民共和国反不正当竞争法》，保护市场自由运行。近年来，我国在大气污染、协同发展等方面进行跨区域协同治理的探索，形成了一些经验，但公共资源分配、衔接与协同、区域产业布局、区域文化、社会发展协同等具体事务的合作如何进行，尚缺乏有效的法规支持。

2. 区域协作发展机制有待深化

"屁股决定脑袋"，现行行政区域管理制度与领导干部选拔任用机制，使得地方政府领导干部较多地着眼于谋划和促进本地发展，各领域经济社会政策追求本区域利益最大化，仅考虑本辖区的经济利益。原因在于，一方面地方政府肩负着发展地方区域经济的责任，会不自觉采取一些地方保护政策，如阻止本地稀缺生产要素和利益外流，制定有利于本地企业胜出的政策或者采取本地企业隐形优惠政策。另外，湖南、湖北、重庆、贵州等地武陵山区的经济发展更多服务于本省产业布局，依托于本省资源，发展与省域经济相协调的经济体系，整个武陵山区经济体系互补性不明显，制定的经济发展政策仅着眼于各自行政区，相互之间争夺资源和市场。行政区域管理制度的缺陷造成区域政府之间过度的排斥性竞争，损害了双方的利益。跨省交界欠发达地区经济一体化发展机制尚未成型，基础设施互联共享机制尚未形成，公共服务与产业发展优势互补的合作体制机制尚未建立。

3. 跨区域贫困治理的组织体系尚未完善

《武陵山片区区域发展与扶贫攻坚规划（2011—2020年）》将武陵山区定位为"跨省协作创新区"，要求强化区域合作，探索区域合作新局面，成立了武陵山片区区域发展与扶贫攻坚试点联系工作领导小组。当前武陵山区地方政府间跨区域合作治理的组织体系较为松散，尚未建立一套功能性的组织机构。武陵

山区地方政府间的合作大多都是国家有关部门推动,而且地方政府间的合作形式,还停留在各种会议制度与单项合作机制和组织上,集体磋商的形式较为普遍,缺乏一系列成熟的、制度化的机制与组织。组织体系的缺乏大大增加了跨区域政府间合作治理的成本,成为制约其发展的一大瓶颈。

4.缺乏信息整理、分析与共享机制

集中连片特困地区的提出并制定规划促成地区连片开发,在本质上是对地方政府之间关系的一种调整,从单纯的府际关系调整为府际关系与横向协作并举的关系,核心在于信息共享、事务协作与利益共享。在地方政府间合作进行贫困治理的过程中,需要建立各地之间的信息共享、信息整理与分析机制,形成武陵山区整体经济社会发展报告或某一领域的绩效评估,从而在未来发展中谋划政策创新。但由于目前信息是纵向传递格局,缺乏相应的区域发展规划实施与绩效评价,对整体区域发展缺乏有效把握,对存在的问题与发展需求掌握不充分,难以从整个区域全局的角度来思考,进而影响到跨区域合作治理的效果。

(四)片区脱贫攻坚内在问题

1.政府部门间协同治理水平不高

部门间缺乏统一协作是武陵山区扶贫开发中遇到的又一大体制难题。近年来,武陵山区扶贫开发工作取得的大量成绩,很显然离不开各级各部门的大力协作,但是"以脱贫攻坚统揽经济社会发展全局"意识仍然不强,扶贫开发工作的开展依然主要依赖每年中央及省投入的财政扶贫资金,部门之间的实际协作,尤其涉及资金"打通使用"的情况不是很好。农村的扶贫开发工作包括基础设施建设和产业发展,涉及农业、畜牧业、教育、交通、水利、移民搬迁等各个方面,这些不同方面是不同部门的工作领域,因此,在扶贫开发中,需要这些部门之间的协调、合作,制定统一科学的规划,有效实施大扶贫。而我国目前行政体制上,仍然是条块分割,各个部门各司其职、各行其是,各个部门都有其自身的利益,在扶贫开发工作中缺乏协作。另外,扶贫开发工作只有发动全社会的力量,采取"带动帮扶""辐射帮扶"以及其他"扶贫济困"方式齐头并进,才能促进质的飞跃,但是目前各地的社会帮扶的组织力量不强。在各地的座谈访谈中,部门缺乏协调成为普遍反映的问题。

"可能就是我们县上的一些帮扶部门,不是不重视,而是有些帮扶干部下来,他觉得有驻村工作队,认为有些不该他做的他就不做;驻村工作队的话,可能觉得是帮扶责任人的事情,相互推诿。"

——访谈资料:CQYY-SDFT-LFC-01

脱贫攻坚中,武陵山区加大了资金整合力度。在实际具体工作中,资金整合力度仍需要加大。

2. 低保兜底、扶贫制度运行难衔接

低保和扶贫的政策口径不一致问题导致两项制度没有完全衔接,低保以家庭收入和财产状况、户籍为主要依据,而扶贫以"一达标、两不愁、三保障"为主要依据。①

其一,在目前的制度下,农村扶贫的识别标准与退出标准,大多数省份是在国家指导下统一制定的,极个别发达省份有着自己的标准。而农村低保标准的确定权则由地方根据本地经济发展水平与财力进行确定,不同地方有着不同的标准。虽然脱贫攻坚和低保制度都作用于反贫困,但是,扶贫部门和民政部门分别属于反贫困体系中的两个子系统,民政部门是当地扶贫领导小组成员单位,无论在制度上还是实践层面都存在着参与扶贫的必然性。尽管武陵山区各地在两项制度衔接方面做了大量探索,实现了标准统一,但背后的家庭财产与收入计算口径不一致,存在着偏差。扶贫目标标准更加多元全面,低保标准仅仅是收入标准,瞄准对象的重合、保障功能的交叉最终导致脱贫攻坚与低保政策在农村扶贫实践中出现衔接矛盾。

其二,按照现行政策实施"扶不起来,就兜起来",即对农村低保和五保对象进行补助,对那些缺乏劳动力、无法依靠产业扶持和就业帮助脱贫的家庭提供兜底保障,维持农村地区特困群众的基本生活水平。但是,随着武陵山区脱贫攻坚目标实现,绝对贫困现象整体上得以消除,相对贫困是武陵山区贫困的主要表征,劳动力不足已经成为武陵山区农户致贫的主要原因之一。农村扶贫政策"福利叠加"和建档立卡贫困户资格的"门槛效应",导致贫困人群对扶贫政策产生依赖,促生"不愿脱贫""争当低保户"等道德风险,制约武陵山区可持续脱贫与乡村振兴。

其三,两项制度衔接新问题不断出现。从 2016 年开始,贵州等地低保标准已高于扶贫标准,尤其是 2018 年平均低保标准与脱贫指导标准的缺口达到 573 元。事实上,低保标准高于扶贫标准,属于一种"倒挂"关系,即理论上所有建档立卡贫困户都属于最低生活保障制度覆盖范围,一旦脱贫,所有的低保户都应该退出建档立卡贫困户序列。当前扶贫线低于低保线的尴尬现实也使得一部分达到脱贫标准的贫困户仍然生活在低保线下,这必将导致农村低保制度目标和对象群体的扩大化,同时,还会降低有劳动能力的贫困户的内生动力与自我

---

① 资料来源:思南县农村低保与扶贫两项制度衔接工作总结(2018)。

发展意识，进一步导致等、靠、要问题趋于严重。

另外存在部分建档立卡贫困户没有享受低保待遇，由此产生的连带效应主要体现在两个方面：一方面，由于低保制度门槛效应导致了低保救助制度的福利化，其兜底性减弱、福利性增强；另一方面，持续增长的兜底扶贫对政府财政造成较大压力，财政负担过重。因此，应当进一步加大低保制度改革和对武陵山区财政转移力度。

3. 内生动力不足

"可能有百分之三四十的人有这种想法，尤其是贫困户：坐在门口晒太阳，等着政府送小康。这种现象很容易观察到，这反映了贫困户内生动力不足。"

——访谈资料：CQYY-SDFT-LFC-01

个别贫困群众思想跟进较慢，自力更生精神不足，脱贫发展内生动力有待进一步提升。①

内生动力不足主要表现在：①贫困农户参与产业扶贫意愿不足；②贷款意愿不强烈；③参与培训积极性不高。原因在于，与一般农户相比，贫困农户产业发展面临着更大的风险。一是较高的自然风险。当前在武陵山区产业扶贫主要是农业产业扶贫，农业产业发展对自然环境变化较为敏感，对当地生态资源存在较大依赖性。武陵山区是自然环境和资源条件较为恶劣的地区，这导致了产业扶贫项目面临着巨大的生态风险。二是较高的市场风险。由于农产品市场是完全竞争市场，面临着国际国内市场的冲击，产品类型同质性较强，产品质量层次差异度不强，产品价格区分度不高，但新特农产品投入较大，因此存在较大风险。三是贫困农户往往风险意识较强，安全感不强，冒险意识与风险损失保障力度不强。四是较高的技术风险。农业技术和农作物品种的应用具有区域生态环境适应性，这增加了新产业、新技术推广的不确定性。而贫困农户较低的文化技术素质更增加了运用新品种、新技术失败的可能性。农户从事一定的活动总是出于一定的目的，或是为了满足一定的利益。市场经济条件下，贫困农户是安全第一、效率第二的自主经营主体。在确保安全的前提下，追求利益最大化是农户经济运行的动力所在。在安全不能得到保障的情况下，略显保守的贫困农户往往会选择保守策略，减少发展与放弃发展机会，对产业发展机会不会做出或不愿做出反应。

相比一般农户，贫困农户生产要素短缺更加突出，生产发展所需要的系统

---

① 资料来源：泸溪县2019年度脱贫攻坚工作总结。

知识与能力明显不足。一是劳动力素质低。由于武陵山区农民受教育水平普遍不高,超过65%的调查对象受教育水平在小学及以下,未接受教育的比例将近20%(见图8-1)。同时,有超过27%的人看不懂汉语(见图8-2)。武陵山区整体文化素质不高,生产投入不足。较低的文化程度,使得贫困人群在发展机会认知、资源利用、生产管理、市场销售等方面明显能力不足,从而降低了各种政策资源投入效果。二是资金短缺。贫困农户人均纯收入水平较低,贫困农户没有剩余的资金去进行生产投入,更没有能力去承担产业发展所带来的不确定性风险,新的发展思路、新的发展机制和新的生产要素的引入都是比较困难的。同时,家庭收入是决定农户借贷需求的基本因素,它决定了农户应付各种支出的能力和其借款获得的可能性。在家庭收入较低和农业经营风险较高的情况下,金融机构不愿意放贷给贫困农户,同时贫困农户往往贷款意愿不足。加上贫困农户技术水平较低,农业生产效率相对较低,投劳产物相对价值低于外出务工。

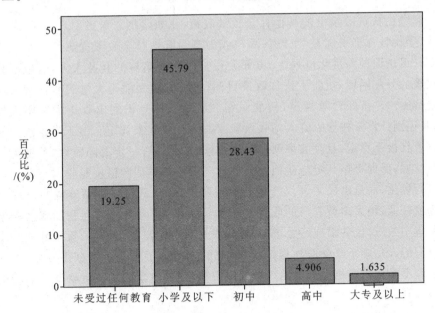

图8-1 调查对象受教育水平

4. 政策叠加与延续问题

"这可能引起一些矛盾。你家得了这个钱,别的家庭可能会觉得不公平,可能会对政府、对其他人有意见。"

——访谈资料:CQYY-SDFT-BQB-01

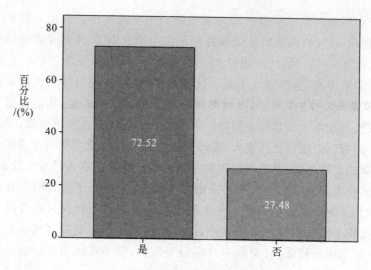

图 8-2 调查对象看懂汉语情况分布

捆绑在扶贫政策上的其他社会救助政策,比如建档立卡贫困户就医、危房改造、子女教育享受优惠,使得贫困户成为享受其他社会政策优惠的一个准入门槛。正是这种差别化待遇,一方面使得贫困户上集聚的利益太大,造成了扶贫政策的分配困境,扭曲了扶贫政策目标;另一方面又使得大量的非贫困人口争当贫困户。按照政策规定,精准识别的政策目标是识别出真正的贫困人群来,其识别标准是按照家庭人均收入和家庭财产状况来评定。由于农户收入较为分散且极不稳定,且存款率低,农民的财产状况具有一定的隐匿性,不易为政府所掌握,低保资格认定与建档立卡贫困户识别并不是严格按照收入与财产标准进行量化,而是由民主评议产生。而现实情况是,武陵山区留守农户贫富分化程度较低,绝大多数农户的收入居于中等水平,当大量的福利叠加就会产生一种集中效应,扶贫附加好处增加,导致农户对贫困户都很敏感,竞争性就会增强。有的人是为了享受医疗报销政策,有的人是为了孩子上学享受资助,本质上已经不是竞争建档立卡贫困户和低保资格,而是竞争附加在资格背后的相关政策红利。

5. 易地搬迁扶贫后续问题突出

(1)就业问题。

"我们现在遇到的一个最大的问题就是搬迁后续发展支撑乏力。我们重庆的搬迁和其他省市的搬迁是有一定的不同的,其他省市是比较集中的,把不同乡镇、不同村的人集中搬迁到一个地方,那么就能够很容易地配套一些政策或者一些项目,来帮助贫困户,解决他们的后续发展问题。但是我们这个地方刚刚相反，我们是分散的，因此很难有一种很好的办法来考虑后续的生存，有可能老百姓搬了以后，还是务工或者务农，还有的可能通过土地流转来解决后续生产，没有一个系统规划的、科学的方法来解决后续发展的问题。这种点状分布，点多面广，不像其他城市集中在某个地方，可以在这个地方建一个园区，或者建一个劳动密集型的加工厂，这很好解决，而我们就不行，我们这儿就很困难。"

——访谈资料：CQYY-SDFT-FGW-01

武陵山区特别是贵州等地大力实施"通过易地搬迁脱贫一批"，搬迁规模很大，政府也特别注重就业问题，力求长期可持续。但是因为搬迁户多为贫困户，留守群体较多，年龄偏大，生计维持以农业为主，存在文化程度偏低、语言沟通障碍、不适应企业管理约束等就业困境。也有农民工外出打工、在外不适应返回的现象。有些安置点周边产业大多处于初始阶段，短期带动能力强，但因为产业发展不确定，长期产业带动就业能力不足。

(2)管理问题。

"搬迁后的挑战也确实比较多，第一，移民搬迁对我们县里面来说资金压力比较大，比如说物业管理服务这一块，目前我们安置点都还没有收物业管理费，但每年的费用我们已经算了。按照我们印江现在的市场价，电梯房的物业管理包含了卫生、保安、保洁、路灯等部分，算下来我们全县每年要600多万元。这一块对政府压力比较大，虽然可以盘活一些以前修的商业门面，但毕竟是杯水车薪，所以说目前的资金压力比较大。第二，就是移民来了以后，他们自己内生动力不足，因为搬迁的都是贫困户，实事求是地说，贫困户之所以贫困，有些是因为生病，有些是因为家庭其他变故，但是大部分实际上是因为自己内生动力不足。"

——访谈资料：GZYJ-SDFT-STYMJ-01

搬迁安置的居民，大部分来自偏远山区，长期传统生活习惯制约、文明意识不强等因素，导致其与集中小区居住生活要求还有一定的差距，而一些老旧习惯、不良习惯在短时间内难以改变。公共意识淡薄，搭便车现象较多，这些都给易地搬迁扶贫安置点社区管理带来不小的压力和挑战。典型问题就是不交物业费，政府兜底，导致政府财政资金压力很大。易地搬迁扶贫打破原来村庄管理格局，新的管理体系尚未建立，加大了管理难度。调研发现，不少搬迁贫困户没有承担自筹部分的资金，零负担就住进了新房，尚未养成缴纳物业费的习惯。由于易地扶贫搬迁后期管理服务等资金为县级自筹，不少县财政极度困难，基础设施和公共服务的配套资金自筹不足，尤其是后期社区管理，需要更多的探索创新。

二、武陵山区脱贫攻坚面临的挑战

基于以上对武陵山区扶贫开发中面临的主要问题的分析,以及前文中关于武陵山区贫困状况、致贫原因、减贫实践和需求调查的分析,我们可以判定,武陵山区的脱贫攻坚工作面临着前所未有的挑战。这种挑战主要体现在以下四个方面:一是巩固脱贫成效问题;二是相对贫困治理问题;三是经济发展益贫性问题;四是跨区协作减贫与发展体制机制创新问题。这四大问题如何化解将是未来武陵山区脱贫攻坚工作必须重点关注的。

(一)巩固脱贫成效问题

1. 政策延续与创新问题

党的十九届四中全会提出,坚决打赢脱贫攻坚战,巩固脱贫攻坚成果,建立解决相对贫困的长效机制。采取有效措施构建长效扶贫机制,防止返贫、巩固脱贫成果,对于武陵山区来讲特别重要。随着武陵山区各县市陆续通过评估验收脱贫摘帽,扶贫工作将进入巩固脱贫成效、转向相对贫困治理新阶段。根据中央和省的要求,坚持摘帽不摘责任、摘帽不摘政策、摘帽不摘帮扶、摘帽不摘监管,做到巩固脱贫攻坚成果长效化且可持续。这就要求武陵山区各地要保持政策待遇不变、帮扶力度不减,效果可持续。第一个政策待遇不变最大的问题是资金持续投入问题,下面有专门论述。第二个就是帮扶力度不减,面临的最大的问题是验收通过了,"大家可以歇歇脚",扶贫干部松懈情绪普遍存在。加上新一轮驻村工作队进驻,在延续现有工作机制前提下,自上而下的监督检查体制机制如何完善,相关评价指标体系与监督效果运用等问题,都将影响着帮扶措施落实与扶贫效果。

武陵山区作为集中连片特困地区先行先试片区,肩负着跨区域协作减贫与发展体制机制创新任务,肩负着跨区域协作推进乡村振兴战略的重任,如何在城乡一体化背景下建立健全城乡共治的相对贫困治理与乡村振兴战略,如何实现贫困治理与乡村振兴战略的有机结合,如何探索创新相对贫困精准识别、帮扶、管理、退出等具体机制,这些问题都是摆在武陵山区面前的重要政策创新挑战。

2. 资金持续投入问题

在脱贫攻坚过程中,武陵山区各级政府为了打赢脱贫攻坚战,通过发行债券、PPP项目融资、贷款等筹措资金,政府债务现状并不容乐观。据相关统计结果显示,近年来贵州政府债务一直保持着较高的增长态势,2018年底达8 800

多亿元,负债率达到 59.77%。究其根本,造成上述问题的原因有很多种,其中最主要的是扶贫资金投入。此外,部分地区扶贫政策落实不到位,扶贫资金和项目未实现预期效果。

在政策待遇不减情况下,加大巩固脱贫成果,就要求武陵山区各级政府持续投入相应的资金。目前武陵山区各级政府特别是县级政府举债较多,地方政府债务已经开始对区域经济增长产生负面影响,导致巩固脱贫成效、构建巩固脱贫成果长效机制中的财政投入机制无从谈起。

(二)相对贫困治理问题

相对贫困不仅是以收入、消费或福利来衡量经济福利的方式,还包括权利贫困、能力贫困、社会贫困等多种要素。相对贫困更多地侧重于经济社会弱势地位、政策领域参与不足、就业教育方面的歧视与排斥、社会交往排斥等,是相对于普通人群的一种主观上的相对剥夺。因此,相对贫困具有连续性、主观性、发展性等特点,也具有动态性、不平等性、相对性等特征。

1. 相对贫困规模与治理难度

随着武陵山区经济社会发展水平的提升,社会的贫困结构也发生了非常明显的变化,绝对贫困人口的数量和比例都呈现明显的下降趋势,但相对贫困人口的数量和规模整体上绝对很大。未来一段时间,武陵山区相对贫困人口主要由脱贫户、贫困"边缘户"、进城农民工以及低收入者四部分组成,而且将分布在城乡范围之内。打赢脱贫攻坚战后,武陵山区的绝对贫困人口转化为相对贫困人口。相对贫困人群规模大、致贫原因复杂,如何识别、帮扶与管理确实是个需要探索的问题,这就要求采用更高的标准和更加多样化的手段创新扶贫政策,不仅要以提升收入和改善生活为基础、以能力建设为重点,而且要注重区域间、群体间、城乡间的公平程度提高。

2. 收入持续增加问题

巩固脱贫攻坚成果、防范返贫风险,更多的是收入稳定增长的考量。从目前政策设计看,产业扶贫、转移就业扶贫、生态旅游扶贫等各项扶贫政策的关键点是要建立一定的利益联结机制,在产业稳定发展的前提下保障脱贫群体获得稳定的收入,并使之能够持续快速地增长。目前武陵山区持续增收问题主要表现在产业可持续发展和就业扶贫持续稳定方面。因为武陵山区有着相似的气候条件与环境因素,适宜种养殖的类型较为相似。目前,有些地方扶贫产业大多集中在生猪养殖、林果经济、茶叶、食用菌等产业类型,处于农业种养初级环节,产业发展盲目跟风,产业类型短平快,导致产业发展规模小、附加值低且同质化严重,"一哄而上"又"一哄而散"。还有的地方产业扶贫项目过于追求规模效应,造成小范围市场饱和,又由于配套设施和服务跟不上,产业链短,造成销售难。一些地方设立扶贫车间,很多只是进行简单加工,规模小、技术弱、效益低,能否成为乡村支柱产业,前景并不乐观。同时,受中美经贸摩擦、国内经济出现下行压力、新冠肺炎疫情等因素影响,不少给外出农民工提供就业岗位的中小企业出现减少用工苗头,已经脱贫群众稳定就业的压力增加。一些地区发展的乡村旅游项目,存在"弱、小、散"等问题,没有深入挖掘乡土资源和民俗文化内涵,旅游产品缺乏黏性,导致投资大、游客少、亏损面大、盈利空间小。从长期来看,缓解相对贫困不仅需要保持持续增收的方向,还要着力提升增收的速度,缩小城乡之间、区域之间及不同群体之间的收入差距。

3. 乡村振兴战略实施与相对贫困治理衔接问题

2020 年后武陵山区贫困人群的规模、贫困表现、致贫因素和贫困形态出现新变化,扶贫管理农村化、扶贫资源部门化与扶贫工作城乡整体性推进之间的矛盾日益突出,扶贫战略思路、工作体系与制度体系也要做出新的调整。当务之急是绝对贫困基本消除之后,需要立即建立一套缓解相对贫困的体制机制,推动以脱贫群众为主的各类低收入群体提升发展质量。从目前来看,我国对于相对贫困人口的标准划定尚未明确,导致对潜在贫困群体无法充分估计。特别是我国尚未对微观扶贫政策的转移接续做出明确的安排,缓解相对贫困的政策创新力度仍然不够。在制定乡村振兴战略规划过程中,如何考虑脱贫群众的发展问题,如何将脱贫村、摘帽县放到优先发展的位置都是迫切的问题。如何利用乡村振兴战略政策红利巩固脱贫成效,是个特别艰巨的问题。

(三)经济发展益贫性问题

近年来武陵山片区经济增长总体上具有益贫性,但存在地区差异,其中重庆、贵州片区为益贫性增长,湖南、湖北片区分别为涓滴式增长和均衡增长。但随着各主体利益意识的觉醒,企业、合作社趋利问题将会突出,而贫困人群综合素质与能力不高,导致在经济发展成果分配与共享方面权利不足,会导致益贫性不高问题。

1. 产业扶贫的趋利性问题

在武陵山区,公司+合作社+农户是产业扶贫的主要形式。在扶贫过程中,精英俘获现象较为突出,掌握着特殊资源的成员,如专业大户、村干部、农村经纪人等,存在着一定的利益诉求。"大农帮扶小农"的产业扶贫模式已经成为产业扶贫的主流。然而,作为独立的市场主体,在进行竞争的过程中,基于其提高盈利能力的需求,很多市场力量如企业、合作社都出现了逐利倾向,这些主体掌握着一定的话语权和决策权,拥有较多的资源,自认为应当分享更多的经营收益。贫困人群往往也能享受这种"被剥削的幸福",因为在他们看来,加入产业扶贫以后,能够获得经济收益。从目前的扶贫工作看,虽然有引用第三方评估机构对现有扶贫政策落实情况和做法成效进行验收,但对建档立卡贫困户的脱贫评价没有扶贫产业的益贫式增长评价,对扶贫产业没有一个明确的定位,其发挥作用的效果尚没有一个评价的指标体系,如项目企业主体带动、解决就业以及家庭性经营收入等指标信息还没涉及,利益联结机制和利益约束机制尚未有效运行,导致企业或者合作社有意无意地存在与穷人争利现象,大农吃小农的现象开始出现。未脱贫低收入人群、脱贫的贫困人群存在返贫风险,因缺少劳动力,扶贫产业如何覆盖到这类人群还需进一步研究妥善的机制。

2. 贫困人群的共享机制问题

目前,贫困人群共享经济社会发展有两种方式,一种是直接参与分配获得收入,另外一种是通过福利与救助间接参与分配。在社会保障制度日益健全的今天,第一种方式显得更为重要。在产业扶贫中构筑利益共享机制,让贫困人群获得更多的收入是武陵山区脱贫攻坚需要解决的问题。目前通过村集体经济分红、土地入股、到户资金入股等方式,获得收益,但是"一分了之""一股了之",产业扶贫变成了"发钱",原本的"造血式扶贫"变成了简单"输血给钱"。

如何更好地扶贫扶志扶智,提升贫困人群的人力资本、社会资本与文化资本水平,是未来武陵山区各级政府需要认真考虑的问题。扶志扶智,志智双扶,其目的在于激发贫困人群的脱贫致富奔小康意愿,同时提升生产、发展技能,就是提高贫困人群经济社会适应能力和市场竞争能力。目前武陵山区扶贫扶志扶智存在的问题是:结对帮扶偏重于生活救助,能力帮扶不足;教育资源城乡分配不合理,使"扶智"缺乏后续支撑力;职业技能教育培训针对性不强。这些问题困扰着贫困人群就业创业能力的提升,制约着贫困人群直接参与分配机会与收入增加,直接共享机制不健全。

在经济社会发展规划制定与政策中,如何着眼于穷人、想问题、办事情如何从贫困人群获利出发,如何把"穷人"放在首要位置;如何完善武陵山区经济社会发展,如何建立以贫困人群收入增加为主的评价体系;如何弥补市场自身的缺陷,创造更加公平的竞争环境,给弱者以更多的改变命运的机会,这些问题都是集中连片特困地区脱贫攻坚需要回答的问题、需要应对的挑战。

(四)跨区域协作减贫与发展体制机制创新问题

武陵山区集中连片特困地区作为"跨省协作创新区"的先行先试示范区,在探索减贫与发展区域合作新机制方面肩负重任。目前,武陵山区互联互通的基础设施网络已经基本建设完成,劳动力自由流动已经成为常态。武陵山区集中

连片特困地区减贫与发展需要解决"跨界治理"问题，需要建立超越地区行政机构的协作机制，来打破不同行政区划政府各自为政的"囚徒困境"，进而建立超省域的特殊体制机制、特殊机构来推进合作治理。这种体制机制运作的权力要么来自湖南、湖北等省市的自愿让渡权力，或者来自中央的赋权，抑或通过中央财政工具实现区域发展的适度统筹。同时，在跨区域协作减贫与发展体制机制推动下，构建一个由中央各部门参与其中的跨区域协作减贫与发展机构，建立健全省、市、县、乡层级，政府、企业、民间等多层次的跨区域减贫与发展沟通协调机制，需要组织制定具有区域约束力的政策法规，组织协调条线资源，协调不同地区利益主体关系，约束地方政府行为，设立统一管理的区域发展基金，通过税收补贴、市场协作等建立互通互联的产业体系化、市场一体化机制。这些重大举措都是武陵山区面临的在体制机制方面的重大挑战。

第九章 武陵山区脱贫攻坚的政策建议

武陵山片区是 2012 年确定的全国 14 个连片特困地区之一,其中涵盖湖北、湖南、重庆、贵州四省市 64 个贫困县。这些贫困县大部分属于深度贫困地区,有明显的地理交通劣势,基础设施不健全、发展基础较为薄弱、致贫原因复杂、贫困程度深、贫困人口数量多。这些地区依靠常规的经济增长和扶贫手段很难获得进一步发展,扶贫开发工作任务异常艰巨。党的十八大以来,连片特困地区的脱贫攻坚成为全面建成小康社会的重中之重,全面建成小康社会要求进一步补齐区域发展的短板,要求集中精力打赢脱贫攻坚战。党中央将脱贫攻坚的重心瞄准深度贫困地区,特别是将连片特困地区等深度贫困地区作为脱贫攻坚的主战场,根据精准扶贫、精准脱贫的要求,采取了系列非常规措施,取得了重要的成就。截至 2018 年底,集中连片特困地区农村贫困人口减少到 935 万人,比 2012 年末减少 4 132 万人,6 年累计减少 81.5%,离全面实现脱贫攻坚目标越来越近。武陵山片区是全国 14 个连片特困地区之一,自 2012 年以来,武陵山区大部分贫困县贫困面貌得到根本改善,基础设施进一步完善,产业发展初具规模,县域经济发展基础进一步巩固,贫困人口大幅降低。当前,武陵山片区的脱贫攻坚已经进入收官阶段,为了确保脱贫攻坚取得最后胜利,确保到 2020 年实现全面建成小康社会的奋斗目标,基于武陵山区追踪调研,提出相关对策和建议。

一、武陵山区脱贫攻坚的战略思考

2020 年是全面建成小康社会,实现第一个百年奋斗目标,具有里程碑意义的一年。习近平总书记多次强调,全面建成小康社会的短板在农村地区,难点在贫困地区。继续打赢脱贫攻坚战是实现全面建成小康社会目标的关键,同时打赢脱贫攻坚战又会为乡村振兴战略的实施奠定坚实的基础。武陵山片区经过近十年的扶贫开发,取得了重要成绩,整个片区的面貌得到了根本性的改变,片区的发展基础和发展环境已经初步形成,片区内的部分贫困县已经实现了脱贫摘帽的目标,可以说武陵山片区的脱贫攻坚成绩有目共睹,是全国连片特困地区脱贫攻坚的典型。但是,武陵山片区在脱贫攻坚过程中也常常面临着来自内部和外部的各种挑战,进一步打赢脱贫攻坚战,巩固脱贫攻坚成效,全面建成小康社会,仍然需要持续做好以下工作。

(一)促进片区"五位一体"协调发展

党的十八大着眼于全面建成小康社会、实现社会主义现代化和中华民族伟大复兴,对推进中国特色社会主义事业做出经济建设、政治建设、文化建设、社会建设、生态文明建设"五位一体"的总体布局。"五位一体"的总体布局中,经济、政治、文化、社会和生态文明建设之间是相互联系、相辅相成、相互融合的,每一部分的发展将会促进其他领域的发展,而每一领域的短板又将制约其他环节的发展。"五位一体"的总体布局不仅为脱贫攻坚和全面建成小康社会提供了指引,也是中国特色社会主义建设的方向。武陵山片区的脱贫攻坚战略中考虑了经济、政治、文化、社会和生态文明的全面协调发展,部分贫困县以脱贫攻坚统揽经济社会发展全局,在经济、政治、文化、社会和生态文明建设方面取得了突出成效,但是这种发展仍然存在不平衡、不协调的问题。部分贫困县为了实现脱贫攻坚目标任务,主要聚焦于贫困人口的"两不愁三保障",以及为实现贫困人口脱贫的基础条件的改善,主要在经济方面和社会保障方面发力,而政治、文化、生态文明建设仍然相对滞后。例如,法治建设相对滞后,农村治理仍然是传统的人治思维;农村公共文化载体较为单一,贫困人群的精神文化活动相对匮乏,部分贫困人群还存在着"等靠要"思想,缺少进一步脱贫和发展的内在动力;贫困人群的民生保障得到了较大提升,但是公共服务体系仍然没有健全,城乡公共服务的均等化水平仍然存在着一定差距;生态系统和环境保护的力度有所加强,但是生态环境的脆弱性未得到根本改变,绿色发展方面还有较大差距。

在脱贫攻坚和全面建成小康社会的最后冲刺阶段,需要进一步落实"五位一体"的总体战略布局,消除这种发展上的不平衡状态,促进武陵山片区的全面协调发展。一是要进一步把握"五位一体"战略布局的内涵,深刻认识脱贫攻坚与"五位一体"战略布局的关系,将脱贫攻坚纳入"五位一体"的战略发展框架。贫困是多维度的,脱贫攻坚不仅仅要从经济上着手,让贫困人群的收入水平稳定超越贫困线,也要发挥各系统的合力,确保脱贫攻坚成效稳定。二是要进一步协调经济、政治、文化、社会和生态文明之间的关系。要深刻认识到各个部分之间是互相联动、互相促进的关系。经济建设是脱贫攻坚的核心问题,政治、文化、社会和生态文明建设又为经济建设和脱贫攻坚提供了重要支撑,只有全面协调发展才能保证脱贫质量经得起历史考验。三是要进一步补齐经济、政治、文化、社会和生态文明短板。经济建设方面要加快转变经济发展方式,科学布局产业,持续增强经济发展的带动作用,不断增强经济发展后劲;政治建设方面要进一步加强党的领导,坚持以人民为中心的理念,促进贫困人群的参与,将乡村法治与德治有机结合;文化建设方面要加强社会主义核心价值体系建设,丰富人民精神文化生活,加强农村移风易俗的力度,提升贫困人群的精神风貌,增强贫困人群发展的动力;社会建设方面,要继续加大对贫困人口的民生保障力度,加快健全基本公共服务体系,实现城乡基本公共服务的均等化,推动农村社会的和谐发展;生态文明建设方面要加大自然生态系统和环境保护力度,进一步消除连片特困地区的生态脆弱性问题,要将贫困地区的经济发展与生态文明建设紧密融合,充分发挥生态优势,努力实现绿色发展。

(二)做好片区城乡融合发展

长期以来,我国城乡发展不平衡不协调的矛盾比较突出,受到城乡二元结构的影响,城乡发展差距不断拉大的趋势没有根本扭转。特别是在基础设施建设、经济发展水平和基本公共服务等方面,城市和乡村之间的差距还没有明显改变。城乡融合发展不仅是当下脱贫攻坚的现实要求,也是未来抓好三农工作、实现现代化建设的重要方向,具有全局性和战略性意义。党的十八大以来,党中央更加重视城乡协调发展,进一步出台各种农业支持政策,打牢了农业的基础性地位,同时从战略上推动城乡进一步融合发展。2019年4月15日,中共中央、国务院发布《关于建立健全城乡融合发展体制机制和政策体系的意见》,为城乡融合发展提供了纲领性文件,城乡融合发展从理论探索进入实践操作的层面。脱贫攻坚是消除区域发展不平衡、城乡发展不平衡的重要手段,从武陵山片区的脱贫攻坚进程来看,各贫困县的乡村基础设施、公共服务、产业发展、生活水平等都有了较大的提升,从纵向来看,乡村的整体变化十分明显,与城镇的发展差距在逐步缩小。但是这种发展差距的缩小,并不能掩盖乡村仍然处于相对落后和边缘状态的现实。例如,城乡要素流动不顺畅、公共资源配置不合理等问题依然突出,影响城乡融合发展的体制机制障碍尚未根本消除,特别是人才、资金等要素向乡村流动受阻,乡村缺少进一步发展的内在活力;城乡一体的基本公共服务体系尚未完善,乡村公共服务呈现出低水平的均衡,城乡公共服务水平还存在较大差距;乡村基础设施较为老旧,建设等级较低,部分贫困乡村仅仅实现了满足基本生存需要的水、电、路、网的覆盖;乡村经济发展方式粗放,产业链条短且协作水平偏低,产业转型升级进程较慢,贫困群众稳定脱贫的产业支撑和增收渠道依然不宽,抗自然风险、市场风险的能力相对较弱。

在脱贫攻坚和全面建成小康社会的冲刺阶段,应该进一步解决城乡发展中不平衡的问题,补齐乡村发展的短板,为片区城乡融合发展奠定坚实的基础。一是促进城乡发展要素的自由流动,要从体制机制入手消除城乡发展要素流动的障碍,特别是要促进人才、资金、市场等要素在城乡之间自由流动。要充分用好人才、资金,鼓励有能力的人群回乡创业,要建立健全市场机制。二是进一步促进城乡公共服务均等化。积极推动基础教育发展,夯实脱贫攻坚基础。加大教育财政投入,推行倾向性的教育政策,彻底解决农村偏远地区、贫困地区的办学条件,加快义务教育学校标准化建设,着力推进县域城乡义务教育均衡发展。要合理配置教师资源,完善城乡教师之间的交流合作机制,提高乡村教师待遇水平。优化贫困地区基层公共卫生服务资源的配置,加快公共医疗卫生服务队伍建设。三是进一步加大对乡村基础设施的投入力度,进一步加强对乡村老旧基础设施的提档升级,为乡村发展创造良好的硬件条件。四是进一步完善乡村产业发展体系,推进一二三产业融合发展,加快构建现代化农业产业体系,继续把产业培育作为乡村振兴和稳定脱贫的根本之策,要更加注重产业长效发展,通过加大龙头企业培育力度、发展壮大农民专业合作社、做实做强富民公司、创办扶贫车间,探索建立有效的利益联结机制,提高农业组织化程度,带动群众增收致富。

(三)加强片区协同治理

2012年,国家划定14个连片特殊困难地区,作为脱贫攻坚的主战场,集中力量解决区域性贫困问题,实现从"点"到"面"的扶贫开发战略性转变,连片特殊困难地区的划定要求加强片区内部的协同治理。同一片区的地理环境、贫困程度、致贫原因、脱贫基础等具有相似性,这为片区内部不同省份、不同贫困县之间的协同治理提供了前提条件。武陵山区涉及湖南、湖北、贵州、重庆四个省市,在脱贫攻坚中需要跨区域进行贫困协作治理,才能促进片区的整体发展。新阶段的扶贫开发过程中,不同地域之间进行了协同发展的初步尝试,但是省、市、县、乡各级地方政府行政归属不同,跨区域协作联动机制运行还不是很畅通。例如,跨区域合作贫困治理缺乏法律制度的保障,缺乏合理的利益分享和补偿机制;现行的行政区域管理制度使地方政府的眼光限于行政区域边界范围内,经济发展政策主要以获得区域利益为目标,仅考虑本辖区的经济利益;跨区域贫困治理的组织体系尚未完善,当前武陵山区地方政府间跨区域合作治理的组织体系较为松散,尚未建立一套功能性的组织机构;缺乏信息共享机制,各县由于在利益方面存在排他性,因而在信息共享方面比较封闭。

2018年政府工作报告指出,要扎实推进区域协调发展战略,完善区域发展政策,把各地比较优势和潜力充分发挥出来,塑造区域发展新格局,加强对革命老区、民族地区、边疆地区、贫困地区改革发展的支持。可见,从发展战略来看,片区协同治理是推动整个片区进一步发展的重要方向,也具有重要的意义。在加快经济发展方式转变和区域协调发展趋势不断强化的背景下,地方政府间的联系和依赖日渐增强、合作共治趋势不断深化,加强区域合作与协调治理,以更开阔的视野解决区域发展中存在的不平衡、不协调、不可持续的问题,是打赢脱贫攻坚战,巩固脱贫攻坚成果,实现乡村振兴必须思考的重要议题。推进片区的协调治理,一是要构建区域协同发展的战略布局。改变地方政府往往片面重视上级任务的执行和本地GDP的增长,缺乏协同治理的意识。要注重处理好地方发展的局部利益和区域发展的整体利益的关系。二是要建立区域合作与协调治理的制度体系。要完善协同治理的结构、治理环境和治理制度。从制度层面为区域的整体发展提供保障,明确不同地方政府在区域合作方面的权利义务关系。处理好地方政府之间的关系,充分发挥不同主体参与贫困治理的合力。三是要建立区域合作与协调治理的组织机构和组织体系。改变过去由地方行政长官推动的松散式的合作模式,建立专门的组织机构协调区域的整体发展。四是促进各项具体发展措施的协同。例如在脱贫攻坚过程中,各县市在产业布局上缺少统一谋划,重复建设,区域内部竞争激烈。要进一步完善区域合作发展的具体措施。五是要进一步协调好武陵山区内外部关系。武陵山区涉及四省市,地域面积广阔,人口众多,需要衔接好省市政府与中央政府关系、四省市县区之间的关系、各省市内部武陵山区地市与上级政府的关系、与非武陵山区地市的协调,等等。

(四)做好脱贫攻坚与乡村振兴衔接

当前,我国正处在脱贫攻坚和乡村振兴两大战略的历史交汇期,二者互为支撑、有机融合的局面日渐形成。一方面,脱贫攻坚作为优先任务在诸多方面为乡村振兴补齐了短板,奠定了良好的制度与物质基础,积累了宝贵经验;另一方面,乡村振兴作为新时代三农工作的"总抓手",是迈向共同富裕目标更高水平的历史实践,是巩固脱贫攻坚成果的必然选择。此外,脱贫攻坚与乡村振兴在内容上存在着耦合。脱贫攻坚要求在基础设施建设、产业发展、兜底保障、生态保护、环境整治、文化建设等方面共同推进,而乡村振兴最终要实现产业兴旺、生态宜居、乡风文明、治理有效、生活富裕的目标,二者在内容上有较强的一致性和承接关系。2018年9月,中共中央、国务院印发的《乡村振兴战略规划(2018—2022年)》中也明确指出,"推动脱贫攻坚与乡村振兴有机结合相互促进"。事实上,十八大以来的脱贫攻坚实践中蕴含了乡村振兴的部分内容,为乡村振兴奠定了基础。武陵山片区在近十年的脱贫攻坚中,其在经济、政治、文

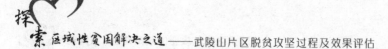

化、社会、生态文明等方面的实践也是乡村振兴的重要内容。片区产业初具规模，各县结合自身的资源优势，因地制宜发展地方特色产业，生态环境得到进一步改善，乡风文明进一步提升，农民生活水平得到较大改善等，这些都为乡村振兴奠定了坚实的基础。

在脱贫攻坚进入收官、乡村振兴处于起步的阶段，要进一步做好二者之间的衔接工作。一是做好战略规划衔接，为乡村振兴提供指导路径。乡村振兴必须要有统筹协调的战略布局，在制定乡村振兴战略时，要充分结合省市脱贫攻坚方案和县情实际，精准编制乡村振兴战略实施规划，统筹考虑自然禀赋、产业方向、商贸特色、基础建设、人口规模等因素，科学编制县域乡村布局规划。二是做好政策衔接，为乡村振兴提供有力支持。现有脱贫攻坚的政策具有阶段性、福利性、特惠性和针对性，做好政策衔接，需要将过去的脱贫攻坚政策转化为常规性、普惠性和整体性政策。要进一步完善脱贫攻坚与乡村振兴的政策衔接框架，做好政策统筹，及时梳理脱贫攻坚政策，明确需要取消与承接的政策，并根据乡村振兴的战略目标进一步完善和优化政策体系。三是做好乡村振兴的组织保障。积极研究建立乡村振兴战略暨脱贫攻坚决策议事机制、统筹协调机制、项目推进机制、事项跟踪办理、考核评价机制等，确保实现乡村振兴与脱贫攻坚体制机制的有效衔接。四是继续发挥乡村振兴的整体合力。乡村振兴是一个大工程，同样也需要充分发挥各类参与主体的合力。因此，推进乡村振兴主体与脱贫攻坚主体的有效衔接，不仅需要充分利用行政力量，实现政府和农村贫困人口的对接，还需要广泛吸收社会力量，并发挥市场机制的作用。

二、武陵山区脱贫攻坚的具体建议

武陵山区横跨湖北、湖南、贵州、重庆等四省市，每个贫困县的贫困状态、贫困原因、减贫措施等都具有自身的特点，但是也存在一些共性。根据本次武陵山片区追踪调研发现，武陵山区在近年的脱贫攻坚中取得了重要成效，基础设施建设成效明显，公共设施发展迅速，经济发展水平大幅提升，产业发展基础逐步稳固，贫困人群生产生计迅速改善，干群关系逐渐好转，居民社区参与不断改善，等等。截至2019年底，武陵山区未摘帽贫困县数量仅为1个，其余63个贫困县均已顺利摘帽。同时，武陵山片区各县在脱贫攻坚过程中也存在一些共性的挑战，例如还有部分贫困人群没有实现脱贫目标，脱贫成效还不够稳固，边缘人群还存在致贫返贫风险，脱贫攻坚还存在短板，产业发展带贫能力还不强，贫困人群自我发展能力还较弱等，针对这些问题提出以下具体建议。

（一）巩固脱贫攻坚成效

2019年4月15日至17日，习近平总书记在解决"两不愁三保障"突出问题座谈会上的讲话指出，要多管齐下提高脱贫质量，巩固脱贫成果。要把防止返贫摆在重要位置，对返贫人口和新发生贫困人口及时予以帮扶。要探索建立稳定脱贫长效机制，强化产业扶贫，组织消费扶贫，加大培训力度，促进转移就业，让贫困群众有稳定的工作岗位。要加强扶贫同扶志扶智相结合，让脱贫具有可持续的内生动力。坚持摘帽不摘责任、摘帽不摘政策、摘帽不摘帮扶、摘帽不摘监管，保持扶贫力量不变、帮扶关系不变，突出加强返贫监测、风险防控和制度建设，建立稳定脱贫长效机制。武陵山片区经过近十年的脱贫攻坚，贫困人口大幅度降低，各贫困县的发展有了一定的基础，但是制约贫困人口稳定脱贫和贫困地区发展的因素仍然存在。例如，在巨大的中心城市虹吸效应下，出现了区域发展的极化现象，武陵山片区作为特殊困难地区的边缘化地位没有得到根本改善；武陵山片区的生态脆弱性仍然较为突出；贫困农户风险应对能力不强，部分家庭随时会陷入贫困或贫困恶化；扶贫产业具有不确定性和多变性，面临着自然风险和市场风险等多重风险；贫困农户的内生动力不足和发展能力不足，等等。

在脱贫攻坚和全面建成小康社会的冲刺阶段，既要进一步促进贫困人口的如期脱贫，也要进一步巩固已经取得的脱贫攻坚成效。一是进一步完善贫困人口的增收渠道。抓好产业培育的根本举措，从产业布局、产业转型、产业链条延伸、产业风险预防等方面筑牢贫困人口增收的基础。同时进一步做好贫困人群的稳定就业，大力推进职业教育发展，促进劳动力转移。进一步创新职业教育模式，通过建设学制短、应用性强的教育机构，采用与企业对口共建等方式增强贫困人口的就业竞争力。二是进一步改善片区的边缘化地位和脆弱性环境。确定区域多极增长的目标，将片区特有的优势转化为发展的资源。进一步解决片区生态脆弱性问题，加强生态的保护，促进片区的绿色发展。三是进一步增强贫困人群的发展能力，要继续提高扶贫政策的针对性，要通过政策引导培养贫困人口的脱贫自主意识，培养其利用资源的能力。要充分发挥扶贫政策的益贫性，让贫困人口有机会从政策中受益。加强贫困人群的资产建设，提高其应对风险的能力，进一步提高贫困人群参与发展的意愿，增强其内生动力。四是进一步解决好"两个不平衡"的矛盾。增加农村发展的普惠政策，加大扶持力度，减少贫困村和非贫困村、贫困户和非贫困户的发展差距。提升农村地区的整体发展水平，特别是在农村基础设施建设、产业发展、公共服务方面要进一步提升，为长远发展奠定基础。坚持惠民政策只增不减，进一步完善社保、教育、

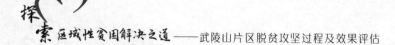

医疗等保障体系,健全防灾减灾、救济救助等风险防控机制,逐步缩小贫困户与非贫困户之间的差距。

(二)补齐脱贫攻坚短板

补齐脱贫攻坚短板是如期打赢脱贫攻坚战的重要保障。从武陵山片区的脱贫攻坚实践来看,片区内各贫困县在经济、政治、文化、社会和生态文明建设方面都取得了长足进展,但是仍然存在一些短板。例如,部分乡村的基础设施建设相对滞后,而且建设水平较低;部分乡村的产业发展还不稳固,还存在较大的风险;部分贫困人群自我发展能力还较弱,脆弱性较高;部分乡村自身造血能力还不足,缺少内源性发展;部分乡村发展还不平衡,经济发展与社会全面发展还不匹配等。习近平总书记在中央财经委员会第四次会议上强调,全面建成小康社会取得决定性进展,要正确认识面临的短板问题,聚焦短板弱项,实施精准攻坚。补短板工作事关脱贫攻坚任务"歼灭战"的成败,事关2020年全面建成小康社会的成败。

在脱贫攻坚和全面建成小康社会的冲刺阶段,补齐短板具有重要的意义。补齐脱贫攻坚短板需要坚持几个原则。一是要坚持问题导向,确保脱贫攻坚各项工作落实。要根据已经发现的问题和潜在的问题,举一反三,逐一制定整改方案,尽快拿出行之有效的整改措施,按规定时限完成整改任务。二是坚持目标导向,确保脱贫攻坚目标如期实现。要紧紧围绕贫困人群的"两不愁三保障"的脱贫指标,加大走访排查力度,找准差距,补齐短板,全力以赴,实现高质量脱贫。三是坚持精准导向,确保脱贫攻坚工作取得实效。要针对脱贫攻坚中的短板精准制定推进措施,解决脱贫攻坚的难题。四是要坚持全面导向,确保贫困地区经济、政治、社会、文化和生态文明协调发展。具体来看,补齐短板需要从以下几个方面着手。一是加快推进完善基础设施,打通脱贫攻坚政策落实"最后一公里",为贫困地区的发展奠定基础。二是加快本土产业发展,在产业结构调整和产业链发展上再下功夫,增强产业稳定性,增强产业持续带动贫困人群发展的能力。三是进一步提高贫困人群的发展能力,把扶贫与扶志、扶智结合起来,增强贫困人群的发展意识和自身素养,全面激发脱贫攻坚内生动力,提升可持续发展能力。四是增强乡村自身的造血能力,人、财、物的资源配给要向乡村倾斜,打造乡村发展的产业基础,稳固乡村发展的组织基础。五是促进乡村全面发展,在经济发展的同时,要注重贫困人口的政治参与,丰富乡村精神文化生活,完善乡村公共服务体系,将乡村生态保护与绿色发展紧密结合。

(三)增强产业带贫能力

产业是区域经济的"发动机",是增收致富的"摇钱树",是精准扶贫的"铁抓手"。产业扶贫是"五个一批"扶贫措施最重要的基础,易地搬迁脱贫、生态补偿脱贫、发展教育脱贫及社会保障兜底等这些扶贫措施持久见效,归根到底必须要有产业作为支撑。贫困地区的脱贫攻坚和脱贫成效的巩固很大程度上取决于产业发展的程度,因而增强产业带贫能力是扶贫工作的重中之重。2015年11月27日,习近平总书记在中央扶贫开发工作会议上的讲话指出,发展生产脱贫一批是"五个一批"工作的重心。要引导贫困人口立足当地资源,宜农则农、宜林则林、宜牧则牧、宜商则商、宜游则游,通过扶持发展特色产业,实现就地脱贫。但是贫困地区的产业发展还存在着基础不够牢固、产业发展条件不充分、产业发展项目缺乏、产业抗风险能力较弱等问题。通过对武陵山区的追踪调研也发现,产业扶贫在脱贫攻坚中发挥了重要作用,绝大部分有劳动能力的贫困人口能够从产业发展中受益。但是在产业带贫方面也存在一定挑战和困境。例如部分贫困县的产业可持续性不强、产业结构上较为单一、产业同质化竞争较为激烈、产业发展后劲不足、产业带贫机制不健全等方面的问题。

进一步增强产业带贫能力,实现户户有增收项目、人人有脱贫门路,建议从以下几个方面着手。一是进一步调整产业结构。以农业供给侧结构性改革为主线,加快农业产业结构调整步伐,增强产业可持续发展的能力。二是进一步合理布局产业。坚持因地制宜发展脱贫产业,加快科学谋篇布局。大力发展农业特色主导产业,围绕主导产业开发其他辅助产业,形成产业发展的合理布局。在产业布局上还要从片区发展的角度来统筹协调,做大做强适合片区发展的产业,形成集群效应,避免产业的碎片化。三是进一步壮大村级集体经济。通过资产入股、集体开发等方式增加村级集体经济的收入,同时健全集体经济的分配机制,进一步带动贫困户的发展。四是进一步健全益贫机制。近年来武陵山片区经济增长总体上具有益贫性,但存在地区差异,其中重庆、贵州片区为益贫性增长,湖南、湖北片区分别为涓滴式增长和均衡增长。但随着各主体利益意识的觉醒,企业、合作社趋利问题将会突出,而贫困人群综合素质与能力不高,导致在经济发展成果分配与共享方面权利不足,会导致益贫性不高问题。要进一步明确产业发展中不同主体的权利义务关系,建立合理的利益共享机制,防范贫困农户在产业发展中的利益剥夺。要进一步改善益贫模式,对于在家务农的有劳动能力的贫困人口而言,要逐步引导其参与到产业发展中来,提高其自我发展产业的能力。要逐步改变过去"一分了之""一股了之"等简单的"输血给钱"模式。

(四)提升贫困群众自我发展能力

习近平总书记多次强调,贫困地区的发展要靠内生动力。2017年6月23

日,习近平总书记在深度贫困地区脱贫攻坚座谈会上指出,要"注重培育贫困群众发展生产和务工经商的基本技能,注重激发贫困地区和贫困群众脱贫致富的内在活力,注重提高贫困地区和贫困群众自我发展能力"。2017年12月28日,习近平总书记在中央农村工作会议上再次指出,"把提高脱贫质量放在首位,把激发贫困人口内生动力、增强发展能力作为根本举措"。武陵山片区各县在脱贫攻坚过程中非常重视贫困人口自我发展能力的提升。在贫困人口的资源供给、技能培训、扶志扶智、人力资源培育等方面做出了卓有成效的探索,贫困人口的自我发展能力显著增强。但是,根据中央有关扶贫开发的要求,贫困人口自我发展能力还存在着有待提升的空间。贫困人群的发展能力整体不足,特别是女性贫困人口、老年贫困人口及教育水平低下、缺少外出务工经历、存在语言障碍的贫困人口自我发展能力明显不足。部分贫困人群还存在"等靠要"的思想,缺少发展动力。

要始终坚持把激发群众内生动力、发挥群众主体作用放在首位,继续采取各种灵活多样的方式,积极开展移风易俗和乡风文明行动,深入开展"扶志、扶智、扶德、扶勤"宣传教育,充分调动群众的积极性,增强贫困群众的自我发展能力。一是进一步提高扶贫政策的针对性。要通过政策引导培养贫困人口的脱贫自主意识,培养其利用资源的能力。要进一步引导村民参与,赋权于民,建立合理的政策引导机制和政策评估机制。要坚持激励和约束并重,更多采取以奖代补、事后奖补等方式,鼓励引导群众积极投身劳动,提升广大群众自己动手建设美好家园的能力。二是进一步探索贫困人口能力提升的长效机制,服务于脱贫攻坚和乡村振兴。加强教育,合理配置城乡教育资源,全面提升贫困群众的个人素养;加强职业教育的针对性,增强贫困人群的工作技能;要理顺产业扶贫带动贫困户脱贫增收的利益关系;公共产品和公共服务的配给要优先惠及扶贫对象,增强贫困人口获取公共资源的能力,防止贫困人群的内部分化。三是进一步加强贫困地区的文化建设。要进一步引导贫困人口转变观念,自觉移风易俗,革除落后生活习俗,形成文明乡风,进一步增强发展的内在动力。要加强教育引导,强化思想、文化、道德、法律、感恩教育,帮助贫困群众转变思想观念,激发和增强其脱贫致富奔小康的热情和信心。要发挥村规民约作用,促进贫困群众摈弃陈规陋习,引导其自我教育、自我约束、自我管理。